PARTIDO COMUNISTA DE HONDURAS

LOS ARCHIVOS ROJOS

(TOMO I: 1927—1972)

ERANDIQUE

COLECCIÓN

LOS ARCHIVOS ROJOS (TOMO I: 1927—1972).

©Colección Erandique
Supervisión Editorial: Óscar Flores López
Diseño de portada: Andrea Rodríguez
Administración: Tesla Rodas—Jessica Cordero
Director Ejecutivo: José Azcona Bocock
Primera Edición
Tegucigalpa, Honduras—Septiembre 2025

CONTENIDO

UN HOMENAJE A LOS GRANDES COMUNISTAS

El tema del comunismo está de moda en Honduras. Por eso no es extraño encontrarse algún rótulo a la orilla de un bulevar de Tegucigalpa en el que algún candidato a diputado aparezca sonriendo acompañado de la frase: "Anticomunista".

En la misma campaña política hay quienes se presentan como comunistas… aunque vivan en las zonas residenciales más lujosas de la capital hondureña.

Ser comunista, o al menos pretender serlo, es tan fácil como levantar el puño izquierdo y escribir en redes sociales "Hasta la victoria siempre".

¡El espíritu del Che Guevara se ha de retorcer de decepción!

El pueblo hondureño, en un altísimo porcentaje, no sabe en realidad qué es ser comunista. Eso explica que las campañas por meterle miedo no hayan tenido éxito.

Como tampoco entiende qué es eso de ñángara, el término despectivo con el que los políticos de derecha se refieren a los de izquierda.

Aunque no podemos negar que hay cierto despertar en la conciencia colectiva, este es más motivado por un caudillismo que por la ideología.

Este libro (que inicia con dos ensayos del historiador Josué Sevilla) es un resumen de los primeros años del Partido Comunista de Honduras, en especial la narración sobre la vida de dos personajes que, al día de hoy, siguen siendo desconocidos para el pueblo hondureño: Juan Pablo Wainwright y Manuel Cálix Herrera.

Los Archivos Rojos (Tomo I: 1927—1972) contienen, además, dos textos indispensables para conocer un poco más sobre la historia de los comunistas hondureños: En las trincheras de la lucha por el socialismo y Páginas de lucha revolucionaria en Centroamérica.

También incluye una corta —pero hermosa— semblanza que Rafael Heliodoro Valle escribió sobre Juan Pablo Wainwrigt:

"…Y fue agitador en las fincas de banano, provocó huelgas, sufrió cárceles, tomó parte en conspiraciones y fue fusilado. Así terminó el que había sido pescador en las tierras árticas y vivió el sol de medianoche", escribió Rafael Heliodoro Valle.

Perseguidos, desterrados, asesinados y casi aniquilados durante la dictadura de Tiburcio Carías Andino, los comunistas hondureños resistieron en el exilio y en la clandestinidad; se reagruparon, resistieron y contraatacaron.

Sin embargo, nunca adquirieron la fuerza de la izquierda en Nicaragua y El Salvador… y un poco menos en Guatemala.

En su momento, los documentos que titulamos Los Archivos Rojos fueron distribuidos clandestinamente.

Aquel que era encontrado con un manifiesto, una proclama o un saludo del Comité Central del Partido Comunista de Honduras lo pagaba con la vida.

La antología de documentos está dividida en tres tomos y rinde un homenaje respetuoso a los grandes revolucionarios hondureños, a aquellos que, como Gracielita García, pueden decir:

"En mi largo peregrinar, se encuentran debilidades, pocos aciertos, abnegación, entusiasmo e interés ilimitados. En verdad, en la larga trayectoria que he seguido, hasta colocarme en el plano de lucha en que ahora actúo, he adoptado posiciones equivocadas, sectarias; pero me cabe la satisfacción de haberme colocado siempre al lado de las masas trabajadoras en sus movimientos de reivindicación".

Confieso —prosiguió— que experimento gran complacencia con haber cooperado, aunque en grado mínimo, a la noble causa del proletariado.

¿Cómo hubiera sido Honduras bajo un régimen comunista? ¿Cuál era la visión de país del PCH? La lectura de este libro nos ayudará a hacernos una idea.

"Dos palabras, camaradas:

¿No oís?

Es el grito unánime de todo el proletariado del mundo, que, haciendo tremolar —por sobre todas las cumbres— el ROJINEGRO estandarte de todas las reivindicaciones, os invita a luchar; os invita a romper todas las cadenas, todos los moldes, todas las tablas en que se escribieron las leyes absurdas, a derribar todas las BASTILLAS, a hundir todos los prejuicios, a borrar todas las sectas, a predicar la IGUALDAD y el AMOR entre los hombres, haciendo una nueva vida en que reflejen, como SOLES REBRILLANTES, la JUSTICIA, la VERDAD y el DERECHO" (Documento de fundación del Partido Socialista de Honduras, La Ceiba, 24 de octubre de 1927).

Mientras tanto, un documento a finales de la década del setenta sostenía que:

"Por las condiciones económico-sociales del país y las tareas inmediatas que tiene que resolver, el carácter de la revolución hondureña en la presente etapa histórica es antimperialista y agrario, popular y democrático. La revolución hondureña dirige sus golpes principales en una doble dirección: por una parte contra el imperialismo norteamericano; por otra, contra los latifundistas y la alta burguesía, aliados principales de aquel".

Algunos de los documentos que dan forma al Tomo I están en el Sistema Bibliotecario de la Universidad Nacional Autónoma de Honduras (UNAH) y en la Biblioteca Nacional "Juan Ramón Molina". Agradezco al personal de ambos centros por su ayuda y eficiencia. El resto lo extraje de libros de mi propiedad.

He respetado el estilo con el que cada documento fue publicado.

Camaradas… ¡A leer!

**ÓSCAR FLORES LÓPEZ/EDITOR COLECCIÓN
ERANDIQUE**

EL PARTIDO COMUNISTA DE HONDURAS: 1927-35)

Por JOSUÉ SEVILLA[1]

Introducción: en este trabajo indagó cómo se organizó el primer Partido Comunista de Honduras (PCH) en las décadas de 1920 y 1930, evaluando los esfuerzos que hizo en su afán de organizar el proletariado hondureño, durante su corta existencia. La temporalidad elegida, fue una etapa de consolidación del enclave bananero y la hegemonía de los EUA, en nuestro país. No obstante, también fue la época donde surgieron varias expresiones antiimperialistas, entre ellos los comunistas. Para entender cómo se organizó el primer PCH —y la confrontación a la que fue sometido, este pequeño núcleo de hondureños por parte de los actores sociales, religiosos, económicos y políticos de la época—, propongo los siguientes aspectos para debatir: 1. Contexto en Centroamérica y cambio social en Honduras entre 1870—33. 2. Fuentes sobre la Internacional Comunista y la Comintern en Latinoamérica y el primer PCH. 3. Discusiones en las ciencias sociales en Honduras sobre la historia del primer PCH. 4. Organización y activismo político. El PCH y los actores sociales, y políticos. 5. La desaparición del PCH y el fin de una generación. 6. Conclusiones y reflexiones finales.

1.— Contexto en Centroamérica y cambio social en Honduras entre 1870—1933

El punto de partido de la temporalidad en cuestión, tiene como propósito explorar el impacto de las reformas liberales en Centroamérica. No obstante, debemos tener en cuenta que la construcción de la sociedad liberal (sociedad burguesa), inició con la separación política de España en 1821. La aplicación del modelo democrático eurocéntrico, fue la vía para moldear las ex colonias de España, a la usanza del nivel de desarrollo que la revolución industrial y el capitalismo provocaron en Europa, a finales del siglo XVIII y

---

[1] Historiador. Actual director del Archivo Nacional de Honduras.

principios del siglo XIX. Al reglamentar el sistema político liberal, las formas de vida fueron cambiando, y el sistema de relaciones sociales y económicas también. Las reformas liberales, fueron un segundo momento en la construcción de la sociedad burguesa Centroamericana. Empero, si lo vemos retrospectivamente entre 1821—70, las sociedades centroamericanas dieron pasos hacia la consolidación de los estados nacionales (según el lenguaje liberal). Las bases este tipo de sociedad fueron el liberalismo inglés y francés (ilustración francesa) que surgieron a finales del siglo XVIII, los cuales alimentaron el ideal de una sociedad que deviniera de la razón humana. Bajo este discurso liberal, se fue moldeando el panteón de los héroes y villanos de nuestra historia contemporánea. Las reformas liberales en el istmo, condujeron al establecimiento del capitalismo, en un nuevo nivel de desarrollo para esta región. En el caso de Honduras, como lo sostienen los estudios de esta época —a través de los enclaves minero y bananero— pudo insertarse en la dinámica de competencia comercial capitalista, en consonancia con las ideas del liberalismo positivista (Chocano, 1975).

En conclusión, las reformas liberales para la región fueron una etapa de despegue de la industria capitalista de exportación hacia afuera (metales preciosos, café y banano) según la sociología, de construcción de ferrocarriles, de migraciones internas, de formación de elites económicas, y de cambios en las estructuras sociales de las repúblicas de Centroamérica (Acuña, 1994). Honduras y Nicaragua, aparecen dibujadas en este mapa de cambio social, como las más rezagadas del istmo. Durante esta etapa, Honduras tránsito por una serie de fenómenos en marcha en el periodo pos reformista liberal (1876—1933): enclaves mineros y bananeros, guerras civiles, consolidación de la hegemonía de EUA en Honduras (Barahona, 1989), el establecimiento del trabajo asalariado, explotación capitalista y el desarrollo de la ideología comunista, algo importante para este estudio.

2. Fuentes sobre la Internacional Comunista y la Comintern en Latinoamérica y el primer PCH.

La historia del comunismo en Latinoamérica, Centroamérica y Honduras estuvo ligada al impactó que tuvo la revolución bolchevique, en 1917. El examen sobre el impacto de dichos acontecimiento en el subcontinente —según la literatura existente— evolucionó muy recientemente, a juicio de los especialistas. El fin del socialismo real en la ex Unión Soviética, abrió las posibilidades para una interpretación del comunismo internacional, desde una posición crítica y sin las cargas impuestas por los extremos de la guerra fría. La apertura de los archivos de la URSS, es de vital relevancia para los historiadores, con esta línea de investigación. Mi intención en este apartado, es poner en contexto al lector sobre algunas obras importantes y los retos para el estudio del comunismo en Honduras. Aclaro que no soy un especialista. Sin embargo, intentó generar una discusión en torno al trabajo en cuestión, sobre todo desde la atmosfera de las fuentes, un terreno donde los historiadores nos sentimos cómodos.

La historia del comunismo en Latinoamérica estuvo ligada a la III Internacional Comunista (IC), o Comintern creada en marzo de 1919, la cual fue la plataforma de contacto con la izquierda internacional, durante la primera mitad del siglo XX. En conmemoración del centenario de la revolución rusa en 2017, se reeditó el diccionario bibliográfico llamado América Latina y la Internacional comunista, del historiador ruso Lazar Jeifets (Jeifets, 2017).

Lo importante de este trabajo consiste en que nos ubica en una historia global del comunismo en relación con Latinoamérica, y describe la historia de personajes latinoamericanos que se vincularon a la IC, entre 1919—43. En este diccionario biográfico aparecen los nombres de hondureños con equivocaciones sobre las fechas de nacimiento, trabajo político, y orígenes: Manuel Cálix Herrera (1906—39), Juan Pablo Wainwright (1893—32), Castro Hernández, y Froylan Turcios (1874—1943). También incluye los nombres de salvadoreños con fuertes vínculos en Honduras como Néstor J. Juárez, y Felipe Armando Amaya. Este último fue crucial para el desarrollo del comunismo en Honduras a inicios de la década de 1920, pues después de venir de EUA, introdujo las ideas marxistas en Tegucigalpa, Honduras, junto con su hermana Graciela Amaya (Graciela García). Ellos formaron los primeros círculos de estudio y células marxistas en la capital de Honduras (Sevilla, 2020). También, Felipe Armando Amaya, representó el PCH, en 1930 en el V

Congreso de la Internacional Sindical Roja (ISR), bajo el seudónimo de Ruiz Valdez. Existe una referencia peyorativa hacia el representante de Honduras en la biografía de Miguel Mármol, quien viajó a la URSS, el mismo año (Dalton, 1982, pág. 217).

La manera tardía en que se desarrolló la historia del comunismo en Honduras se deben a dos factores desde mi punto de vista. Primero, por la desatención para crear una historia del comunismo, por parte del segundo PCH refundado en 1954, y el desarrolló tardío de las ciencias sociales y la carrera de Historia (sobre todo de historiadores que tuvieran este eje temático como afán personal). En el siguiente apartado veremos, como las ciencias sociales estudiaron la historia del primer PCH.

Basados en el siguiente cuadro, en este trabajo señaló las erratas encontradas en el diccionario biográfico ya mencionado, sobre las actividades de los comunistas hondureños que mantuvieron una comunicación con la Comintern. Las equivocaciones consisten en fechas de nacimiento y su labor política en Honduras. A modo de ejemplo están los casos de Manuel Cálix Herrera (Jeifets, 2017, págs. 134—135), y Juan Pablo Wainwright (Jeifets, 2017, págs. 728—729), los cuales el lector puede corregir, al leer los trabajos sobre el primer PCH, elaborados por autores hondureños.

De vital importancia me parece el trabajo del historiador Erick Ching, quien investigando sobre la historia política de El Salvador en la década de 1920, encontró una colección de documentos de la Comintern, en los archivos rusos denominada "El Partido Comunista de Honduras. Al respecto nos dice.

Los documentos en los archivos del COMINTERN son de las décadas de 1920 y 1930, años que corresponden más menos a la Tercera Internacional. Los documentos están bien organizados y se los encuentra en idiomas diversos. En vista de que el COMINTERN se comunicó con sus partidos comunistas afiliados a través de oficinas secundarias, instaladas normalmente en Nueva York o Paris, los documentos se encuentran en inglés, español, francés, alemán y, por supuesto, ruso (Ching, 1995).

Para el caso hondureño y el primer PCH, la lingüista Rina Villars, reconoce que:

"Mi acceso a los documentos de los archivos soviéticos de la Internacional Comunista— también conocida como la III Internacional, o Comintern, fundada por iniciativa del gobierno ruso en 1919 para coordinar y propagar las actividades de los partidos comunistas en el mundo—, se debe a la generosidad del historiador Erick Ching (Villars, 2010, pág. 55).

Como lo discutiré más adelante, el trabajo biográfico de Juan Pablo Wainwright (JPW), Lealtad y rebeldía de Villars, es el mejor estudio sobre la historia del primer PCH, con algunas críticas a la autora.

3. Discusiones en las ciencias sociales en Honduras sobre la historia del primer PCH.

En este apartado propongo la idea que fueron los estudios desde las ciencias las que matizaron un conocimiento, acerca de la historia del primer PCH. Posiblemente esté equivocado pero, un trabajo pionero sobre el estudio del movimiento obrero en Honduras publicado en 1971 fue, Páginas de lucha revolucionara en Centroamérica, de la comunista Graciela García (García, 1981). En el mismo, podemos encontrar la evolución de las sociedades obrero— artesanales hondureñas a finales del siglo XIX, y las primeras dos décadas del siglo XX. La frase de Karl Marx, en el Manifiesto comunista "Proletarios del mundo uníos" matizó los prejuicios del socialismo científico en el siglo XIX, y del marxismo leninismo en el siglo XX. Los comunistas vieron en el proletariado la fuerza motriz para cambiar el mundo. Por ello, la atención de Graciela García.

Las razones que levantaron la animosidad de Graciela García para escribir este trabajo fueron el desconocimiento que tuvieron sus camaradas mexicanos quienes "ignoran las heroicas luchas sostenidas por los trabajadores" de su patria Centroamérica. La vida y el activismo político comunista de Graciela en Honduras, Centroamérica y México se puede leer en el trabajo biográfico de Rina Villars, al cual me referiré brevemente.

Después del libro de Graciela García, prosiguen otros estudios de gran valor. Mario Posas escribió El origen de las sociedades artesanales y el movimiento obrero publicado en 1978, donde pretendió atender las inconsistencias encontradas, en el trabajo pionero de Graciela García. Manifiesto que la línea de estudios sometidos en el análisis en este apartado comparte dos aspectos. Primero, el estudio del movimiento obrero hondureño. Segundo, pequeñas referencias sobre el primer PCH. Al respecto de las actividades del PCH, Mario Posas nos dice "Hacia finales de la década del 20, se produce una intensa actividad de los comunistas hondureños: publicando hojas mimeografiadas, distribuyéndolas, intentando organizar a los obreros de las instalaciones de las compañías bananeras" (Posas, pág. 18).

Otro trabajo importante es Historia del movimiento obrero hondureño de Víctor Meza, el cual evidenció el ambiente ideológico que sostuvieron algunos intelectuales en la década de 1910 en Honduras, discutiendo sobre el comunismo, el socialismo científico, y el anarquismo: Julián López Pineda, Salatiel Rosales, Enrique Nuila y el destacado periodista empírico Paulino Valladares. A propósito, nos dice este estudio.

En una interesante polémica con el rector del seminario religioso de Tegucigalpa, José Nieborowsky, el maestro de Olanchito, Enrique Nuila, desarrollo ampliamente sus ideas en torno al anarquismo y llego a confesar haber escrito un pequeño libro (inédito) sobre el tema, bajo el titulo el Cristianismo y anarquismo. (Meza, 1980, págs. 11—14)

Sobre el activismo político del primer PCH, nos dice "las publicaciones de la época muestran evidencias claras que los militantes del recién fundado partido comunista (1927—28) desplegaban intensa actividad en la costa norte (Meza, 1980)."

El Dr. Marvin Barahona publicó en 1989 La hegemonía de los Estados Unidos (1907—32), donde analizó las protestas sociales de contenido antiimperialista de varias facciones hondureñas —liberales y brotes antiimperialistas en las décadas que centró su estudio— entre los que estaban los comunistas del primer PCH (Barahona, 1989). El historiador Marvin Barahona, también ha contribuido con otros estudios sobre la faceta del segundo PCH, reorganizado en 1954, en sus trabajos Memorias de un comunista (Barahona, 2001), y El silencio quedo atrás (Barahona, 2004).

En agosto de 1991 Rina Villars publicó su trabajo Porque quiero seguir viviendo: habla Graciela García. En esta pieza, la autora logró reconstruir una interesantísima historia oral sobre las experiencias de María Graciela Amaya Barrientos (más conocida como Graciela García) cofundadora del primer PCH. En sus relatos Graciela García no solo narró su historia personal, sino que rescató personajes icónicos del PCH, como su hermano Felipe Armando Amaya (quien murió en 1935), María Luisa Medina, Maximiliano B. Uclés, Hermenegildo Briceño, etcétera, con quienes mantuvo una relación política y de propaganda dentro del PCH (Villars, 1991).

Otro trabajo que también contribuyó a matizar en breves retazos la historia del primer PCH lo encontramos en Historia de los sin historias del historiador Mario Argueta publicado en Marzo de 1992. El Dr. Mario Argueta estudió el sector laboral y las implicaciones que produjo el desarrollo de la industria capitalista de la primera mitad del siglo XX. No obstante, cuando Mario Argueta centró su atención en los aspectos ideológicos y organizativos que influenciaron las clases trabajadoras hondureñas, tuvo que examinar el rol de los comunistas hondureños. A propósito nos dice.

Investigadores de la historia laboral han identificado dos tendencias ideológicas al interior de las organizaciones obreras hondureñas del periodo: aquella reflejada en las mutualistas y, por otra parte, las de un contenido clasista más marcado, que activan para la organización del obrerismo en sindicatos y, eventualmente, bajo la inspiración de la de la revolución rusa de 1917, la toma del poder por la clase obrera, conducida por el partido comunista (Argueta, 1992).

Sin embargo, el estudio más serió en abordar la historia del primer PCH, es Lealtad y Rebeldía: la vida de Juan Pablo Wainwright de Rina Villar (Villars, 2010). Este estudio biográfico se destaca, por el acceso a ciertas fuentes importantes: entrevistas a familiares directos de Juan Pablo Wainwright, documentos desclasificados de los archivos de EUA de la década de 1920 y 1930, y la documentación de los archivos rusos relacionados con la Comintern, los partidos comunistas de Centroamérica e informes del PCH.

La historiadora Yesenia Martínez, en su trabajo La seguridad en Honduras, nos brindó una lectura de contexto muy enriquecedora al incluir en su interpretación el accionar de los actores, redes intelectuales, obreros, protestas sociales y desde luego las organizaciones políticas comunistas en Centroamérica, en las décadas en cuestión (Martínez, 2015, págs. 53—76). Refiriéndose a los comunistas hondureños nos dice "a finales de la década de 1920, varias demandas de los obreros hondureños estaban vinculadas a la agenda del partido comunista hondureño. Este vínculo se hizo sentir en la región" (Martínez, 2015, 71)." Algo importante de este trabajo es que, al evaluar los vínculos existentes entre los movimientos obreros y los partidos comunistas en Centroamérica, Yesenia Martínez, destacó el papel del Partido Comunista de Costa Rica (PCCR), único en hacer efectivas sus demandas sociales, durante la primera mitad del siglo XX. Los demás Partidos de Centroamérica, fueron descabezados y vivieron amargas experiencias.

Finalmente, dos trabajos fueron publicados en 2017, sobre la historia del movimiento obrero. La clase obrera hondureña: su papel histórico de Napoleón Acevedo Granados (Granados, 2017) y el del sociólogo Mario Posas Las luchas de los trabajadores organizados 1880—1993 (Posas, 2017). El segundo texto, es el más relevante para este trabajo dado que, dedicó un capítulo al papel que tuvo el primer PCH, dentro del obrerismo de las décadas de 1920 y 1930. Debatiré los puntos coincidentes sobre las evidencias presentadas por Mario Pasos. Puntualizó que este autor, es el que más ha estudiado el movimiento obrero hondureño y lo consideró un especialista sobre el tema. También ha escrito sobre temas históricos de Honduras, en varios de sus trabajos (Mario Posas escribió en La historia general de Centroamérica de FLACSO). Más que sociólogo Mario Posas parece historiador.

4. Organización y activismo político. El PCH y los actores sociales, y políticos.

En este apartado reflexionaré cómo se creó y organizó el primer PCH, y la reacción que provocó su activismo entre los actores, de las décadas de 1920 y 1930. Las ideas comunistas fueron incomodas para algunos actores específicos como ser, las compañías bananeras, el estado, los partidos tradicionales, la iglesia católica y el obrerismo mutualista de la época.

¿Cómo se introdujeron las ideas comunistas en Honduras? El camino evolutivo del comunismo en Honduras, tomando las evidencias con que contamos, fueron las siguientes: adoctrinamiento y adopción del comunismo por extranjeros radicados en Honduras (caso de Felipe Armando Amaya y Graciela García), el trabajo de agitación por parte de agentes de la Comintern y la propaganda continua, enviada por el Internacional Sindical Roja (ISR), a Honduras, por distintas vías.

El impacto que tuvo la revolución rusa de 1917 y la consolidación Unión Soviética en 1922, fue favorable en la opinión pública internacional. En nuestro país, como lo apuntamos anteriormente ya se leía y se conocía sobre el pensamiento socialista. Durante un siglo, las ideas liberales fueron las predominantes en Centroamérica y Honduras. Sin embargo, esto cambió, con la llegada del salvadoreño Felipe Armando Amaya Barrientos a principios de la década de 1920 a Honduras, quien al retornar de EUA, vino influenciado por las ideas socialistas. Graciela García manifestó que.

En ese país, en el que permaneció durante algunos años, tuvo un estrecho contacto con el movimiento sindical y a raíz de este contacto se nutrió de las ideas socialistas. Al regresar a Honduras, mi hermano no hacia otra cosa que hablar del triunfo del proletariado ruso y la justeza del socialismo; cuando hablaba conmigo no perdía oportunidad para pedirme mi opinión sobre los problemas sociales (Villars, 1991, pág. 30).

En efecto, a principios de la década de 1920, se crearon los primeros círculos marxistas en el barrio Moncada de Tegucigalpa (Villars, 1991, pág. 139). La familia Amaya Barrientos, se había avecindado en la capital hondureña desde 1915. Desde mi punto de vista, este fue el primer paso, para la organización del primer PCH, a modo de antecedentes. Otro hecho de vital importancia fue la agitación comunista de 1925, que nos describió Mario Posas.

1925 fue año de gran agitación comunista. En la primera mitad de este año, fue capturado por los cuerpos policiales del estado el norteamericano Russel Blackwell, un enviado de la Internacional Comunista, que estaba promoviendo en el país la fundación del Partido Comunista Centroamericano (Posas, 2017, pág. 157).

Mario Posas situó en el mismo trabajo la formación de una Sección Hondureña del Partido Comunista Centroamericano (PCCA), en 1922, siguiendo informaciones sobre la actividad bolchevique en nuestro país, y comentada por la prensa nacional, la cual relacionó varios actos de protesta en San Juancito, con el comunismo. Este argumento, puede cuestionarse con la posición de Rina Villars, quien opinó que "en realidad, el PCCA, como organización política nunca existió" (Villars, 2010, pág. 58). Sin embargo, la misma autora sostiene que si se hicieron esfuerzos por fortalecer el PCCA en 1925, con él envió Russel Blackwell "con la misión de organizar la sección de Honduras (Villars, 2010, pág. 59)." En la misma dirección aparece la presencia de Blackwell en Honduras, según el diccionario biográfico del ruso Lazar Jeifets

Más tarde, por orden del PCM y de la LADLA, viajó por América Central y llevó a Honduras el Manifiesto del PC de América Central (1925). Su propósito era organizar a los trabajadores de la United Fruit Company en las ciudades de Tela, La Ceiba y Tegucigalpa (Jeifets, 2017, pág. 103).

Por otro lado, si seguimos la fundación de los Partidos Comunistas en el circuito mesoamericano tenemos los siguientes datos: México 1919, Guatemala 1923, Honduras 1928 (Villars, 2010, págs. 53—55), El Salvador 1930, Costa Rica 1931, Nicaragua 1931—34 (Jiménez, 2005, pág. 175). La autora Villars, parece más convincente que Mario Posas, en este aspecto fundamentando sus evidencias a partir de los informes del Comintern, a los que tuvo acceso. En este sentido, las evidencias de la presencia de Blackwell, nos inclinan en pensar, más en los efectos subsiguientes que tuvo la agitación comunista de 1925. Veamos las evidencias que tenemos.

Primero, en 1926 nos encontramos con un acto de ruptura dentro del obrerismo mutualista en Honduras, entre las sociedades artesanales de la costa norte y las del centro de país, controladas por la Federación Obrera Hondureña (FOH). El 1 de mayo de 1926, el obrerismo norteño creó La Federación de Sociedades Obreras del Norte (FSON). Tanto Mario Posas y Víctor Meza definieron este hecho como la primera ruptura ideológica contra la FOH, la cual fue creada desde 1921, bajo el auspicio de la Confederación Obrera Centroamericana (COCA), y los principios mutualistas (Sevilla, 2019). Lo interesante es que la FSON, a partir de este año, comenzó a tener un discurso confrontativa a las compañías bananeras y anticapitalista, según Mario Posas. Uno de los principales líderes de la FSON, fue Zoroastro Montes de Oca (1893—1960), quien estuvo ligado al desarrollo del comunismo en Honduras y las luchas obreras (Argueta, 2016). La FSON, luchó ardientemente por introducir una organización más clasista dentro del obrerismo, en la constitución obrerista que resultó del Congreso regional obrero, que el consejo directivo de la COCA, echo andar para dirimir el enfrentamiento entre el obrerismo de la costa norte y la FOH, de Tegucigalpa.

Dos personajes ya habían adoptado el pensamiento socialista por estos años en Honduras; Zoroastro Montes de Oca, y el joven Manuel Cálix Herrera (1906—39), quien después de la guerra civil de 1924, emigró a la costa norte, en busca de trabajo en las compañías. Estoy seguro, que ambos fueron captados por la propaganda comunista que enviaba la Comintern a Centroamérica y Honduras. La costa norte hondureña fue el lugar más idóneo, donde pulularon las ideas comunistas, por su cercanía con el mundo, fuera de la rural Honduras. Segunda evidencia, a finales de 1927, los comunistas comenzaron a posicionarse en el país, creando en la ciudad de la Ceiba, el Partido Socialista Hondureño (PSH) por Zoroastro montes de Oca y el joven de 21 años, Manuel Cálix Herrera. El PSH, logró tener un periódico revolucionario como órgano oficial: El Forjador (Villars, 2010, págs. 64—67)

4.1 El PCH y la reacción de los actores sociales, y políticos de las décadas de 1920 y 1930

Desde que algunos hondureños se manifestaron abiertamente adeptos del socialismo, las reacciones de los actores de la época no se hicieron esperar. Zoroastro Montes de Oca y Manuel Cálix Herrera, fundaron el PSH el 24 de octubre de 1927, y consigo publicaron un manifiesto donde afirmaron "ensayar los nuevos sistemas que en otros países han hecho la felicidad del proletariado." El PSH, publicó su órgano oficial llamado El Forjador. En este espacio se comenzó a cuestionar las empresas bananeras y el gobierno Miguel Paz Barahona (1925—29). Este accionar provocó la represión contra los fundadores del PSH, en palabras de Manuel Cálix Herrera.

"A raíz de la salida a la luz pública de El Forjador, periódico nuestro de propaganda revolucionaria, desató sobre nosotros el látigo de la violencia gubernamental. Los burgueses de la Ceiba y el cónsul gringo, se quejaron a su la aliado el gobierno; unos por ser *volcheviques* decía, y el representante de los OSOS DEL NORTE, por injurias al *govierno* norte, por injurias al *govierno* norteamericano; nos llevaron a las prisiones, nos rasparon el pelo de la cabeza, y nos tuvieron casi sin comer; de ahí nos trajeron para la capital haciéndonos caminar a pie largos trechos del camino (Villars, 2010, págs. 66—67.).''

El cónsul Nelson R. Park de la Ceiba, comentaba el 7 de noviembre de 1927, que las publicaciones del El Forjador desaparecieron, en tanto que Manuel Cálix Herrera y Zoroastro Montes de Oca, fueron llamados a las filas. Uno de los recursos para disuadir a los comunistas utilizados por los gobernantes de turno, fue enlistarlos en el servicio militar. Estos hechos no significaron el fin del desarrollo del comunismo en Honduras en 1927, sino su expansión.

Al igual que Rina Villars, soy del criterio que el PCH fue fundado en 1928. La evidencia más convincente nos la proporcionó un informe que presentó al V congreso de la ISR, Ruiz Valdez (Seudónimo de Felipe Armando Amaya) en 1930, donde se manifestó que:

"El partido se fundó en el año de 1928. Cuenta en la actualidad con 100 miembros. Tiene seis locales [seis locales] en: Tegucigalpa, San Pedro Sula, Progreso, Tela, La ceiba, Puerto Castilla. Comité Central reside en San Pedro Sula. Tiene dos representantes cada local (12 miembros del CC). Comité Central ejecutivo integrado por 4 miembros; serio. General; de organización y propaganda; de comunicaciones y finanzas (Villars, 2010, págs. 123—124)".

El 1 de mayo de 1928, Cálix Herrera y algunos comunistas hondureños se manifestaron a nombre del Grupo de Izquierda Proletaria (GIP), donde denunciaron a la FOH, de recibir una donación de unas tierras en la zona de la Mosquitia (Departamento de Gracias a Dios), para su colonización a cambio de derogar la Constitución Obrera de 1926, la cual restringía al obrerismo de participar en política partidaria. En esos años, el ambiente social y político del país estuvo determinado por las guerras civiles (1891—33), los caudillos tradicionales y la injerencia de las transnacionales bananeras, en la vida social y política del país. Sin embargo, en este ambiente varios intelectuales de los partidos tradicionales captaban votos del obrerismo mutualista, con el cual estaban vinculados. Esta denuncia provocó la reacción inmediata contra Manuel Cálix Herrera, de parte de los directivos de la FOH, quienes terminaron expulsándolo y lo privaron de sus credenciales como delegado de esta organización, al congreso de la COCA, a celebrarse en Guatemala el mismo año.

En la memoria de 1928—29, del consejo directivo de la FOH, manifiesta que "El consejo no podía permanecer indiferente pues era el primer brote comunista que se presentaba para la desorganización del obrerismo hondureño (Villars, 2010, pág. 72)." Los comunistas también respondieron a través de sus cuadros dentro de la FOH, protestando por la expulsión de Manuel Cálix Herrera, y amenazaron de separarse de la misma. En efecto, la Sociedad Cultura Femenina, dirigida en esos años por Graciela García fue la primera en separarse. En su biografía nos dice:

"Inmediatamente de la expulsión de Cálix Herrera, los comunistas nos reunimos y acordamos que María Luisa Medina y Maximiliano B. Uclés interpusieron la renuncia ante la FOH; otro de los acuerdos que se tomó fue que todas las organizaciones dirigidas por los comunistas se retiraran de la federación (Villar, 1991, págs. 79—80)".

El resultado de estos acontecimientos conllevó a que varias organizaciones obrero—artesanales, se desligaran de la FOH. En agosto de 1928, Manuel Cálix, fue preso en Puerto Cortés donde estuvo seis meses. En el presidio de este puerto, escribió Verdad, el cual fue un folleto que contiene las primeras reflexiones, desde el pensamiento comunista, hecha por un hondureño. Después de salir de la cárcel, Manuel Cálix Herrera, se trasladó a la ciudad de Tela en 1929, donde trabajó como juez de paz y al ser despedido en la cantina del salvadoreño Julio Rivera.

Si retroalimentamos nuestra discusión, tenemos que los años de 1927, y 1928, se desató una reacción contra los comunistas por parte de los siguientes actores, la embajada de los EUA, el estado y el sector mutualista obrerista. El año de 1929, fue crucial para el primer PCH, por su activismo político, sus esfuerzos propagandísticos y la creación de su propia plataforma sindical. El 1 de mayo de 1929, se realizó el primer Congreso Obrero y Campesino. Graciela García (acompañada de María Luisa Medina), relató su viaje a dicho evento con gran entusiasmo.

María Luisa Medina, en esa época Secretaria General de Cultura Femenina y yo fuimos delegadas de nuestra organización al congreso obrero campesino. Salimos de Tegucigalpa a San Pedro Sula, y en esa ciudad abordamos el tren que nos condujo a Tela. Todavía recuerdo nuestra llegada a la estación ferroviaria de ese puerto como si fuera hoy. En esos momentos María Luisa y yo creímos que estábamos en presencia de una movilización popular al ver un numeroso grupo de trabajadores que esperaban la llegada del tren (Villar, 1991, pág. 83).

Ese 1 de mayo de 1929, los comunistas asaltaron la ciudad de Tela con banderas rojinegras y consignas revolucionarias, antes de iniciar el evento. Creo que esta fue la primera manifestación abierta de los comunistas hondureños de manera pública. Manuel Cálix Herrera (luego de salir de la cárcel), y los comunistas hondureños centraron sus esfuerzos, para crear La Federación Sindical Hondureña (FSH), la que pronto acaparó varias de las organizaciones obrero—artesanales, imprimiéndoles el sentido clasista y sindicalista a las mismas. A través de la FSH, los comunistas hondureños expusieron varias propuestas democráticas para la clase obrera hondureña: código laboral (1930), participación en el proceso electoral de 1932, y la propuesta retadora de crear sindicatos dentro de las transnacionales bananeras, siendo los primeros en proponer esto (Sevilla, 2019). Las resoluciones y discusiones del primer Congreso Obrero Campesino (COC) fueron: separación de los dirigentes amarillos (término peyorativo hacia los dirigentes de la FOH), adhesión a la Confederación Sindical Latinoamericana (CSLA), el problema de los negros en Honduras, las guerras civiles, la organización campesina, organización de la mujer proletaria y la creación de dos periódicos: El Martillo y El Trabajador hondureño (Villar, 1991, págs. 85—90).

Los dirigentes de la FOH furiosos, hicieron varias publicaciones donde acusaron a Manuel Cálix, de ser el cacique de los bolcheviques, manifestando una serie de improperios contra la FSH, los comunistas y Cálix Herrera. El Martillo, se convirtió en el medio de combate propagandístico del PCH. El periódico, de 4 páginas, pronto fue blanco del cónsul gringo T. Monroe el cual maniobró para que el gobierno de Miguel Paz Barahona, privara de la impresión en la Tipografía La Marina de la ciudad de Tela, El Martillo. En la publicación del 2 junio de 1929, el periódico respondió en palabras de Villars.

El director de El Martillo, respondió con una intensa campaña de agitación a las intrigas y subterfugios puestos en juego por las compañías y sus muñecos, orientada a perjudicar al arrendatario de la Marina, don Manuel Funes, por solo el hecho de imprimir en sus talleres El Martillo. Desde luego, esta maniobra de las compañías imperialistas no debe de desalentarnos, al contrario, debe de impulsarnos a luchar contra ellas con mucho más entusiasmo y valor (Villars, 2010, pág. 95).

En agosto de 1929 se volvió a desatar la represión contra los comunistas, debido a un llamado que hicieron para un mitin conmemorando el asesinato en EUA, de los anarquistas Nicola Sacco y Bartolomeo Vanzétti, en 1927. Manuel Cálix Herrera, envió una nota al cónsul T. Monroe Fisher y el gerente de la Tela Railroad Company, el 23 de agosto en su condición de secretario de relaciones de la Unión Ferrocarrilera la cual dice.

La Unión Ferrocarrilera ante usted, representante legal del imperialismo yanqui protesta enérgicamente por el asesinato de Nicola Sacco y Bartolomeo Vanzétti, victimas que fueron sacrificados para satisfacer la sed de sangre de la burguesía Yankee. También protesta por la invasión estadounidense en los países de América Latina y contra los procedimientos brutales de la marinería Yankee en las hermanas naciones latinoamericanas que defienden la libertad de nuestros pueblos. Sin ninguna consideración y por la revolución social (Villars, 2010, pág. 103).

Ante los posibles reportes de uno de los tantos "representantes legales del imperialismo" es decir, el cónsul de Tela, T. Monroe Fisher, la embajada reaccionó por medio de su ministro en la legación en Tegucigalpa, George T. Summerlin quien intervino ante el entrante gobierno de Vicente Mejía Colindres (1929—33), para que evitará el mitin. La carta de respuesta elaborada por Rómulo E. Duron, fechada el 27 de agosto, se refirió en cuatro ocasiones al señor Summerlin, como vuestra excelencia (Villars, 2010, págs. 105—106). Esto distaba mucho de la frase de Cálix Herrera de representante legal del imperialismo.

Por otro lado, el mismo 23 de agosto de 1929, fueron arrestados Manuel Cálix Herrera, Hermenegildo Briceño, Fernando Cañas, Benítez, Miguel Figueroa y Cristóbal Figueroa, según denunció el periódico El Trabajador Hondureño (Villars, 2010, pág. 104). Manuel Cálix Herrera, fue expulsado del puerto de Tela, y enviado al servicio militar una vez más. Los comunistas hondureños fueron sometidos brevemente. Sin embargo, su trabajo pronto recibió otro impulso desde el exterior. Después del COC en 1929, los comunistas buscaron establecer una relación directa con la IC, o Comintern. Durante todo el año de 1929, no recibieron respuesta sino hasta febrero de 1930, cuando Vittorio Codovilla representante del Secretariado Sudamericano (SS), contestó desde Buenos Aires. En abril de 1930 en representación del Comintern, llegó al país el venezolano Ricardo Martínez, quien hizo una evaluación sobre las actividades del comunismo en Honduras. R. Martínez, estuvo en Tegucigalpa, El Progreso, Tela y San Pedro Sula (SPS).

Este compañero, traía una invitación para que una persona asistiera al V congreso de ISR. El elegido por el PCH, fue Felipe Armando Amaya, como ya mencionamos (Villars, 2010, págs. 109— 117) ¿Cómo establecieron los comunistas el contacto con la Comintern? Según Manuel Cálix Herrera —quien le informó en una carta al francés A. Herclet fechada el 3 de marzo de 1928— fue Froylán Turcios el que le facilitó la información sobre la Comintern y la ISR.

El poeta Froylán Turcios, rematado antiimperialista, puso en mis manos unos oficios de la I.S.R., pero me manifestó que él no podía empeñarse en esta clase de luchas, por lo peligroso que era; últimamente me dijo que le había llegado una comunicación en ruso donde le hacían la proposición de una Sria., de esa Internacional; que no estaba seguro de que fuera eso porque estaba escrito en ruso. Turcios es buen hombre, luchador incansable de los gringos, pero desconoce la lucha socialista, además hay aquí muchos socialistas de estado que están desorientando los buenos elementos (Villars, 2010, pág. 78).

Froylán Turcios, fue un crítico del imperialismo Yankee, pero las mismas nunca rebasaron la frontera de la ideología liberal en la que siempre creyó. En nuestro país, denunció la injerencia de EUA a través de las revistas y periódicos que manejó. Además, fue líder de la Liga Defensa Nacional Centroamericana (LDNC), frente a las pretensiones de EUA, de convertir a Honduras en un protectorado en la década de 1910 (Barahona, 1989, págs. 18—39). En este sentido, el antiimperialismo del primer PCH, fue más radical que el liberal.

Por otro lado, él envió de literatura y propaganda de la Comintern y la ISR, a Latinoamérica tuvo efectos en las clases subalternas e intelectuales para reorientar su manera de pensar. Con esto, confirmamos que otro vehículo para el desarrollo del comunismo fue su propaganda. El imperialismo Yankee fue un motor para en el subcontinente surgieran varias expresiones antiimperialistas.

Los resultados de la visita del enviado del Comintern, conllevaron a la aplicación de serie de recomendaciones implementadas en la celebración del II COC, en mayo de 1930. Una de las reformas aplicadas fue el traslado de la sede de la FSH, de Tegucigalpa a SPS. La FSH, tomó como sede las instalaciones de la Sociedad La Fraternidad de SPS. Esta decisión estaba orientada a trasladar el activismo del PCH, en el corazón del enclave bananero en la costa norte. Al par de estas reformas, los comunistas volvieron a ser objetos represión, de una forma más cruel y más organizada que consistió en espionaje, seguimiento, y represión. La misma se produjo por el llamado a una huelga general por parte de la FSH, contemplada para el 4 de julio de 1930 y la publicación del primer boletín de la FSH, donde se calificó a las transnacionales como la bestia bananera. El 22 de junio se inició la cacería roja contra los comunistas en palabras de Juan Pablo Wainwright (Villars, 2010, pág. 222).

La embajada movilizó todos sus recursos para que se detuviera a los comunistas antes de que la huelga se llevara a cabo, como medida preventiva. La prensa nacional se activó como afirma Mario Posas, contra los comunistas quienes vieron con recelo las publicaciones de El Martillo (Posas, 2017, pág. 202). El diario El Sol, dirigido por Julián López Pineda —un personaje que sentó las bases del anticomunismo en las décadas en cuestión y parte de la mitad del siglo XX, en Honduras— justificó la represión diciendo:

"A principios del año pasado, nosotros hicimos recia campaña contra los brotes comunistas que aparecieron en la costa norte. Entonces los agentes de Rusia hacían su propaganda con toda libertad, influían decisivamente en el propio corazón de la masa obrera y campesina del Litoral Atlántica (Villars, 2010, págs. 220—221)".

La Asociación de Prensa Hondureña de Tegucigalpa condenó la huelga que se promovía en la costa norte con un comunicado. Los comunistas de Tegucigalpa respondieron a los ataques de la prensa pro Yankee "que el mantenimiento de la paz social que alegaban los zorros asalariados del periodismo vendido para justificar las represiones innecesarias y ocultar el verdadero móvil de la mal velada hostilidad gubernamental, era un mito (Villars, 2010, pág. 221). La estructura de la costa norte fue sometida, sumándose a la lista de detenidos Juan Pablo Wainwright, quien se había trasladado de SPS a ciudad de Tela para repartir hojas volantes, y los compañeros de la Ceiba —ambas ciudades en el departamento de Atlántida— Zoroastro Montes de Oca y Enrique D. Olin.

Otras de las medidas tomadas por parte del gobierno fue la declaración del estado de sitio en los departamentos costeños de Yoro, Atlántida, Cortés, y Colón (Posas, 2017, pág 211). Meses después, los comunistas siguieron su activismo político en la costa norte. En los meses de noviembre y diciembre volvieron a ser víctimas de los mejorados métodos de represión, que tanto la embajada americana y el estado hondureño fueron perfeccionando en su afán de acabar con el pequeño y aguerrido PCH. El 7 de noviembre el PCH, celebró un mitin conmemorando el aniversario de la revolución rusa, en el local de la Sociedad La Fraternidad de SPS. Juan Pablo Wainwright reportó que:

"Varios miembros del partido hablaron, señalando el significado del aniversario para la clase trabajadora del país. Un boletín del partido se distribuyó entre la multitud. Este boletín, que tenía el emblema del martillo y la estrella, parece haber sido la causa del presente terror blanco. Se enviaron espías de la policía para descubrir el paradero de la maquina duplicadora con la cual hacemos hojas volantes para el Partido y la FSH. El gobernador exigió al jefe de la policía que la encontrara y se encuentra muy disgustado porque la policía ha fracaso en su intento. Muchos de los trabajadores, tanto de los sindicatos como del partido, han sido llevados a la sede la policía para ser interrogados. Los que no son del país, han sido amenazadas con la deportación y los que son del país, con el destierro a las islas de la Bahía (Posas, 2017, pág. 236)".

Diciembre de 1930 culminó para el PCH, con un ataque por parte de los Ku Klux Klan, al local de la Sociedad La Fraternidad de SPS, la cual fungía como sede la FSH y del partido. El diario anticomunista El Sol reportaba "Se nos informa que fue allanada y saqueada la sociedad de obreros La Fraternidad por los miembros de aquella agrupación secreta quienes despedazaron la bandera rojinegra de la Internacional (Villars, 2010, pág. 245)." Arrestos, persecución policial, espionaje, multas judiciales injustificadas, deportaciones, fueron algunos de los métodos de coacción empleados por los detentores del poder, hacia los comunistas hondureños. Ante la falta de una ley que regulara el comunismo en Honduras, pronto fue una necesidad, por lo que el gobierno del liberal Vicente Mejía Colindres, envió un anteproyecto ante el Congreso Nacional el 5 de enero de 1931, para controlar el comunismo en Honduras.

Dicha ley buscó eliminar la proponga comunista, declarar como asociación ilícita a las organizaciones sindicales vinculadas a la CSLA, la IC, y la ISR (Villars, 2010, págs. 252—253). El mismo año, la FOH lanzó una campaña de competencia contra la FSH, con el fin de acaparar la militancia de la costa norte de las sociedades obrero—artesanales. En el plano político, Julián López Pineda, Rosendo Ferrera, Ramón Cáceres, fundaron el Partido Socialista Revolucionario (PSR), enarbolando posiciones socialistas y social demócratas (Posas, 2017, pág. 221). Lo cierto es que varios de estos personajes terminaron en posiciones derechistas y ultra derechistas con el pasar de los años. Ejemplo de ello, fue Julián López Pineda, quien terminó militando en el partido Nacional y dirigiendo otros periódicos ultraderechistas como el diario El Día.

El año de 1932 para el PCH, fue un año de retos debido a varias huelgas que estallaron en la costa norte hondureño y la convocatoria a elecciones. Como afirma Mario Posas, el activismo de los años anteriores del PCH, tuvo un efecto en el obrerismo agrícola de la costa norte hondureña. En enero, los trabajadores de la Tela RR Co, la

Trujillo RR Co y la Standard Co, se paralizaron en protesta por la reducción salarial de L.8 centavos, de los L.25 que ganaban como sueldo base (Posas, 2017, pág. 249). El PCH, procuró acaparar la conducción de la huelga pero la misma fue tan violenta que se les escapó de las manos. El PCH desde SPS, envió algunos representantes "a través de la fincas bananeras, bajo las persecuciones de las autoridades que desde que supieron que salieron de San Pedro Sula pusieron empeñó en capturarlos (Villars, 2010, pág. 128)". Las repercusiones de las huelgas según reportó un hondureño al Buro del Caribe (BC), no fueron tan favorables para el PCH, quien informó que Manuel Cálix fue enviado al destierro a las Islas de Bahía y varios obreros ligados al partido, fueron expulsados de los campos bananeros (Villars, 2010, pág. 133).

En abril de 1932, la iglesia católica a través de Monseñor Agustín Hombach, publicó un panfleto anticomunista donde manifestó que "El monstruo está a las puertas. Sí; Monstruo escapado de los antros infernales; no otro cosa es el odioso socialismo (Posas, 2017, pág. 244)." Parece que el Arzobispo Hombach, utilizó las semanas santas de 1931 y 1932, para atacar a los comunistas. En abril de 1931, lanzó su ataque contra Graciela García acusándole de agente del soviet, de comunista hasta la medula y de utilizar una escuela nocturna manejada por la Sociedad Cultura Femenina, como centro de propaganda comunista (Villar, 1991, págs. 62—63).

Fuera del panorama huelguístico, el PCH, se preparó para las elecciones de octubre 1932. Esta decisión se tomó en enero mientras se celebró la primera Conferencia Nacional del PCH, donde adoptó la línea por una revolución agraria y antiimperialista en Honduras, y la estrategia de "clase contra" proveniente de IC (Posas, 2017, págs. 238—241). Manuel Cálix Herrera fue propuesto para presidente en representación del Bloque Obrero y Campesino (BOC) y Celso Jiménez como vicepresidente. Como aspirantes a diputados participaron los compañeros Zoroastro Montes de Oca, y Felipe Armando Amaya. El PCH, logró obtener entre 700 a 1000 votos. A pesar que las evaluaciones del BC y el PCH, estuvieron marcadas por el pesimismo, para mí el modesto resultado de 1932, fueron una victoria para el PCH, el cual contó solo con los esfuerzos de sus camaradas, para el proceso electoral a diferencia de los partidos tradicionales.

5. La desaparición del PCH y el fin de una generación

El año de 1932, fue para los comunistas Centroamericanos un momento represión, persecución y exterminio. En enero, se dio la revuelta campesina en El Salvador que terminó con el asesinato de varios campesinos (Dalton, 1982). En febrero, en Guatemala se desarticulo el complot comunista contra Jorge Ubico (1931—44), que culminó con el asesinato de varios comunistas entre ellos, Juan Pablo Wainwright. En Honduras, los meses de enero a marzo de 1932, fueron de huelgas contra las empresas Yankees, que culminaron en otra oleada represiva contra el PCH. Este partido, desapareció del mapa político, pienso por la caída uno a uno de sus principales líderes, siendo el primero Juan Pablo Wainwright, sentenciado a muerte el 18 de febrero de 1932, en Guatemala. Wainwright, publicó un periódico comunista calificado de radical en 1930, llamado La Rueda en SPS y fue el más preparado y culto del PCH.

Felipe Armando Amaya murió en 1935, después de ser preso en Tela, donde se había trasladado para organizar a los obreros de las compañías bananeras. Sus últimas palabras a su hermana Graciela fueron "Hermanita querida, yo muero como un comunista convencido, mi último deseo es que no te apartes nunca del camino que has emprendido (Villar, 1991, pág. 174)". Pienso que Graciela García (1895—1995) cumplió la promesa a su hermano pues, durante los años que vivió recorriendo el siglo XX, se dedicó a sus actividades comunistas, como agitadora social y escritora profusa en Honduras (antes de ser expulsadas en julio de 1944), El Salvador, Guatemala y México. Fueron válidos los reclamos que hizo Graciela García con el segundo PCH, pues estos desconocieron la existencia del primer PCH, como lo discutió en su momento con Ramón Amaya Amador (Villar, 1991, págs. 143—144). No obstante el segundo PCH, según me manifestó en una entrevista que tuve con el Dr. Víctor Ramos, hizo un esfuerzo para subsanar este hecho, a finales de 1970. Los comisionados por el partido fueron Joaquín Solórzano y Víctor Ramos pero tal, escrito no se publicó[1]. Para marzo de 1934, Manuel

Cálix Herrera reportaba la situación del PCH al Comintern, en tanto se había contagiado de tuberculosis.

"Quería decirles francamente, que aquí marchamos muy mal por falta de un dirigente. Yo lo único que hago es enviar alguna correspondencia a los núcleos en nombre del CC. Este CC no existe más que nominalmente; sino viene un compañero dirigente tendremos que estar algún tiempo en este estado de paralización. Si esto no cambia es seguro que lo único que puedo hacer es regar la literatura que el buró nos proporciona".

Los últimos años de su vida, Manuel Cálix Herrera, los vivió en su tierra natal Juticalpa, departamento de Olancho enfermo de tuberculosis, muriendo a las 7 de la mañana del 11 de julio de 1939, a la edad de 36 años. Atrás quedaron los años del joven que a los 21 años fundó el PSH en 1927 y que los 22, fundó el PCH en 1928, con otros camaradas. Quizás esa juventud impregnada de rebeldía, le hizo soportar la gran cantidad de atropellos a su persona por parte del estado, sus enemigos y las empresas bananeras. Durante el periodo dictatorial de Tiburcio Carías andino (1933—49), sometió a los pocos comunistas que quedaron, por medio diferentes medios de coacción, entre ellos Graciela García y su esposo José García Lardizábal. El comunismo desapareció de Honduras y tardó una década aproximadamente en recuperarse.

6. Conclusiones y reflexiones finales

Mis reflexiones finales son las siguientes. Primero, existe un reto de inspeccionar los documentos que se encuentran en los archivos rusos relacionados con la Comintern y Honduras. Infortunadamente Rina Villars, apenas nos facilitó partes de los documentos que le facilitó Erick Ching. Por otro lado, está la documentación en los archivos de EUA, con los que se pueden complementar. Segundo, el desarrolló del comunismo en Honduras, provino por varias vías: adopción del comunismo por extranjeros radicados en Honduras, activismo de agentes de la Comintern sobre todo, en la agitación comunista de 1925, y la continua propaganda de la IC y el ISR. Tercero, consideró que los escritos de Rina Villars, son los mejores en abordar la historia del primer PCH. Sin embargo, algunas críticas que le haré, son la interpretación que hizo del folleto Verdad, escrito por Manuel Cálix, dándole un matiz religioso. Los comunistas en su mayoría son ateos (salvo algunas excepciones) y consideró que fue muy vacilante esa interpretación. Otro aspecto es que desgraciadamente, la autora nos proporcionó fragmentos de escritos que en Honduras ya no existen y otros que no se tienen acceso. Pienso que debería de pensar en una compilación de documentos. Cuarto, muchos de los periódicos que estaban en el Archivo Nacional de Honduras (Tegucigalpa) y que fueron del primer PCH, como El Martillo, El Trabajador Hondureño, y Justicia, no están. ¿Se perdieron o están en manos privadas o están amontonados sin clasificar algún lugar del Archivo?

Entre el 2016—21, he consultado sobre estos periódicos en varias ocasiones y siempre la respuesta es "no están". Quinto, Mario Posas en su trabajo Las luchas de los trabajadores organizados (1880—1993), aportó aspectos importantes sobre la historia del primer PCH, aunque consideró que en algún momento ignoró, las evidencias de Rina Villars, en Lealtad y Rebeldía, no sé si por omisión o por ese sesgo que tienen algunos intelectuales contra aquello que no fue elaborado por ellos. También, descartó la propuesta que hizo el autor sobre la fundación de la seccional del PCCA en Honduras, en 1922, así como la fundación del PCH en 1927. Las fechas posibles de fundación del primer PCH, fueron mayo y octubre de 1928 (Sevilla, 2018). Fuera de ello, dedicó esta pequeña reflexión a esa primera generación de comunistas hondureños.

Referencias

Acuña, V. H. (1994). Historia general de Centroamérica. En A. T. Arriola, El liberalismo y el poder político en Centroamérica (págs. 167—201). San José : FLACSO.

Argueta, M. (1992). Historia de los sin historia 1900—1948. Tegucigalpa: Guaymuras.

Argueta, M. (2016). El pincel y el martillo: Confucio y Zoroastro Montes de Oca . Tegucigalpa .

Barahona, M. (1989). La hegemonía de los Estado Unido en Honduras (1907—32). Tegucigalpa: CEDOH.

Barahona, M. (2001). Memorias de un comunista: Rigoberto Padilla Rush. Tegucigalpa: Guaymuras .

Barahona, M. (2004). El silencio quedó atrás. Tegucigalpa, Guaymuras.

Ching, E. (1995). La historia de Centroamérica en los archivos rusos del Cominter: los documentos salvadoreños. Revista de Centroamérica , 217—247.

Chocano, G. M. (1975). Estado Liberal y desarrollo capitalista en Honduras. Tegucigalpa: BCH.

Dalton, R. (1982). Miguel Mármol los sucesos de 1932 en el Salvador. Centroamérica: EDUCA.

García, G. (1981). Páginas de lucha revolucionaria en Centroamérica . Honduras: Guaymuras.

Granados, N. A. (2017). La clase obrera hondureña: su papel histórico . Tegucigalpa : Guaymuras.

Jeifets, L. J. (2017). América Latina en la internacional comunista (1919—1943): diccionario biográfico. Santiago Chile: Ariadna ediciones.

Jiménez, I. M. (2005). La participación del Partido Comunista de Costa Rica en la década de 1930: el caso de los comicios de 1934. Historia y Política , 175—200.

Martínez, Y. (2015). La seguridad social en Honduras: actores sociopolíticos, institucionalidad, y raíces históricas de su crisis. Tegucigalpa: Guaymuras .

Meza, V. (1980). Historia del movimiento obrero hondureño. Tegucigalpa: Guaymuras .

Posas, M. (1977). Notas sobre las sociedades artesanales y los origenes del movimiento obrero hondureño. Tegucigalpa: Editorial ESP. .

Posas, M. (2017). Las luchas de los trabajadores organizados (1880—1993). Tegucigalpa: Editorial Universitaria.

Sevilla, J. (20 de octubre de 2018). El Socialista Centroamericano. Obtenido de Manuel Cálix Herrera, joven comunista sin fronteras y los noventa años de fundación del PCH: 1928—2018.

Sevilla, J. (1 de mayo de 2019). El Socialista Centroamericano . Obtenido de 90 años de la Federación Sindical Hondureña (FSH):

Sevilla, J. (30 de noviembre de 2020). SOCA. Obtenido de Reflexiones sobre el bicentenario de Federico Engels y la llegada del marxismo en Honduras en la década de 1920.

Villars, R. (1991). Porque quiero seguir viviendo: habla Graciela García . Tegucigalpa: Guaymuras.

Villars, R. (2010). Lealtad y rebeldía: la vida de Juan Pablo Wainwright. Tegucigalpa, Honduras: Guaymuras.

MANUEL CÁLIX HERRERA: JOVEN COMUNISTA SIN FRONTERAS

Por JOSUÉ SEVILLA

El año de 1917, estalló la revolución social más importante del siglo XX: la revolución bolchevique. Las ondas mediáticas de tal hazaña cruzaron todo el orbe de norte a sur, de este a oeste. No obstante, las ideas comunistas de Marx y Engels, habían implantado toda una tradición al pensamiento de izquierda en el siglo XIX. Para 1910, tenemos los primeros debates en Honduras, sobre las ideas exóticas del socialismo, del comunismo y el anarquismo entre el profesor de Olanchito, departamento de Yoro Enrique Nuila, y el líder de seminario religioso en Tegucigalpa José Nieoborosky.

No obstante, tras diez años transcurridos de la gran hazaña del pueblo ruso, comandado por Lenin y Trotsky, es decir, la revolución bolchevique, un joven de apenas 21 años se adjudicaba la fundación del Partido Socialista Hondureño en 1927. Nos referimos a la figura de Manuel Cálix Herrera (1906—39), un muchacho de Juticalpa, departamento de Olancho, que decepcionado de los partidos políticos tradicionales, levantara las banderas del comunismo internacional en Honduras.

Las ideas comunistas en Centroamérica, antiimperialismo y las transnacionales bananeras

El debate sobre la introducción de las ideas comunistas en Honduras es un eslabón que esta por esclarecerse. Lo cierto es que algunos estudios nos hacen intuir que la década de 1920, es el preámbulo de la expansión de la ideología comunista, para Honduras y Centroamérica. La ideología predominante desde las independencias en Centroamérica, había sido la liberal. No obstante, en 1923 se funda el Partido Comunista de Guatemala.

Siguiendo la secuencia fundacional de los partidos comunistas del vecindario Centroamericano y México, tenemos el siguiente resultado: México 1919, Guatemala 1923, Honduras 1928 (Villars, 2010, págs. 53—55), El Salvador 1930, Costa Rica 1931, Nicaragua 1931—34 (Jiménez, 2005, pág. 175). En efecto, aunque 3 de los Partidos comunistas son fundados en la década de 1930, lo cierto es que, el flujo de las ideas comunistas, comenzaron a generalizarse en varias partes de Centroamérica a través de agitadores, propaganda contestaría y más de algún agente comunista, en la década de 1920 por distintos medios. El emblemático dirigente comunista salvadoreño, Miguel Mármol, nos narra en su biografía como desde Panamá les llegaba el periódico Submarino bolchevique (Dalton, 1982).

Manuel Cálix Herrera, encontró las ideas comunistas, posiblemente, en la propaganda que ya circulaba en la costa norte hondureña, donde se marchó, desde su natal Olancho, a engancharse en las compañías bananeras, como era casual a principios del siglo XX en Honduras. No obstante, el capitalismo que se expandió en la costa norte, no solo vino acompañado de ferrocarriles, la agroindustria bananera, y el trabajo asalariado, sino también, ideas disimiles al liberalismo, como el comunismo.

La Centroamérica de 1920 era polvorín. EUA mantenía una fuerte campaña por consolidar su hegemonía. En 1924, interviene bajo pretexto de cuidar los ciudadanos norteamericanos en nuestro país, generando bombardeos en Tegucigalpa. Nicaragua es sometida a una fuerte ocupación de años, pero encontraran resistencia por las huestes comandadas por Augusto Cesar Sandino. En antiimperialismo será asumido por varios sectores beligerantes en el istmo. Los comunistas hondureños, serán uno de los tantos grupos que aglutinaran fuerzas para combatir las pretensiones yanquis en territorio nacional. Nos encontramos frente a una era, marcada por la hegemonía yanqui, imperialismo y antiimperialismo.

Manuel Cálix Herrera, comunismo y movimiento obrero

Es momento que nos centremos en el análisis del joven Manuel Cálix Herrera. Primero, me gustaría rescatar los estudios que nos aproximan a tener el perfil de Cálix Herrera. Un trabajo inicial se lo debemos a Mario Posas, en su trabajo Notas sobre las sociedades artesanales y el movimiento obrero hondureño. Aquí nos encontramos a Manuel Cálix Herrera, irrumpiendo en el seno del movimiento obrero, y generando polémicas en la primera organización obrera artesanal de Honduras —Federación Obrera Hondureña (FOH)— anarquizando sus concepciones de ayuda mutua y cooperativistas (mutualismo), por las ideas clasistas de organización sindical. ¿De dónde provenían estas ideas?

Evidentemente de la ideología comunista. El segundo trabajo serio en tratar a Manuel Cálix Herrera es Lealtad y Rebeldía de Rina Villars. En este texto, la autora tuvo que debatir sobre la vida, y desde luego, la incidencia del trabajo comunista de Cálix Herrera. ¿Cómo se vinculó al Manuel Cálix Herrera al movimiento comunista internacional? ¿Cuál fue su papel dentro incipiente movimiento obrero hondureño? ¿Qué incidencia tuvo en el primer Partido Comunista de Honduras? Iniciemos por contestar la primera interrogante. Según el testimonio de Felipe Cálix Turcios, primo hermano de Manuel Cálix Herrera, él se hizo comunista en la costa norte.

Al respecto nos dice: "Cuando Manuel Cálix se fue a la costa norte, no era ningún comunista, pero cuando vio el manejo de las compañías que vinieron aquí a repartirse de las riquezas de Honduras y hacer lo que ellas querían, se hizo socialista; el sintió odio y veneno al ver como esas compañías saqueaban las riquezas del país y compraban al gobierno con cuatro fichas". (Villars, 1991, págs 333—34)

En efecto, Manuel Cálix Herrera, sentirá odio, al ver el poderío Yanqui en la costa norte, pero también, desde muy joven sintió animadversión, por la complaciente clase política hondureña, frente al imperialismo estadounidense. La percepción de Cálix Herrera era la siguiente al considerar "que esos partidos políticos históricos han entrado ya a la más vergonzosa descomposición y están en plena bancarrota moral." Se refería a los partidos tradicionales de Honduras: el Partido Liberal (1891) y el Partido Nacional (1923—24). En el año de 1924, siguiendo el testimonio de Felipe Cálix Turcios, él se había involucrado en la guerra civil, siguiendo a Tiburcio Carias Andino. Dos aspectos son medulares a estas alturas. Por un lado conoció la prisión verde de la costa norte, y el pusilánime accionar de los partidos hondureños.

Su lucha e incidencia en el movimiento obrero la definimos como tenaz y llena de sufrimientos. En 1927, no solo fundara el Partido Socialista Hondureño (FSH), sino el primer periódico de corte izquierdista el Forjador, junto a Zoroastro Monte de Oca, en la ciudad de la Ceiba. Por ello, será víctima de su primer apresamiento. Es decir, por "formar un partido socialista y un periódico semanal radical" según un reporte de la embajada (Villars, 2010, pág. 67). El 11 de Mayo 1928, Manuel Cálix Herrera es expulsado de la FOH por la publicación de un manifiesto del grupo Izquierda proletaria. Aquí Manuel Cálix, increpo a la directiva de la FOH, por una jugada debajo de la mesa con el gobierno de Miguel Paz Barahona, quien ofrecio terrenos para colonizar La Mosquitia y denunciar la provocación de una guerra entre Honduras y Guatemala, por parte de las United y Cuyamel Fruit Company. La nota fue publicada el 1 de mayo de 1928. En la memoria de la FOH resa lo siguiente, otrora a la expulsión de Cálix Herrera "El consejo no podía permanecer indiferente, pues era el primer brote comunista que se presentaba para la desorganización del obrerismo hondureño." Mas que detener el brote comunista fue la expansión del comunismo en Honduras, según Rina Villars.

En el informe presentado a la V congreso de la Internacional Sindical Rojo (ISR), Felipe Armando Amaya (hermano de Graciela García), manifestó que el PCH, fue fundado en 1928. El informe no proporciono más pistas al respecto. Nosotros intuimos que posiblemente que hay dos fechas posibles de fundación del PCH; primero, mayo de 1928 cuando se organizó el grupo Izquierda proletaria y octubre de 1928 en conmemoración a la revolución bolchevique.

Por esa razón, en este pequeño escrito, buscamos reivindicar a Manuel Cálix Herrera como fundador —junto a otros camaradas— del primer Partido Comunista de Honduras y los 90 años del PCH. Entre 1928 y 2018 hay toda una historia de luchadores abnegados. Manuel Cálix Herrera, tenía 22 años cuando se fundó el PCH. A falta de una memoria histórica consolidada, dentro de la izquierda del siglo XXI, buscamos subsanar este terrible olvido.

Pero la historia de Manuel Cálix Herrera, no se detuvo en 1928. A causa de sus actividades subversivas, fue a dar a la cárcel en octubre de 1928. En prisión, escribió el folleto Verdad. Dicho documento, salió a la opinión pública en mayo de 1929, para sostener el periódico El Martillo fundado en la ciudad de Tela, por Manuel Cálix Herrera. Ese año fue prolífico para el movimiento comunista hondureño, pues lograron formar la Federación Sindical Hondureña (FSH) en mayo de 1929. Su órgano de difusión fue el Martillo. Mis investigaciones sobre este periódico comunista se han visto frustradas. En el archivo nacional de Honduras, se encontraban algunas copias, pero misteriosamente desaparecieron. Fueron consultados en su momento por el sociólogo Mario Posas, el historiador Marvin Barahona y la lingüista Rina Villars. Que lamentable sería el hecho que estos documentos esten en manos privadas.

Una vida abnegada y su legado al movimiento obrero

Durante su efímera vida, Manuel Cálix Herrera, fue un personaje sin fronteras. Las pesquisas de su labor como agitador social son las siguientes: estuvo preso en en 5 ocasiones entre 1927—32. Fue editor de los periódicos manejados por los comunistas: El Forjador (1927), Martillo (1929), El trabajador Hondureño (1929—30), Justicia (1932). Escribió el folleto Verdad en la cárcel entre 1928 a 1929 (22 páginas). Al PCH, del cual Cálix Herrera fue secretario general, y la FSH, le debemos las siguientes propuestas en la decádas de 1920 y 1930: introducción de la organización sindical clasista, un código laboral propuesta en 1930, la fundaciòn del PCH, establecimiento de las relaciones con la internacional comunista y el buró del Caribe en 1930. Además de la participación en las elecciones de 1932.

El mayor legado de Manuel Cálix Herrera, consistió en fomentar una agitación de propaganda antiimperialista en la costa norte hondureña, cuando nuestros políticos entregaban a los yanquis, nuestros recursos naturales y grandes concesiones. En una ocasión manifestó que "siempre que hubieran gringos en la tierra escribiría contra ellos." La bulla antiimperialista que hicieron los comunistas frente a las compañias bananeras, vasto para ser estigmatizados. Un reporte del gerente general de la Tropical Banana Divisions de la UFCO, Arthur A. Pollan lo describe como "agitador de la peor especie, anti— americano, extremista, dado a escribir y a predicar propaganda roja, bolchevique y comunista." (Villars, 2010, págs. 107—108)

La última gran hazaña de los comunista, antes de entrar en decadencia en 1935, fue su participación en las elecciones de 1932. Honduras era una olla hirviendo, pues aquellas elecciones terminarían en una cruel guerra civil, antes de la llegada al poder del dictador Tiburcio Carias Andino (1933—49).

Para 1934 el PCH, ha sido perseguido por Carias Andino. Manuel Cálix Herrera reportaba sobre su enfermedad en febrero de ese año. Los años que prosiguen entre 1934—39, serán los últimos, de Manuel Cálix Herrera a causa de una severa tuberculosis que le arrebatara la vida, al incansable muchacho que fundo el PCH en 1928 junto con otros camaradas. El PCH, perderá entre 1932—1935; sus principales cabecillas. En 1932 muere Juan Pablo Wainwright en Guatemala, en 1935 Felipe Armando Amaya en Tegucigalpa, en 1939 Manuel Cálix Herrera.

Manuel Cálix Herrera regreso en 1936 a Juticalpa, el lugar que dejo de adolescente, para enganchar trabajo en la costa norte hondureña. Según Felipe Cálix paso sus últimos años en una ranchita que él le regaló. Murió el 11 de Julio de 1939 a las siete de la mañana. Sus únicas riquezas que se llevó a la tumba fueron los libros marxistas que adquirió, en sus años en la costa norte, los que por cierto, leía disciplinadamente.

Todavía resuena en mi interior las frases del joven Manuel Cálix Herrera. "La desgracia de esta patria burguesa, patria para los ricos, nos cohíbe pensar libremente, pero las ideas no es posible detenerlas, ni encarcelarlas, porque las ideas no tienen jurisprudencia." (Villars, 2010, pág. 101).

¡Las ideas no tienen jurisprudencia, las ideas no tienen jurisprudencia! Me imagino a Manuel Cálix Herrera, repartiendo periódicos entre los trabajadores bananeros, discrepando con el estado por su sumisión a los gringos. No ha cambiado mucho la Honduras de aquellas décadas a la actual.

He querido rescatar la firmeza del joven Manuel Cálix Herrera, para traerlo de vuelta, a las nuevas y desorientadas generaciones del siglo XXI, que al igual que ayer, seguimos viviendo del desdén, de quienes nos gobiernan, seguimos desorganizados frente a una clase pudiente bizarra. Levantar las banderas por la justicia y la dignidad, como lo hizo en su momento Manuel Cálix Herrera, es un imperativo frente al enorme caos social en que esta Honduras.

A la memoria del joven Manuel Cálix Herrera y los noventa del PCH, van estás líneas. Hasta la victoria siempre.

EL NUEVO MOTÍN POLÍTICO AUSPICIADO POR EL IMPERIALISMO

En El Martillo próximo pasado denunciamos el hecho vergonzante realizado por varios mentores de la burguesía que sirve al imperialismo, tendiente a arrastrar a las masas proletarias a un nuevo motín político. Debemos hacer presente también que son las compañías bananeras (la avanzada del imperialismo) las únicas que lucran en estos bochinches, motivo por que los auspician y les prestan todo su apoyo.

Nuestra burguesía es de las más reaccionarias. Todo movimiento iniciado por ella conduce siempre a la montonera; montonera que, es preciso decirlo francamente, es formada por el elemento trabajador y, como hemos dicho varias veces, el trabajador de nada se beneficia. Es esta una de las grandes tareas encomendadas a los soldados del socialismo, pues solo esclareciendo el concepto político de las guerras civiles es como se llegará a romper las torpes tradiciones de colorados y azules, partidos, ambos, reaccionarios y, por consiguiente, enemigos del proletariado.

Los únicos soldados que dejan sus blancas osamentas en las serranías son los contingentes formados por los obreros y campesinos, que, engañados por los políticos burgueses, que les prometen toda clase de derechos y garantías, no reparan en tomar un fusil asesino y lanzarse a la matanza, apartándose completamente de la lucha de clases. La clase trabajadora nada tiene que conquistar en las carnicerías intestinas ni en las internacionales y, al contrario, debe convencerse de que está mermando el ejército proletario, con lo que solo sirve a la clase capitalista, que aprovecha estos momentos de hambre y miseria para extorsionar a la clase productora. Nosotros denunciamos el preparativo de una nueva carnicería.

Hace pocos días pasó por aquí un general reaccionario que siempre ha servido a la causa de los bochinches intestinos, y no nos engañamos al decir que preparaba en su gira un nuevo motín político. Este general y sus acompañantes predicaban la PAZ. Y esos mismos predicadores pacifistas decían a los liberales: "Vosotros, correligionarios, estáis engañados si creéis que habéis triunfado; quien ha triunfado es el Partido Nacional". ¿Quién puede llamarse a engaño cuando, con tanta claridad, se predica la revuelta? Y decimos que este general está de acuerdo con los servidores del imperialismo, porque lo hemos visto en íntima charla con ellos. Nadie puede estar engañado.

La Federación Sindical Hondureña ya condenó esta maniobra criminal y está dispuesta a intensificar una campaña de esclarecimiento para hacer comprender a los trabajadores que no deben abandonar los postulados sociales de emancipación por los viejos postulados de los políticos burgueses.

Nosotros también abrimos ya campaña inaplazable en la que no nos detendrá ninguna de las maniobras puestas en juego.

¡Ni una gota más de sangre proletaria!

(Artículo publicado en el periódico El Martillo, en el año de 1925)

EN LAS TRINCHERAS DE LA LUCHA POR EL SOCIALISMO

MEDIO SIGLO DE LUCHA

Por GRACIELA GARCÍA
(Histórica revolucionara centroamericana)[2]

Al transcurrir más de cincuenta años de haberme incorporado a las luchas sindicales y políticas del proletariado, pretendo hacer un balance de mi vida, de las valiosas experiencias obtenidas y de mis modestas actividades al correr de los años.

Haré un relato de mi procedencia, de la manera como transcurrieron los primeros años de mi existencia, de mis estudios, de las circunstancias que motivaron mi evolución para forjar mi carácter rebelde a las injusticias, así como mi resolución para participar decididamente en las luchas del proletariado.

En mi largo peregrinar, se encuentran debilidades, pocos aciertos, abnegación, entusiasmo e interés ilimitados. En verdad, en la larga trayectoria que he seguido, hasta colocarme en el plano de lucha en que ahora actúo, he adoptado posiciones equivocadas, sectarias; pero me cabe la satisfacción de haberme colocado siempre al lado de las masas trabajadoras en sus movimientos de reivindicación y de haber colaborado, hasta donde mis capacidades me lo han permitido, para lograr mejores condiciones de vida de las masas explotadas que sufren la opresión y miserias inherentes al régimen social que impera. Confieso que experimento gran complacencia con haber cooperado, aunque en grado mínimo, a la noble causa del proletariado.

Considero difícil escribir sobre mí misma, pues según mi criterio quien intenta hacer sus memorias debe tener la entereza de ser un juez severo y veraz, y hacer un examen consciente de sus actos positivos y negativos. Sin embargo de ello, trataré en apretada síntesis

---

[2] María Graciela Amaya Barrientos nació el 2 de enero de 1895 en San Salvador, El Salvador y falleció el 11 de octubre de 1995 en Ciudad de México. Feminista, sindicalista y evolucionaria. En 2015, a la edad de veinte, se vino a vivir Honduras. Aquí se unió al movimiento socialista, fundó sindicatos y formó la primera organización feminista de Honduras, la Sociedad de Cultura Feminista en 1923.

reseñar mi vida, mis actividades, con la esperanza que de lo relatado en esta páginas, puedan obtenerse algunas ideas capaces de aportar elementos para la comprensión de las luchas del proletariado.

Principio a escribir esta líneas el día 27 de agosto de 1973, a los cinco meses justos de haber fallecido el Compañero de mi vida, José García Lardizábal, a quien dedico estas líneas en dulce remembranza.

Mi procedencia

Mi vocación por las luchas libertarias podría expresarse por memoria ancestral, por una herencia de mis antepasados, ya que mi abuelo por vía materna, general y doctor Felipe Barrientos, fue un gran luchador por la libertad y autonomía de Centroamérica. Desde luego, no me corresponde a mí exaltar sus virtudes cívicas ni sus actividades patrióticas, pero al final de este trabajo inserto dos enunciados que demuestran su actuación.

Los descendientes de nuestro abuelo, general Barrientos, heredamos de él la fe y la convicción de servir al pueblo y luchar por la libertad y la democracia. Prueba de ello es que sus descendientes han sido luchadores decididos. Entre ellos: sus nietos José Luis Barrientos, Fernando Antonio Santamaría y Felipe Armando Amaya.

José Luis Barrientos, siendo líder estudiantil en la República de El Salvador, en la década del 20, fue de los primeros que ya de palabra o por escrito propaló las ideas socialistas. Por sus luchas en favor de la democracia sufrió largas prisiones y diferentes gobiernos lo expulsaron del país. Murió asesinado por esbirros del gobierno del general Lázaro Chacón en Guatemala, el 1.º de junio de 1930.

Fernando Antonio Santamaría participó, desde su adolescencia, en grandes actividades sindicales y políticas. Fue deportado por el régimen oprobioso de Maximiliano Hernández Martínez, durante su exilio largos años. A la caída de Hernández Martínez regresa a El Salvador y con verdadero empeño se dedica a luchar por el establecimiento de un verdadero régimen democrático, organizando para tal fin un Frente llamado "Alianza Democrática". Y desde las columnas de Opinión Estudiantil plantea la lucha contra el fascismo, contra el imperialismo yanqui y contra la falange española que por ese tiempo ejercía gran influencia en el gobierno presidido por el general Salvador Castañeda Castro.

Mi hermano, F. Armando Amaya, nieto también como los anteriores del general Barrientos, fue un luchador sincero. Se enroló en el movimiento obrero de Estados Unidos de Norteamérica, de donde regresó con arraigadas convicciones socialistas y fue en Tegucigalpa, capital de la República de Honduras, donde debido al vigor y entusiasmo que desarrolló tanto sindical como político, se conquistó la estimación del conglomerado obrero, siendo elegido por unanimidad representante del Partido Comunista de Honduras ante los Partidos de la Unión Soviética y Francia, lugares donde permaneció durante seis meses. Murió por la causa del proletariado.

Mis primeros años

Nací en San Salvador, República de El Salvador, a fines del pasado siglo. Habiendo quedado huérfana de madre a los dos años de edad, transcurrieron los primeros años de mi vida al lado de mi recordada abuela materna, Dolores Palacios Vda. de Barrientos. Crecí en un ambiente de dura sobriedad, de orden, de disciplina, pues mi abuela al par que era toda bondad, era toda entereza. Se afanó grandemente porque estudiara a fin de prepararme para hacerle frente a los problemas de la vida.

Tengo gratos recuerdos de los primeros años de mi juventud. En San Salvador todavía existe la mansión donde viví hasta los 18 años, los edificios escolares donde aprendí las primeras letras y obtuve el título de Maestra de Educación Primaria, y varios de mis familiares y compañeras de estudio por quienes guardo sincero afecto.

Mi abuela gozaba de una situación económica bastante desahogada y fue así como en los primeros años de mi juventud viví en la opulencia, en gran residencia; en la actualidad, todo lo contrario, vivo muy modestamente, pero satisfecha por estar al lado de los débiles, de los oprimidos.

Y es una gran verdad que nadie puede predecir lo que el destino le tiene reservado, aunque en gran parte depende de nosotros mismos. En muchos casos, sucede que el individuo está sujeto a las circunstancias que se le presentan en el incierto camino de la vida y pasa a desempeñar un papel en que nunca había pensado. Tal me pasó.

Mi buen padre dispuso que nos marchásemos de San Salvador a Tegucigalpa, capital de la República de Honduras, en el año de 1915 y fue allí donde comenzó el amanecer de mis actividades en la grandiosa causa del proletariado.

De mis padres

Mi padre, José Benardino Amaya, fue un liberal convencido. No profesó la religión católica, ni ninguna otra. Rechazó la clerecía. Supo inculcar a sus hijos sentimientos de honradez y moralidad. Murió con la satisfacción del deber cumplido, como hombre libre, como buen esposo y padre, como leal y sincero amigo.

Su actuación, como la de todos los hombres de su tiempo, estuvo normada por las ideas y principios del liberalismo, doctrina que como es sabido fue en el siglo pasado la ideología preponderante; pero al correr de los años esta doctrina ha perdido fuerza, ya que no ha podido abolir privilegios ni liberar al hombre de su miseria e ignorancia. Y ahora, el mundo se organiza, ya no conforme al liberalismo individualista sino con nuevos conceptos sociales, conforme a una nueva interpretación de la historia. El egoísmo liberal del siglo pasado se ha cambiado por una generosa concepción del individuo como ser social.

Mi madre, Dolores Barrientos de Amaya, fue maestra, trabajó en el Colegio de doña Agustina Charvín. Siempre oí en casa que mi madre se distinguió de sus hermanas por su seriedad, su cordura, su energía. Murió de 24 años de edad y, como dejo dicho con anterioridad, fue al lado de mi bondadosa abuela materna donde transcurrieron los años de mi infancia.

Y es en San Salvador, donde callados, dormidos, lejos del mundanal ruido de las pasiones, descansan el sueño eterno mis ascendientes.

De mis estudios

Fue en el Colegio Particular "Las Mercedes" donde estudié la Primaria, pasando luego a la Normal de Maestras, donde recibí el título de Maestra de Educación Primaria de Primera Clase.

Fui considerada como buena alumna. Recuerdo con agrado que la directora de la Normal, distinguida educadora, doña María Chery de

Espirat, escogió para que sostuvieran el último examen y leyeran la acostumbrada tesis un día domingo, a cuatro alumnas, a las que llamó las más aventajadas: Esperanza Gamboa, Matilde Rosales, Julia Funes, tocándome también a mí tal distinción.

Como es sabido, el estudio de nuestras escuelas es de tipo dogmático, memorista, dando como resultado un conocimiento abstracto, alejado de la realidad y de la vida social. La enseñanza es muy rudimentaria. Y es que la escuela, en los países subdesarrollados, es utilizada para inculcar la psicología que corresponde a la clase que gobierna un país. Es decir, la educación está en íntima relación con los intereses económicos, políticos y sociales de la clase que detenta el poder, y esta clase es la que orienta, aplica e imprime los principios convenientes a sus intereses.

Mi matrimonio

En Tegucigalpa, capital de la República de Honduras, contraje matrimonio con José García Lardizábal, el año de 1916, estableciendo un hogar de amorosa y comprensiva relación.

Desde mi llegada a Tegucigalpa lo conocí. Nos tratamos más de un año y tanto los padres de él como mi familia reaccionaron favorablemente ante nuestra proyectada unión.

Existió entre los dos gran afinidad espiritual, es decir, semejanza en educación y en ideas, que cristalizó en un matrimonio que perduró durante cincuenta y siete años y que solo su muerte pudo deshacer.

Tenía él en gran estima mis actividades políticas y sindicales. Siempre se mostró solidario con mis luchas sociales, así como en mis horas de tristeza y en mis momentos de alegría.

Mi esposo llenó toda mi vida. Mis recuerdos matrimoniales son muy gratos. Conservo una colección de felicitaciones que me dedicaba el 11 de enero de cada año, fecha de mi cumpleaños y de nuestro aniversario matrimonial. Tenía gusto especial en que se leyera ese día, entre amigos y vecinos que se acercaban a nuestra casa a felicitarnos.

Al cumplir cincuenta y siete años de matrimonio, me decía: "A Gracielita a los cincuenta y siete años de vida matrimonial: Amor bien correspondido. Comprensión absoluta. Igualdad sin límite. Armonía en las buenas y malas situaciones económicas. Cariño sincero con trato fino y correcto". Lo anterior justifica nuestro comportamiento en los largos cincuenta y siete años de unión conyugal. Ojalá continuemos así por muchos años y que nuestro ejemplo lo sigan muchos matrimonios. Estos son los fervientes deseos de gran corrección y por tus luchas en pro de la cultura y de las clases oprimidas.

"Que vivas a mi lado como siempre, para que unidos celebremos muchos días como este en unión de nuestros buenos amigos y vecinos. Abrazos cariñosos en este 11 de enero de 1973.

Dos meses después de este mensaje, falleció, 27 de marzo de 1973, dejando un gran vacío en mi vida. Seguido humedezco con mis lágrimas la tumba donde descansan sus restos.

En trance tan doloroso me acompañaron militantes del Movimiento de Acción y Unidad Socialista, jefes y personal de la Dirección General de Asuntos Jurídicos y Revalidación de Estudios, donde desempeño labores; jefe y personal de la Secretaría de Recursos Hidráulicos, donde mi compañero trabajó durante 23 años, amigos y vecinos. Para todos ellos guardo en lo íntimo de mi ser eterna gratitud.

Nuestro hijo, Tomás García Amaya, muy estudioso, muy revolucionario. Llevaba tercer año de Medicina. Murió de 22 años, el 12 de diciembre de 1944, fecha en que sucesos profundamente dolorosos marcaron su huella trágica. Me refiero a la gesta en que el viril pueblo salvadoreño luchó en los campos de Ahuachapán, El Salvador, contra la camarilla militar encabezada por Osmín Aguirre y Salinas y donde una pléyade de jóvenes luchadores rindieron su vida en defensa de nobles y sublimes ideales.

Cómo evolucioné e ingresé al Movimiento Obrero
Cómo me hice partidaria del Socialismo Científico

Fue mi hermano Felipe Armando Amaya quien me catequizó. Principió por ponerme al tanto de las enormes injusticias que prevalecen en el sistema capitalista. Con gran empeño trató de explicarme los principios básicos del Socialismo Científico.

Fue el director de mi actividad intelectual. Me impulsó a luchar. Me animó siempre. Me criticaba con amabilidad.

En la formación de mis ideas revolucionarias influyó grandemente. Desbrozó mi ruta revolucionaria. Por él adquirí el hábito de la lectura. Me exigía leer folletos y libros revolucionarios, para que después de leídos le relatara lo que había asimilado. Y sus experiencias y consejos los tomaba yo muy en serio y me convencieron definitivamente de la nobleza de los princípios revolucionarios.

A su regreso de la Unión Soviética, a donde asistió como delegado del Partido Comunista de Honduras, emprendió una ardua y tesonera lucha, estuvo prisionero en Puerto Cortés y en San Pedro Sula y de cuyas resultas cayó gravemente enfermo y ya para morir me dijo: "Ten presente que muero como un comunista convencido y mi gran deseo es que tú jamás te apartes del camino que hasta hoy has emprendido". Y yo le juré que consagraría mi vida a luchar por los objetivos por los que él ofrendaba su vida. Y después de su muerte, acaecida el año de 1935, mi vida ha transcurrido llena de apasionada actividad en favor de la causa del proletariado.

Mi transformación

Debo confesar que cuando me enrolé en el movimiento obrero entendía muy poco en lo que a problemas sociales concierne. Mi entendimiento estaba oscurecido. Mi conciencia adormecida por el error y los prejuicios. Hay que comprender que la casa, el ambiente, las costumbres se graban en la conciencia en los primeros años de la vida. La extracción social del individuo influye en sus concepciones. Las creencias religiosas, supersticiones, prejuicios y complejos que le inculcan en temprana edad son nocivos y difíciles de extirpar.

Pero lo anterior, como todo fenómeno, tiene su razón de ser. No hay duda alguna de que el individuo es producto del medio social en que vive. Su mentalidad se modela de acuerdo con el ambiente y las características del hogar donde crece y se desarrolla.

Sin embargo, es una gran verdad que una constante transformación opera en el individuo al correr de los años y, de consiguiente, el hombre tiene fuerza suficiente para evolucionar y transformar su inteligencia y su voluntad. Y como lógica consecuencia, ello trae aparejada la desaparición de prejuicios y complejos perniciosos, surgiendo un hombre nuevo, apto y útil a la sociedad en que se mueve.

Y así, en mi ya largo existir, las experiencias adquiridas en la práctica y mediante el estudio me han permitido comprender el presente y entrever el porvenir. He leído a los grandes pensadores revolucionarios y a la luz de las conquistas maravillosas de la ciencia he llegado a comprender las verdaderas leyes que rigen a la sociedad. Y actualmente comprendo plenamente el gran dolor universal. Tengo claridad sobre las raíces que engendran las guerras y cuáles son las causas que originan la miseria y la ignorancia de las masas explotadas, así como los trascendentales problemas que agitan el mundo.

Cómo principié y entiendo la lucha revolucionaria

Abracé la causa del proletariado con el vigor y entusiasmo de mis años juveniles, de mi espíritu inquieto, de mi temperamento apasionado.

Mi vida desde los 20 años de edad ha estado íntimamente ligada al movimiento revolucionario. En Honduras, El Salvador, Guatemala y México con decisión y firmeza he luchado al par de abnegados militantes.

Desprecié el bienestar personal y opté por el camino escabroso de la lucha revolucionaria.

Rompí el círculo de hierro de convencionalismos y los prejuicios, para lo cual se requiere valor y no ser esclava del dinero ni de la moral burguesa.

Me tracé un camino por el cual he marchado con firmeza, sin que los peligros y adversidades me hayan hecho retroceder.

Espíritus mediocres trataron por diferentes medios de interrumpir mi camino; pero todo fue en vano, supe vencer los obstáculos y despreciar las mofas y necedades de los que no saben apreciar las luchas generosas y los esfuerzos de una persona por superarse.

Hice uso de la gran dosis de potencia que cada individuo posee, la que una inmensa mayoría derrocha lamentablemente en forma inútil, en lugar de emplearla en desarrollar acciones constructivas y fecundas.

Luego de haberme incorporado al movimiento revolucionario comprendí que ser auténtico militante revolucionario implica grandes responsabilidades, inmensos deberes y muchos sacrificios.

Siempre he sido optimista y, de consiguiente, he criticado a compañeros que se hunden en un pesimismo estéril. Asimismo, me he mostrado siempre contraria a las claudicaciones, al oportunismo y a las frases ofensivas.

Comprendo en toda su magnitud el dolor ajeno y lo siento como propio, así como también la opresión de que son víctimas obreros y campesinos asalariados.

Soy enemiga de la ostentación, de la presunción y de los alardes de sabiduría y grandezas.

Admiro a los individuos por su educación, su cultura, su calidad humana, su trato sencillo, sus inquietudes y actividades constantes.

Considero que mi patria es el mundo y con ello me refiero a la humanidad toda.

Me considero como aprendiz del marxismo, del Socialismo Científico, interesándome grandemente por comprenderlo. He recogido experiencias valiosas. Mis actividades han abarcado variados e importantes campos: social, sindical, político y cultural en el largo camino que he seguido a través de más de cincuenta años de militancia, en los cuales en ocasiones han sido llenos de dificultades y obstáculos.

De los militantes sobrevivientes de la década del 20, en Tegucigalpa, Honduras, soy una, tal vez la única, que permanezco firme en la lucha revolucionaria, ya que algunos se marginaron y otros marchan por sendas extraviadas.

Los largos años que he vivido, lejos de decaer mi entusiasmo, han afirmado mis convicciones revolucionarias y moriré con la fe del futuro feliz de la humanidad por medio del socialismo.

Mis posiciones negativas

Sabido es que no hay ser humano que no tenga fallas, debilidades o errores. Todo el que actúa está sujeto a sufrir equivocaciones.

En varios y repetidos casos he tomado posiciones sectarias; pero trato de corregirme al comprender que el sectarismo condena a las organizaciones al aislamiento y a la vez es opuesto a la unidad, a la creación del Frente Único Popular. Además, el sectarismo se opone a llegar a acuerdos y alianzas con otras organizaciones políticas y a entablar diálogos con ellas.

Otra de mis fallas es no saber discutir, pues cuando me contrarían, en lugar de oír con calma y serenidad las réplicas me altero y, al suceder esto, no se está en actitud de defender correctamente sus puntos de vista.

La crítica constructiva debe ser una necesidad aceptada por los auténticos revolucionarios; sin embargo, muchos la rechazan; nos negamos a recibirla con entera serenidad, nos sentimos ofendidos, en lugar de ser un motivo de rectificación y orientación de nuestras fallas, de nuestros errores.

Siempre queremos que prevalezcan nuestros puntos de vista en todo asunto que entra en debate, y aun cuando, consecuentes con el centralismo democrático, acatamos lo que diga la mayoría, sentimos disgusto por el hecho de perder.

Asimismo, acostumbramos tratar asuntos que deben ser propuestos o denunciados en los organismos a los cuales pertenecemos fuera de ellos, lo que da lugar a malos entendidos o a confusiones y a murmuraciones.

Debemos tener valor de reconocer nuestros errores, nuestros defectos, pues solo en un ambiente de autocrítica es que podemos educarnos revolucionariamente.

Diversas opiniones sobre mi persona

He suscitado los más opuestos adjetivos. He sido duramente combatida. Por volantes, por el radio y por escritos en diferentes rotativos de Honduras, El Salvador y Guatemala. He sido el blanco del liderismo de aldea, del clero y de militantes corruptos y oportunistas.

Inclusive aquí en México, como delegada de la Unidad "José María Morelos" a la IV Asamblea Ordinaria del Partido Popular Socialista, al hacer uso de la palabra, no hubo de parte de los asistentes silbidos, gritos o matracas para callarme como aconteció con otros delegados cuando exponían sus puntos de vista; pero sí el ingeniero Francisco Ortiz Mendoza, dirigente del mencionado organismo político, lanzó frases ofensivas para mi persona ante numerosos compañeros que se encontraban a su lado; una de ellas fue: "No pongan atención a esa vieja loca, que quién le va a hacer caso".

Y al respecto, con satisfacción manifiesto que, contrario a las opiniones de menosprecio emitidas por un dirigente del P.P.S. hacia mí, he merecido documentos valiosos de organizaciones sindicales y políticas, así como de destacados militantes revolucionarios de países donde he actuado, por las labores que he desarrollado tanto en el aspecto cultural como en la defensa de los intereses de los trabajadores. De ellos podría dar a conocer varios; pero solamente en contraste con lo manifestado por el ingeniero Ortiz Mendoza, inserto a continuación el mensaje que nos envió el fundador del Partido Popular Socialista, licenciado Vicente Lombardo Toledano, con motivo del 50 aniversario de nuestro matrimonio. Dicho mensaje dice así:

"11 de enero de 1966.
Señores José García Lardizábal y Graciela A. García.
Orfeo Catalá. Bolívar 31, 2.º Piso.
Ciudad.
"Mis queridos amigos:
"Acabo de recibir su invitación para la cena que se realizará este día con motivo del 50 aniversario de su matrimonio. Desgraciadamente tengo una reunión de carácter político a la que no puedo dejar de asistir y este hecho me priva del placer de estar con ustedes; pero quiero enviarles estas líneas para unirme a los saludos y a las felicitaciones que ustedes recibirán de las numerosas personas que los estiman de un modo sincero.
"Tuve el privilegio de conocer a ustedes hace muchos años. Los he visto trabajar de una manera honesta, callada, inteligente y sin desmayo todos los años y todos los días, tanto en el aula como al servicio de los más altos intereses de nuestro pueblo mexicano y de todos los demás pueblos de América Latina. Su vida ejemplar no solo es un estímulo para todos los que los conocen, sino también un orgullo para los que nos encontramos dentro de la misma corriente que está renovando a la vieja sociedad y levantando a nuestros pueblos a un nivel superior al de todo su dramático pasado.

"Una vida como la suya debe darles a ustedes mismos una gran satisfacción, porque nadie puede aspirar a más que a servir al pueblo con la devoción y el desinterés personal que ustedes han puesto a lo largo de su existencia.

"Les abraza su amigo y compañero muy efusivamente:

(F) Vicente Lombardo Toledano".

Y en lo que se refiere al ingeniero Ortiz Mendoza, sin ningún comentario de mi parte, solo formulo la siguiente pregunta: ¿Es correcto de un dirigente de un partido como lo es el P.P.S., que se dice revolucionario, tal proceder?

Ahora bien, continuando con el mismo tema, debo confesar que cuando principié en el movimiento revolucionario, tales ataques hacían mella en mi modesta persona; pero, a través de varios años de militancia, he aprendido a desdeñar los juicios despectivos que provienen de elementos reaccionarios y de militantes que se llaman revolucionarios, pero en verdad son enemigos del progreso.

Sobre mis recuerdos más gratos y mis emociones más sentidas

No me quejo de la vida, pues ella me ha brindado grandes satisfacciones, tanto en lo familiar como en lo social. Verdaderamente, momentos gratos no me han faltado. He experimentado satisfacciones por éxitos obtenidos en las luchas sindicales, políticas y culturales que he llevado a la práctica y por favores que he recibido de compañeros y amigos.

Confieso que es muy agradable experimentar que los compañeros de lucha comprendan los esfuerzos y actividades que un militante realiza con verdadera lealtad e interés. Y esa satisfacción siento intensamente cuando compañeros de la República de Honduras, después de 31 años de ausencia, me recuerdan en sus discursos y publicaciones y me señalan como un elemento pionero en los diversos aspectos de las luchas sindicales y políticas, desde su inicio en la patria del indómito Lempira.

A este respecto, transcribo lo que el C. Rigoberto Padilla Rush, miembro de la Dirección Nacional del Partido Comunista de Honduras, dice —y me coloca al par de las más grandes figuras revolucionarias de Honduras— en el discurso publicado en el periódico El Día con motivo del 1.º de mayo. Dice así: "Desde la iniciación del Partido Comunista de Honduras, ha estado este íntimamente vinculado a la historia del movimiento obrero. Bastaría recordar a Manuel Cálix Herrera, Juan Pablo Wainwright, Graciela A. García, F. Armando Amaya, Maximiliano Uclés y tantos otros connotados líderes de la Federación Obrera Hondureña (F.O.H.) y de la Federación Sindical Hondureña (F.S.H.). En la década de los años 30, eran también comunistas y, por serlo, por defender los intereses de los trabajadores, fueron perseguidos, expulsados del territorio nacional o asesinados".

Durante mi estadía en Guatemala, años 1944 y 1945, experimenté la alegría y el bienestar que se apodera del ánimo al estrechar relaciones de verdadera camaradería y al desarrollar actividades que redundan en beneficio de las amplias masas populares, sin encontrar de parte de las autoridades ninguna restricción y, por el contrario, el apoyo y la ayuda oportuna. Y cuando, obligada a salir de Guatemala por el gobierno del doctor Juan José Arévalo, nunca podré olvidar las generosas muestras de solidaridad que nos brindaron muchos compañeros y, particularmente, los que estuvieron a despedirme en la estación del ferrocarril que, en unión de mi compañero, me conduciría a este México hospitalario. Mi emoción fue grande al despedirme de esos compañeros, y, a medida que me alejaba de la bella capital guatemalteca, consideraba que esas manifestaciones de afecto y de ayuda que me dispensaban esos queridos compañeros eran en reconocimiento a mi lealtad a la causa de los trabajadores y a mis actividades en beneficio de sus reivindicaciones económicas, políticas y culturales.

Llegué a México el 14 de febrero de 1946, a casa de las señoritas Concepción y Consuelo Barrera, a quienes conocí en la frontera de Guatemala y México y quienes bondadosamente nos brindaron hospedaje mientras arreglábamos nuestra situación. Y fue el maestro Vicente Lombardo Toledano quien nos prestó valiosa ayuda económica e hizo las gestiones a efecto de legalizar nuestra situación migratoria, así como para conseguirnos trabajo, lo cual logró para mi compañero José, en la Secretaría de Recursos Hidráulicos, y para mí, en la Secretaría de Educación Pública.

No puedo dejar de mencionar el hecho de que, en la primera asamblea del Partido Socialista de los Trabajadores, sus dirigentes, encabezados por el distinguido militante revolucionario Rafael Aguilar Talamantes, con extraordinaria generosidad, me invitaron a subir al estrado y relataron las actividades desarrolladas por mi modesta persona; hecho que constituye una de mis emociones más sentidas y, al agradecer ese acto, profundamente emocionada, felicité a esa juventud estudiosa, que se templa en el combate diario y que, en contraste con la juventud equivocada, con impulsos desorientados, aprovecha su fuerza y vigor, está frente a la historia y a la realidad y se suma a las fuerzas nuevas, las fuerzas dueñas del porvenir...

Al cumplir 25 años de servicios en la Dirección General de Asuntos Jurídicos y Revalidación de Estudios recibí de parte de la S.E.P. diploma, medalla y un cheque de $2500.00. Tuve muchas felicitaciones de parte de mis compañeras de labores y entre ellas, conservo con gran estimación y agradecimiento, el mensaje que, suscrito por jefes y personal, me dedicaron y que dice así:

"C. profesora Graciela A. García. Presente.

Dilecta amiga: Como este día es para usted una fecha inolvidable, sus actuales compañeros de labores le dedican la presente, no solo como galardón a sus grandes virtudes de mujer ejemplar, sino para darle una prueba más del afecto, del cariño y la estimación que le profesamos para que en ellas florezca el encanto de la amistad, el estímulo del compañerismo y los fulgores de la sinceridad, con el deseo de que hoy y siempre sigamos unidos en un mismo sentimiento y en un mismo corazón. México, D.F., 20 de julio de 1971".

Momentos violentos en que me he encontrado

He pasado por diversos avatares, pues he tomado participación activa en grandes concentraciones, desafiando el poder de la metralla, exponiendo mi vida, como sucedió en el año de 1944 en Tegucigalpa, capital de la República de Honduras, donde una marejada humana se congregó frente a la Casa Presidencial, manifestando su descontento e inconformidad contra el dictador Tiburcio Carías Andino, a quien se le pedía renunciara a la Presidencia que detentaba contra la voluntad del pueblo.

En El Salvador, como representante del Comité Femenino Pro Candidatura del doctor Arturo Romero, candidatura apoyada por el Partido Comunista de El Salvador, visité varios comités políticos en los cuales hubo varios encuentros violentos con elementos de oposición, siendo el del Departamento de Chalatenango el que revistió mayor gravedad, pues nos atacaron con armas de fuego, bombas y piedras a quienes fuimos a hacer propaganda por el candidato de nuestras simpatías.

También en El Salvador, a fines del año 1944, asistí a numerosos y violentos mítines como protesta al golpe de Estado perpetrado por el coronel Osmín Aguirre y Salinas, mítines que verificaron fuerzas progresistas y elementos revolucionarios, teniendo como represalia de parte de las autoridades lanzarnos gases lacrimógenos con el fin de disolvernos.

Asimismo, en Guatemala, en defensa del régimen democrático del doctor Juan José Arévalo, año 1945, hubo repetidos encuentros entre fuerzas reaccionarias y revolucionarias.

He sufrido prisión, destierro, persecución y vigilancia constantes en Guatemala, El Salvador y principalmente en Honduras; pero nada me ha hecho retroceder, por el contrario, todo ello me ha servido de acicate para continuar en la lucha con más decisión y firmeza, y confieso que actualmente el sostén de mi vida lo constituyen las ideas revolucionarias que sustento.

De mis escritos

Sabemos que por medio de la palabra escrita se lleva la cultura en sus múltiples manifestaciones al seno de las colectividades. Debemos comprender que en el desarrollo intelectual y la politización de los pueblos, la palabra escrita influye poderosamente y, en verdad, los pueblos que no cuentan con órganos de publicidad viven en la ignorancia. Eso sí, quien escribe debe tener valor moral, debe señalar derroteros firmes y seguros en la escabrosa senda de la humanidad. Debe defender a toda costa los intereses de los pueblos y de aquí su gran responsabilidad. Veracidad, sinceridad y honradez son, a mi juicio, las cualidades que debe poseer un escritor.

Bien, en lo que se refiere a mi modesta persona, debo decir que me gusta emborronar cuartillas. He escrito varios libros, folletos y múltiples artículos en diversos periódicos y en diferentes países. Desde luego, soy la primera en reconocer que mis escritos están lejos de ser un exponente de cultura social, literaria o periodística. La expresión de mis escritos será desaliñada, mi acento pobre; pero sí aseguro que llevan el sello de la sinceridad. Por otra parte, hay que comprender que el valor de los escritos no depende de la forma, sino del fondo, del contenido que se les imprima y de la verdad que anima al productor.

Asimismo, advierto que mis actividades desde hace muchos años en el campo de las letras han obedecido a una necesidad colectiva, de índole proletaria y a mi empeño de cooperar en esa forma en la defensa de los intereses de los trabajadores.

Mi lenguaje es duro. Carece de las pulcritudes de los señores del bien decir. Mi palabra siempre ha sido abierta, franca y cáustica para los embozados enemigos de la clase obrera, para aquellos que esgrimen las armas más innobles contra los que, rompiendo el círculo de hierro de los convencionalismos y los prejuicios, agitan sus banderas y dejan oír sus vibrantes clarinadas anunciando nuevos rumbos, nuevas auroras.

En mis escritos, con mi dureza habitual, he atacado a quienes, como los judas del cuento, por un mendrugo que les tiran se convierten en enemigos de su propia clase y emplean medios abyectos para lanzar lodo sobre sólidas reputaciones revolucionarias; he señalado con mi índice acusador a los dirigentes divisionistas, oportunistas, así como a las satrapías centroamericanas, no acallando sus negros procederes. Desde luego, por esta actitud he conocido prisiones, he sido víctima de violencias, represalias y delaciones injustas. Líderes corrompidos han llegado hasta a falsificar mi firma, enviando cartas conteniendo insultos contra altas autoridades de la Iglesia y del Estado.

En fin, mi lucha por medio de mis producciones ha sido dura; pero me place aclarar que, tanto por mi condición como por mis íntimas convicciones, jamás he descendido al vil insulto ni a los personalismos. He salido a la arena de la lucha llevando como armas mis principios y como escudo mi amor a los proletarios del mundo.

Los militantes más destacados que he conocido en Centroamérica

En cada país, en cada periodo histórico, surgen luchadores que, interpretando los anhelos de los pueblos, se lanzan a desarrollar actividades en favor de la libertad, la independencia y la justicia social. Y quien investigue, desde que dieron comienzo las luchas sindicales y políticas en Centroamérica, encontrará nombres de militantes abnegados y valientes.

Creo que recordar y rendir homenaje a los revolucionarios que ofrendaron su vida por grandes ideales es honrar debidamente su obra de carácter revolucionario, es honrar su cooperación en los diversos aspectos de la lucha social. El ejemplo que nos legaron con sus actividades y sus aspiraciones sigue teniendo gran significación en el desarrollo socialista.

Recuerdo a varios compañeros con quienes compartí las luchas desarrolladas en el inicio de las organizaciones sindicales y políticas en Centroamérica. Fui testigo de sus grandes aciertos como organizadores de los trabajadores, como propagandistas del Socialismo Científico y como incansables luchadores de la justicia social. También conocí de sus errores. Fui actora de los significativos hechos que se desarrollaron en las décadas del 20 al 30 y del 30 al 40. Viví junto a ellos durante los pretéritos tiempos de la lucha revolucionaria. Presencié su proceso. Me di cuenta del enorme entusiasmo, dinamismo e interés que manifestaban.

A continuación me refiero a varios compañeros que, en mi concepto, fueron extraordinarios:

MANUEL CÁLIX HERRERA. Su obra como militante revolucionario es una lección de lucha en beneficio de obreros y campesinos.

Conocí a Cálix Herrera en plena juventud, año de 1924. Y desde que me tocó actuar juntamente con él en las organizaciones políticas del proletariado, despertó en mí una gran simpatía, a la cual se mezcló la admiración y respeto por su extraordinaria militancia, filosófica y política.

En ninguna ocasión observé que se alterara cuando se discutía, a pesar de que en muchos casos combatían los compañeros sus proposiciones. Su carácter tranquilo y apacible le conquistaron gran aprecio y estimación entre el conglomerado obrero. Poseía grandes dotes de organizador. En la Costa Norte de Honduras organizó el Bloque Obrero y Campesino y desde las columnas del órgano de publicidad del mismo nombre, con valentía sin igual, ponía al descubierto la tremenda explotación de que eran víctimas los obreros agrícolas de parte del conocido pulpo imperialista: la United Fruit Company.

Cálix Herrera fue el primer secretario general de la Dirección Nacional del Partido Comunista de Honduras. También fue candidato a la Presidencia del país. Cálix Herrera estuvo estrechamente vinculado al movimiento obrero de Honduras. Revolucionario ardiente, combatiente avanzado de la Revolución Social, luchó denodadamente bajo las difíciles condiciones creadas por el funesto régimen de Tiburcio Carías Andino. Debido a las prolongadas prisiones que sufrió, se le desarrolló tuberculosis. Murió a la temprana edad de 35 años, en 1935, en Olancho, Honduras, lugar de su nacimiento. Creo que es un deber de los compañeros revolucionarios de Honduras mantener viva la memoria del militante íntegro, extraordinario, como fue Manuel Cálix Herrera.

JUAN PABLO WAINWRIGHT. Pocos militantes han marcado en las luchas revolucionarias de Centroamérica de una manera profunda la huella de su paso como Juan Pablo Wainwright. Luchador incansable, dedicó la mayor parte de su vida a la organización y educación de la clase obrera y a la propaganda de las ideas socialistas.

Wainwright pertenece a los militantes que abandonan todo bienestar personal y se lanzan resueltamente a la lucha contra el imperialismo y las oligarquías reinantes. Fue un luchador abnegado y valiente.

Es sabido que entre los militantes de un país, quien desarrolla actividades con mayor vigor y entusiasmo, quien con nobleza y sinceridad ayuda a sus compañeros de lucha, conquista afecto y estimación. Y eso pasó con Wainwright. Su casa en San Pedro Sula, Honduras, era el albergue de los compañeros, toda vez que lo necesitaban. Su automóvil estaba a disposición de los organismos sindicales y políticos para el desarrollo de las actividades y, en fin, fue el militante que no escatimaba nada que fuera en provecho de la lucha revolucionaria.

Poseía Wainwright condiciones valiosas como militante revolucionario, esto es: su lealtad a la causa y su bondad a toda prueba, unido a su dinamismo y a su estudio incansable, que le hacían conocer e interpretar la realidad del ambiente, así como los trascendentales problemas en que se debatía el mundo en el tiempo en que le tocó vivir.

Con varios compañeros, entre ellos Maximiliano Uclés, F. Armando Amaya, Néstor J. Juárez, Ángela Andino y la que esto escribe, llegamos el 1.º de mayo de 1930 a San Pedro Sula para asistir a un pleno del Partido Comunista de Honduras, y fue en el domicilio de Juan Pablo que disfrutamos de su conversación amena, aleccionadora e interesante sobre los distintos aspectos políticos de la vida nacional de aquellos tiempos de auge revolucionario. Siempre orientaba con sus consejos, con sus palabras de estímulo y aliento, así como también propiciaba discusiones orientadoras. Conocía a fondo los problemas sociales de Honduras y demás países centroamericanos. Desde que se incorporó al movimiento revolucionario, año de 1928, determinó el rumbo de la vocación que le inquietaba.

Nació Wainwright el año de 1894 en Santa Bárbara, Honduras. Hijo de familias distinguidas tanto por su origen como por su desahogada posición económica. Su padre de origen inglés y su madre hondureña.

Fue Wainwright protagonista de las más audaces acciones. Refiriéndome a su persona en Páginas Revolucionarias de Centroamérica, relato su prisión en el Castillo de Omoa, que, ante el asombro de sus verdugos, logra fugarse. Traspasa la frontera de Guatemala, donde, al poco tiempo de su llegada, se le acusa de ser el jefe de un movimiento comunista encaminado a derrocar al dictador Jorge Ubico. Fue capturado en compañía de 14 compañeros. Se le instruye proceso y se le condena a muerte, siendo fusilado el 17 de febrero de 1932. Así cayó el militante abnegado y valiente, causando su desaparición gran pesadumbre entre sus compañeros de lucha.

AGUSTÍN FARABUNDO MARTÍ. Pasa este militante a la historia de las luchas revolucionarias como una de las figuras más destacadas e importantes de la República de El Salvador, donde vive en el corazón de los trabajadores como uno de los militantes más abnegados y valientes del proletariado.

Agustín Farabundo Martí fue uno de los adelantados en propalar lo que había de ser, pocos años más tarde, una lucha grandiosa por la emancipación de obreros y campesinos asalariados. Perteneció Martí a la generación de 1920. Hizo de la militancia revolucionaria una actividad constante que perduró hasta morir. Fue conocido por sus actividades revolucionarias en los diferentes países de América. Contribuyó grandemente a organizar a los partidos comunistas de esos países. Sufrió persecución constante. Durante grandes periodos estuvo prisionero. Se declaró en varias ocasiones en huelga de hambre.

Fue Martí secretario del Héroe de las Segovias, Augusto César Sandino, y, al regreso a su patria, El Salvador, jefatea un movimiento revolucionario. Cayó en poder de la camarilla militarista que gobernaba el país y es fusilado en compañía de los estudiantes Alfonso Luna y Mario Zapata el 2 de febrero de 1932.

En el año de 1919, el escritor José Luis Barrientos decía de Martí, entre otros conceptos: "Soñador valiente, altivo, lleva en su cerebro las más bellas elucubraciones en la búsqueda de los más grandes ideales. Joven en sus 25 años, ha regado su corazón con las lecturas profundas y ha visto en la lejanía el florecimiento de las tendencias humanitarias que torturan su alma y que hoy le han llevado a las celdas penitenciarias de orden del Presidente de la República, don Jorge Meléndez.

"El tropel de burgueses y de esbirros acechaban al soñador quien, después de nutrir su bagaje intelectual en largos años de estudio, levantó la bandera del Socialismo ante el pueblo de su patria, hambriento, haraposo, explotado por todos los mandarines y burgueses. Los intereses creados se lanzaron como una jauría contra el soñador, contra el luchador que les hizo temblar con la fanfarria de sus pensamientos libertarios".

En la Seguridad General, donde se le llevó preso los primeros días, se nos dice que los detectives, habiéndole encontrado tres libros socialistas y un manifiesto después de haber registrado su casa, y de pensar que el soñador estaría rodeado de bombas de dinamita, le preguntaban llenos de estupefacción:

—¿Para qué tiene usted esos libros?

—Para leerlos —les respondió Martí.

—¿Y ese Manifiesto para qué lo hizo usted?

—Para el pueblo, para que no siga siendo explotado, sangrado y despreciado.

—¿Y esas ideas dónde las halló usted?

—En los más grandes pensadores del mundo.

Ya en la Penitenciaría, se le dijo que si con el castigo que había recibido había cambiado de ideas; que, si ya había cambiado, el Presidente de la República lo pondría en libertad.

—Mis ideas son sagradas y que sepa el señor Presidente que antes de claudicar puede tenerme toda mi vida en estas mazmorras.

"Esos son los gestos de Martí. Ese su valor moral. Y sus ideas nobles, altas, incomprendidas por los estultos y rechazadas por los explotadores, se abren caminos por todos los senderos de la patria en un canto victorioso, donde la juventud revienta sus primaveras de dignidad, de entusiasmo, de energías".

Víctor Manuel Gutiérrez. Prestigiado dirigente guatemalteco. Fue un propagandista decidido del Socialismo Científico. Gutiérrez perteneció a la pléyade de jóvenes patriotas surgidos por los años de 1944 en Guatemala.

Conocí personalmente al distinguido dirigente del movimiento obrero cuando, triunfante la Revolución de Guatemala después de la caída del dictador Jorge Ubico, desplegó gran actividad en el ámbito sindical. Le conocí cuando las luchas sociales estaban en ciernes en Guatemala y desde entonces pude descubrir en él su dinamismo, sus limpias ejecutorias, su espíritu de lucha.

Recuerdo que cuando surgieron las luchas internas en la Confederación de Trabajadores de Guatemala, cuando le tocó el turno a la Escuela "Claridad", año de 1945, fue valioso el aporte del C. Gutiérrez en las discusiones que se suscitaban en favor de la cultura y de la unidad. Grande fue su ecuanimidad y justeza en el enjuiciamiento sobre las actividades de los que se esforzaban en ensombrecer la vida de la C.T.G.

Su historial desde su ingreso en las luchas sociales es una serie de brillantes actividades, y su popularidad estribó en que, desde su iniciación en el movimiento obrero, jugó el papel que corresponde a un militante de ideología avanzada y a un elemento honrado y leal a la causa del proletariado.

En el Sindicato de Trabajadores de la Educación de Guatemala ocupó la secretaría general en el año de 1946. Fue secretario de la Confederación de Trabajadores de Guatemala. También fue secretario de la C.T.A.L. En dos ocasiones fue diputado y, desde la tribuna parlamentaria, supo poner en alto la representación de los trabajadores.

En diferentes ocasiones, debido a su militancia, fue lanzado al exilio. De México regresó a Guatemala ilegalmente y el 7 de marzo de 1966 es vilmente asesinado, después de someterlo a duras torturas. Este lamentable y criminal hecho sucedió a manos de los esbirros del funesto gobierno de Peralta Azurdia.

Mis reflexiones sobre diversos aspectos de la lucha revolucionaria

Considero: que solo en el plano revolucionario de la lucha de clases es que la clase obrera puede alcanzar un espléndido horizonte, y tengo la plena convicción de que el socialismo es la meta inmediata de la humanidad.

Considero: que el actual momento es uno de los de mayor trascendencia que vive la humanidad, ya que asistimos a grandes conmociones, a revoluciones y a cambios en todos los órdenes. Y, a través de cruentas luchas, vislumbro para las generaciones venideras un porvenir radiante, un futuro sin miserias, una sociedad sin clases, sin explotados y explotadores, sin prejuicios, sin injusticias.

Considero: que los cambios que se efectúan en el mundo entero corresponden a los principios e ideales de los fundadores del marxismo—leninismo.

Considero: que en la actualidad Chile, Brasil y Nicaragua (era somocista), son los países de América Latina donde existe la más sanguinaria represión y que los asesinatos, prisiones y allanamientos están a la orden del día.

Considero: que la burguesía no puede dar solución a los problemas que aquejan a los conglomerados sociales de un país, no puede dar solución a las quejas de las mayorías oprimidas y que, hasta cierto punto, en una sociedad de clases, basada en intereses opuestos, la burguesía, para someter a la parte contraria, tiene que recurrir a la violencia, a la represión.

Considero: que la lucha contra la reacción y contra el imperialismo es un deber de todos los que deseamos un mundo integrado por pueblos libres.

Considero: que las grandes inquietudes y deseos del mundo actual se contraen a echar los cimientos de una paz estable y a garantizar un desarrollo de progreso y libertad.

Considero: que mientras el movimiento sindical no sea independiente, democrático y defienda con conciencia de clase sus intereses, no puede existir una lucha auténtica.

Considero: que la Revolución Social es un proceso dialéctico de permanente superación a fin de crear un sistema diferente al actual.

Considero: que los países latinoamericanos caminan hacia metas superiores y que la unidad de las fuerzas progresistas es el único camino de su liberación.

Considero: que para analizar correctamente la situación política y económica de un país, es preciso remontarse a años anteriores, abarcando cada uno de los aspectos que deben estudiarse para llegar a una correcta ubicación de la situación que prevalece.

Considero: que es un error sobrestimar las fuerzas del imperialismo y subestimar las fuerzas revolucionarias del mundo. Estas cada día se desarrollan más. La Democracia y el Socialismo avanzan...

Considero: que la paz debe reinar en el mundo entero, ya que a su sombra bienhechora florecen las letras, las ciencias, las industrias y todo cuanto es justo en la actividad humana. Y que, ante los graves peligros que amenazan al mundo, se debe tratar de unir a los pueblos hasta constituir un poderoso movimiento de ese ideal de la humanidad.

Considero: que es el propio trabajador quien tiene que luchar y esforzarse por ser cada día más digno de una vida mejor, ya que lo que no haga él por mejorar su vida, es muy difícil, casi imposible, que lo hagan hombres pertenecientes a otra condición social y, para obtener mejor situación, debe organizarse y capacitarse. Organizarse en sus sindicatos y en sus organismos políticos de clase, pues solo por medio de la organización es que podrá conseguir el mejoramiento a que aspira.

Considero: a la Alianza Revolucionaria como el acuerdo entre fuerzas revolucionarias y progresistas sobre un programa que contenga diversos objetivos, tales como lucha por los problemas concretos del pueblo, lucha contra la carestía de la vida, lucha por salarios más altos para los trabajadores en general, por vivienda barata para el pueblo, por tierra y agua suficiente para los ejidatarios, lucha contra la especulación y robo de que son víctimas los campesinos en la venta de sus cosechas. Lucha sistemática por la liberación nacional, por el desarrollo económico del país, por una reforma agraria efectiva, etc.

Considero: que la paz no puede ser estable ni segura mientras existan cabezas de puente del nazifascismo, desde los cuales se intriga para dividir a los pueblos y preparar nuevas agresiones.

Considero: que la heterogeneidad de fuerzas que militan en una organización da lugar a cismas, escisiones, con grave peligro de la unidad, dañando los intereses de los trabajadores.

Considero: que debe existir un partido revolucionario, bien estructurado, disciplinado y unido. Debe existir un Estado Mayor, capaz de unir los esfuerzos de todos los revolucionarios y conducirlos y orientarlos hacia el objetivo común que se persigue: instaurar el Socialismo.

Considero: que en la presente situación de México debe estructurarse un gran movimiento de Frente Antiimperialista, en donde tengan cabida todos los que anhelan una patria independiente y estén dispuestos a luchar por la independencia nacional.

Considero: que por obra de la Democracia y tomando participación las masas populares en todas las actividades es que se puede plasmar un mundo libre, humano y pacífico; entendiendo por Democracia no la simple libertad de votar, sino la libertad y justicia para todos los hombres, igualdad efectiva de oportunidades y derechos al trabajo, al pan, a la cultura. Libertad de creer, de expresión, de organización. Vivir libre de miseria, de temor...

Considero: que asistimos al término de un sistema político que ya recorrió su ciclo histórico y que comprobamos que en el mundo entero se opera una verdadera transformación en las formas de convivencia social. Comprobamos que en todos los aspectos de la vida se efectúan cambios, que nada permanece inmutable. Debemos tener en mente que la marcha de la Historia trae consigo cambios en lo económico, político, social y cultural y que, como lógica consecuencia, la situación de ayer no es la misma que la de hoy. Y así, en esta hora de grandes cambios, caen viejas y anacrónicas doctrinas, se derrumban dogmas religiosos y nuevas corrientes surgen como consecuencia del devenir histórico.

Mis actividades sindicales, políticas y culturales

En las siguientes páginas trato de recoger en apretada síntesis las actividades que, en diversos aspectos, durante más de cincuenta años de militancia, he desarrollado en diferentes países y organizaciones en que me ha tocado actuar.

Principiaré por Tegucigalpa, capital de la República de Honduras, donde di mis primeros pasos en el escabroso camino de la lucha revolucionaria, en la cual el militante tiene que luchar contra la incomprensión del ambiente, la abulia e indiferencia de muchos, contra los políticos retrógrados, los líderes corrompidos, las fuerzas enemigas del progreso, los incendiarios de la guerra y contra el imperialismo y sus lacayos, que, cual más, cual menos, son la mayoría de los gobernantes de los países latinoamericanos.

En las décadas del veinte al treinta y del treinta al cuarenta se vivió en Honduras un periodo de efervescencia revolucionaria. La lucha obrera adquirió un carácter de masas. Los trabajadores integraron su partido de clase. Existieron dos centrales obreras: la Federación Obrera Hondureña y la Federación Sindical Hondureña.

En la Federación Obrera Hondureña (F.O.H.) se suscitaron varios cismas. El comité ejecutivo de la mencionada central trató de traficar con los intereses de la clase obrera al recibir del entonces presidente de la República, doctor Miguel Paz Barahona, la cantidad de quince mil dólares, sin dar a conocer a sus representados nada al respecto. Compañeros del Partido Comunista Hondureño descubren tal proceder incorrecto, lo denuncian y convocan a los miembros de los distintos sindicatos adheridos a la Federación a reunión extraordinaria. Se nombra acusador al distinguido militante revolucionario Maximiliano B. Uclés. Se presentan pruebas que no dejan lugar a dudas, como el decreto publicado en el Diario Oficial. Y después de prolongada discusión se toma por unanimidad el acuerdo de desconocer al comité ejecutivo de la central de que se trata, aduciendo que ya no era acreedor a la confianza de los agremiados.

Luego se convoca a un Congreso con el fin de elegir una nueva directiva. Se realiza y encabeza este nuevo comité el tipógrafo Manuel E. Sosa. Llega el 1.º de mayo y el P.C.H. lanza un manifiesto de contenido verdaderamente revolucionario, manifiesto que produce grandes discrepancias de parte de los directivos de la Central Obrera, al grado de recurrir a delaciones, a frases ofensivas tanto en reuniones como por la prensa contra elementos comunistas que militaban en diferentes sindicatos de la mencionada Federación.

En vista del caos que existía en la Federación, la Sociedad "Cultura Femenina" tomó el acuerdo de separarse de esa central, ya que sus directivos trataban de frenar la verdadera lucha de los trabajadores y, al tener conocimiento de lo sucedido, las pujantes organizaciones de la Costa Norte del país se solidarizan con "Cultura Femenina" y toman el mismo acuerdo de separarse de la Federación. Se convoca a un Congreso de Unidad Sindical, el que tuvo verificativo en el Puerto de Tela con numerosos representantes el año de 1930, de donde surgió la Federación Sindical Hondureña.

El Comité ejecutivo quedó integrado por elementos verdaderamente revolucionarios: Maximiliano B. Uclés, F. Armando Amaya, José Ángel Trujillo, Néstor J. Juárez, Carlos F. Gómez y Abraham Ramírez, quienes desplegaron grandes actividades tanto organizativas como culturales, en las cuales tomé participación activa. Contribuí de manera eficiente en lo que se refiere a organización. La Sociedad "Cultura Femenina", que tan importante actuación tuvo en la lucha del proletariado hondureño, se impuso desde su nacimiento tareas que se llevaron a la práctica con resultados muy satisfactorios. Entre esas tareas, enumero las siguientes: la organización de una escuela para adultas, que funcionó durante ocho años; fundamos una biblioteca, cuatro centros de alfabetización.

Luchamos tesoneramente por las reivindicaciones de los trabajadores en el aspecto económico, político y cultural. Tuvimos nuestro órgano de publicidad en donde dábamos a conocer la infame explotación de que eran víctimas los mineros de San Juancito por la Rosario Mining Company, así como los obreros agrícolas de la Costa Norte del país; sectores que con frecuencia visitábamos.

También logramos organizar en San Pedro Sula el Sindicato de Trabajadores de la Aguja y el Sindicato de Trabajadores del Servicio Doméstico; en el Puerto de Ceiba el Sindicato de Trabajadoras del Tabaco y en el año de 1930, a iniciativa del Partido Comunista y con la cooperación de "Cultura Femenina", se verificó en San Pedro Sula una Conferencia Nacional de Mujeres con representantes de diversos sindicatos y grupos de mujeres. En la mencionada conferencia se puso al descubierto la difícil situación de este importante sector; se expusieron sus graves problemas y, como resultado final, se planteó luchar de manera sistemática por una legislación que asegurara una mejoría de salarios, jornada de ocho horas de trabajo, vacaciones anuales remuneradas, pago de días festivos, protección a la maternidad y a la niñez, indemnización por accidentes de trabajo y despidos injustificados, creación de guarderías y condiciones de higiene y de seguridad en el trabajo.

Por nuestra decidida actuación fuimos objeto de delaciones de parte de las fuerzas reaccionarias, del clero. El Arzobispo Agustín Hombach, en hoja suelta distribuida en Semana Santa, pidió al gobierno la clausura de la escuela que atendíamos. Pero también obtuvimos de varios sectores sociales el reconocimiento por nuestras labores. Intelectuales progresistas, en ocasión de celebrarse el quinto aniversario de "Cultura Femenina", expresaron varios conceptos elogiosos, entre ellos, uno publicado en su órgano de información que decía: "Felicitamos muy sinceramente a ese grupo de brillantes mujeres, haciéndolo de manera especial con doña Graciela de García, que es el alma iluminada de esa falange".

Sobre el Partido Comunista de Honduras

Desde el inicio de los círculos de estudios que compañeros entusiastas organizaron, pasé lista de presente. Cuando estos se fusionaron y surgió de la unión de ellos el Partido Comunista de

Honduras, año de 1922, entregué el entusiasmo que me animaba y mi máximo esfuerzo porque se llevara a feliz realización las importantes tareas que compañeros abnegados y valientes se propusieron llevar a la práctica, siendo las principales: lucha sistemática contra el imperialismo, por la organización en general de los trabajadores, por el establecimiento de un verdadero régimen democrático, por la Reforma Agraria, por llevar adelante la Revolución Democrática Burguesa, por organizar al sector femenil, por la celebración combativa del 1° de mayo, por la participación en las luchas electorales y, en general, por todas las reivindicaciones económicas, políticas y culturales del proletariado hondureño.

Fui de las organizadoras de las gloriosas manifestaciones del 29 de mayo y 4 de julio de 1944, pidiendo la libertad de los reos políticos que desde hacía 12 años permanecían en cautiverio. Asimismo, se pedía la renuncia de la presidencia del dictador Tiburcio Carías Andino. Por mi participación en esas brillantes jornadas históricas, el día 5 de julio de 1944, esbirros del régimen, con lujo de fuerza, me condujeron a la Policía Nacional, en donde recibí un trato verdaderamente humillante.

En la crónica titulada "Memorable 4 de julio de 1944", suscrita por Beatriz Galindo, se decía: "Las señoras que fueron a la cárcel eran de toda clase social. A la escritora doña Graciela A. García, la pusieron en una celda donde había mujeres de mala vida. Por ser de nacionalidad salvadoreña y a gestiones de embajador de su país, le dieron su libertad, pero a condición de que desocupara el país inmediatamente". Ahora yo pregunto: ¿cuál fue mi delito? Y respondo: luchar por la liberación de Honduras. Y ello revela este aleccionador contraste: que quienes somos amantes de la libertad y de la justicia social sufrimos cárceles y toda clase de atropellos, mientras los reaccionarios y aun delincuentes gozan de privilegios.

En la cárcel constaté la amoralidad del régimen de Carías Andino y sus sicarios y, por ello, repito que una de las características de ese régimen sombrío fue la conculcación de los derechos más elementales y la ofensa brutal a la dignidad humana.

A pesar de las vejaciones de que fui objeto, confieso que la cárcel, en lugar de acobardarme, templó mi ánimo y, al salir libre, hice el juramento de dedicar mis esfuerzos, mis energías, a luchar contra las oligarquías, y el imperialismo y por la instauración del socialismo.

Cuatro entrevistas

Deseo terminar lo que a Honduras se refiere trasladando al lector a grandes rasgos las siguientes entrevistas:

Primera entrevista. Cuando mi hermano F. Armando Amaya regresó de la Unión Soviética el año de 1932, postrimerías del gobierno del doctor Vicente Mejía Colindres, al desembarcar en Puerto Cortés, fue detenido por las autoridades del mencionado puerto y, con ese motivo, mi compañero José y yo nos dirigimos a ese lugar.

Los autobuses que iban hacia la Costa Norte se detenían en Zambrano, donde Elena, la compañera del general Carías, tenía un restaurante, para que los pasajeros tomaran allí sus alimentos; José, mi compañero, se dirigió al restaurante a desayunarse y yo me quedé en el autobús.

Y el entonces candidato a la presidencia de la República, general Tiburcio Carías Andino, subió al camión y se sentó a mi lado, pues manifestó que quería conversar conmigo.

—Ya sé —me dijo—, que va a hacer gestiones en compañía de José a Puerto Cortés, donde su hermano está prisionero. Qué necesidad tienen de andarse molestando por esa causa. Yo no sé cómo ustedes están metidos en una lucha tan descabellada. Si yo llego a la presidencia, por todos los medios posibles trataré de reprimir todo lo que se refiere a esas actividades tan torpes. Y le aseguro que si ustedes dejan esas ideas y llego a la presidencia, como es casi seguro, José, usted y toda su familia estarán muy bien.

—Pero general, en todos los países los elementos progresistas luchan por el bienestar de los pueblos, luchan contra los explotadores. Y si usted, como dice, trata de impedir que se defienda al trabajador, tendrá el repudio y la animadversión de la mayoría de los hondureños.

—No me importará; pero no permitiré que en el país se propaguen ideas exportadas de otros lugares. Por ociosos los castigaré enviándolos a la cárcel o fuera de Honduras.

Y tal como lo expuso, lo cumplió, ya que desde el inicio de su período clausuró las organizaciones sindicales, políticas y culturales que hacían propaganda revolucionaria, y fue cuando el Partido Comunista se vio obligado a trabajar en la clandestinidad, siendo encarcelados, asesinados y deportados infinidad de militantes revolucionarios.

Segunda entrevista

Con motivo de múltiples artículos que aparecían en nuestro semanario Cultura Femenina en defensa de los trabajadores y contra la United Fruit Company y Rosario Mining Company por la explotación infame de que les hacían víctimas, el Presidente de la República, doctor Miguel Paz Barahona, hizo comparecer ante él a la Directiva de la Sociedad "Cultura Femenina". Nos presentamos y, después de los saludos del caso, nos dice:

—Las he llamado, no para hacerles ninguna represión, sino para suplicarles que no continúen en esa campaña que han emprendido contra las compañías extranjeras establecidas en el país.

Como Secretaria General de la mencionada Sociedad, me permití contestar a su amonestación:

—Señor Presidente: Al agradecerle la manera tan afectuosa como nos trata, le diremos que, para nosotras, es un deber atacar esas compañías que succionan las riquezas del país y explotan de manera inmisericorde a los trabajadores, pagándoles salarios de hambre por largas jornadas de trabajo.

—Sí, amigas, pero les vuelvo a rogar que se contengan en esos ataques, prefiero que me ataquen a mí, que digan lo que quieran de mi persona y tengan la seguridad de que nada les pasará. ¿Me lo ofrecen?

—Señor Presidente: Sentimos mucho no poder ofrecerle algo que no vamos a cumplir, pues nuestra misión es poner de manifiesto las fabulosas riquezas de que gozan esas compañías a costa del sudor del pueblo hondureño.

—Pues no se quejen de lo que pueda pasar en lo sucesivo.

Y así terminó esta entrevista, la cual da a conocer la actitud de los gobernantes, no sólo de Honduras, sino de la mayoría de los países latinoamericanos.

Tercera entrevista

El doctor Vicente Mejía Colindres, siendo Presidente de la República de Honduras, citó a los miembros de la Dirección Nacional del Partido Comunista a efecto de comparecer ante él.

Acudimos a la cita. Se trataba de proponer a los integrantes de la Directiva Nacional del Partido Comunista que, a condición de abandonar por completo la lucha revolucionaria, se les proporcionaría a todos medios suficientes para vivir holgadamente. Ofreció ponerles, según su oficio, talleres de herrería, zapatería, carpintería o bien darles concesiones y buenos empleos en la tipografía nacional y en el magisterio.

Ocupaban cargos en la Dirección General del P.C. en la fecha a que me refiero, año 1930, Manuel Cálix Herrera, Néstor J. Juárez, F. Armando Amaya, Maximiliano B. Uclés, Rosendo Ferrara, Abraham Ramírez, Felipe Zelaya y la que esto escribe.

La proposición del C. Presidente Mejía Colindres fue rechazada, pues en coro manifestamos: no aceptamos la oferta.

—Bien —dijo el Presidente—, yo he querido favorecerlos; pero, puesto que ustedes lo rechazan, en adelante se atendrán a las consecuencias.

Y desde esa fecha empezó el calvario de los trabajadores hondureños. Fueron luego a la cárcel Manuel Cálix Herrera y F. Armando Amaya, deportado Néstor J. Juárez y otros tantos compañeros en San Pedro Sula y Puerto Cortés.

Lo relatado demuestra que los mandatarios se valen de diferentes medios para acallar las voces de protesta por las injusticias existentes, por las luchas a favor del proletariado y en contra del imperialismo. Algunos mandatarios recurren a la presión, a la fuerza, asesinatos, a prisiones y a la deportación; y otros tratan de sobornar a los verdaderos luchadores, haciéndoles ofertas de dinero y empleos para apartarlos de la lucha social.

Cuarta entrevista

El doctor Ángel Zúñiga Huete siempre se mostró reacio a las nuevas ideas, combatió el comunismo y proscribió a elementos pertenecientes a las corrientes de ideología avanzada.

En el diálogo que en casa del doctor Antonio Miralda Santos, aquí en México, sostuvo conmigo, con gran ironía, me dijo:

—Usted es líder; pero ya ve lo que se ha sacado, andar sufriendo en tierra ajena en compañía de José. Me es extraño que ustedes aboguen por ideas contrarias al liberalismo, que es la doctrina que debe prevalecer en Honduras.

—Doctor, respecto a que soy líder, usted está equivocado, el líder debe poseer cualidades que yo estoy lejos de tener. Y en cuanto a que el liberalismo es la doctrina que debe prevalecer, le diré que eso piensa usted; pero yo digo lo contrario, el liberalismo ya pasó a la historia, y en la actualidad se lucha por la supresión de la explotación del hombre por el hombre y por la organización de una sociedad sin clases.

Se rio estrepitosamente y, con burla, me dice:

—Esas son utopías, son ilusiones desprovistas de todo fundamento, no se realizarán jamás.

—Pero, doctor, con esa afirmación usted da a conocer que ignora lo que pasa en el mundo, ya que en la antigua Rusia zarista y en otras naciones existen regímenes en donde impera la justicia social y el pueblo es dueño de su destino.

—¿Y eso que me dice, usted lo ha visto? ¿Usted lo ha palpado para asegurarlo? Son pura farsa, en el mundo siempre habrá explotados, siempre habrá clases.

La llegada de varias visitas interrumpió este diálogo, en que el doctor Ángel Zúñiga Huete se mostró tal como fue: un enemigo de las ideas que por todo el mundo están martillando sobre viejos conceptos.

He tratado a grandes rasgos de trasladar los juicios reaccionarios y las condiciones onerosas de que se valen los mandatarios para sustraer a los trabajadores de su misión histórica.

En El Salvador

Expulsada de Honduras por el dictador Tiburcio Carías Andino, llegué a mi patria el 20 de julio de 1944. Gobernaba el país el general Andrés I. Menéndez, después del derrocamiento del dictador Maximiliano Hernández Martínez.

Luego de haber llegado, me enrolé en el importante organismo "La Unión Nacional de Trabajadores" (U.N.T.). Grandes actividades desarrollaban sus dirigentes, entre ellos: licenciado Alejandro Dagoberto Marroquín, Carlos Alvarado, J. Antonio Zepeda, Miguel Mármol, Antonio y José Díaz. Era enorme el movimiento de masas. Millares de obreros y campesinos se agrupaban en el mencionado organismo. Tuve la oportunidad de visitar varias filiales, entre ellas las de Santa Ana, Santa Tecla, puerto de La Libertad, Cojutepeque y Chalatenango, en donde hicimos propaganda por la candidatura del doctor Arturo Romero para Presidente de la República, que postulaban varios partidos, entre ellos el Partido Comunista de El Salvador. En todos los lugares visitados existía gran entusiasmo y espíritu de lucha. Mas esa efervescencia revolucionaria y libertad de que se disfrutaba duró apenas cinco meses, del ocho de marzo al veinte de octubre de 1944, por el golpe de Estado perpetrado por el coronel Osmín Aguirre y Salinas. Como este se entendió con el dictador Carías, en el sentido de perseguir a multitud de hondureños oposicionistas a tal régimen, tuvimos que trasladarnos a Guatemala. Pero durante mi corta estancia en San Salvador, con la convicción de que la mujer juega un papel muy importante en las organizaciones económicas y políticas del proletariado, convoqué a regular número de compañeras para organizar la sociedad que llamamos "Antorcha Femenina".

Fui secretaria de actas del Comité Femenino Pro—Candidatura del doctor Arturo Romero, que agrupaba centenares de mujeres revolucionarias. Asimismo, asistí a numerosos y combativos mítines como protesta por el terror y opresión que imperaban en Centroamérica.

En Guatemala

A mi llegada a la bella tierra del Quetzal, diciembre de 1944, el país estaba gobernado por una Junta Militar integrada por el coronel Jacobo Árbenz, Francisco J. Arana y Jorge Toriello. Y fue el 15 de marzo de 1945 cuando asumió el poder el doctor Juan José Arévalo. Durante su gobierno, los compañeros guatemaltecos gozaron de amplia libertad, período que los perseguidos por las dictaduras centroamericanas supimos aprovechar, coordinando nuestras voluntades a beneficio de las reivindicaciones políticas, económicas y culturales de los trabajadores y por la consolidación del régimen democrático que se iniciaba.

Múltiples luchas internas se registraron en ese período y fueron delegados de la Confederación de Trabajadores de América Latina quienes lograron se llegara a un acuerdo, eligiendo un Comité Provisional mientras se efectuaba un Congreso de Unidad Sindical. Fui secretaria de actas de dicho Comité, elegida en magna asamblea; pero sucedió que, debido a diferencias de criterio e ideología de los integrantes, se suscitaron acaloradas discusiones, con el agravante de que elementos ajenos a los intereses de los trabajadores lograron infiltrarse en el seno de la Dirección. A pesar de ello, después de una lucha tremenda, se llevó a feliz realización el Primer Congreso de Unidad Sindical el 15 de agosto de 1945, de donde surgió pujante la Confederación de Trabajadores de Guatemala (C.T.G.). Me cabe la satisfacción de haber contribuido en forma activa a su celebración.

Representé, en el Congreso de que se trata, al Comité de Acción Sindical de la República de El Salvador y, con ese carácter, di mi voz de aliento y mis felicitaciones a las delegaciones participantes en este importante evento, por la ecuanimidad y cordura que les caracterizó.

El Congreso eligió la comisión que, en definitiva, emitiría el dictamen sobre las diferentes ponencias que fueron presentadas por organizaciones obreras y campesinas, habiendo sido electa para integrarla la aludida comisión, juntamente con los compañeros profesor Francisco Ortiz, Antonio Obando Sánchez y Virgilio Guerra. Asimismo, se eligió el Comité Directivo de la C.T.G., encabezado por el distinguido elemento sindical Isaías Ruiz Robles, comité que desde su iniciación desarrolló múltiples actividades en beneficio de obreros y campesinos. Entre ellas: lucha por hacer efectivo el pago del séptimo día, lo cual se consiguió; celebración en forma revolucionaria del 1° de mayo; mitin en la Concha Acústica del Parque El Centenario con motivo de la elección de diputados, en la que se presentó como candidato el recordado compañero Víctor Manuel Gutiérrez; visitas consecutivas a las haciendas a fin de organizar a los campesinos. En todas estas actividades colaboré de manera entusiasta.

Actividades políticas

Con el convencimiento de que debe existir en cada país un partido revolucionario, bien estructurado, disciplinado y unido, un Estado Mayor político capaz de unir a las fuerzas revolucionarias a fin de conducirlas y orientarlas hacia el objetivo común, hacia la meta final que se persigue: la instauración del socialismo; y considerando que ya no era posible que el pueblo guatemalteco continuara acuerpando a los partidos tradicionales, liberal y conservador, bastante desacreditados, varios compañeros centroamericanos nos propusimos la tarea de reorganizar el Partido Comunista de Guatemala, pues, habiendo sido fundado el año de 1923, fue cancelado el año de 1931, cuando asumió el poder el dictador Jorge Ubico, período en que todas las organizaciones progresistas fueron clausuradas y reducidos a prisión sus principales dirigentes.

Emprendimos una activa propaganda en el sentido de hacer ver a los trabajadores que el Partido Comunista es el que lucha de manera sistemática por la consolidación de un régimen democrático, por las demandas de la clase obrera, de los campesinos y del pueblo en general. Lucha, además, consecuentemente contra el imperialismo, contra las clases reaccionarias y terratenientes semifeudales. Y en poco tiempo logramos convencer a gran número de trabajadores.

Y, como una actividad inicial, organizamos pujante manifestación el día 17 de enero de 1946. Elementos reaccionarios habían llevado a cabo un numeroso mitin en contra del Gobierno presidido por el doctor Juan José Arévalo y quisimos, con un acto democrático, poner de relieve el apoyo que obreros, campesinos y pueblo en general daban a su régimen. Más de 10 000 personas se congregaron frente al Palacio Nacional, obteniendo los iniciadores de este histórico mitin resonante triunfo, que alarmó y produjo tal reacción a los enemigos del progreso que, con sus presiones, lograron que el Presidente Arévalo tomara medidas drásticas contra los que luchábamos por llevar a planos más avanzados a la Revolución de Guatemala.

En el libro titulado Miguel Mármol, en el cual el distinguido escritor Roque Dalton recoge testimonios de la vida del compañero salvadoreño Mármol, se dice a este respecto: "Moisés Castro y Morales fue expulsado en forma humillante y cruel, pues, aun siendo enfermo de una pierna, cojo, tuvo que salir del país a pie. El gobierno hondureño, que no era ni presumía de revolucionario, recogió a Moisés en la frontera y lo llevó a Tegucigalpa en avión. Daniel Castañeda y Virgilio Guerra fueron capturados y estuvieron varias semanas en prisión, sin acusación legal. Graciela A. García, alma y corazón de la Escuela 'Claridad', pionera de las luchas revolucionarias en Centroamérica, fue perseguida y presionada hasta límites insoportables y decidimos que se fuera a México."

Actividades culturales

Mi inquietud por la cultura data desde mi juventud. Me gusta enseñar, lo he hecho con placer hasta donde alcanzan mis conocimientos. Más que a chicos, me ha agradado trabajar con adultos y he gozado al tener oportunidad de constatar el interés de los individuos por superarse, por desenvolver su inteligencia. Siempre he creído que incorporar a la cultura a los habitantes de un país es tarea indispensable de los auténticos revolucionarios.

Consecuente con esa manera de pensar, en lo que se relaciona a la capacitación sindical y política de los trabajadores, concebí la idea de fundar un Centro Cultural. Se lo propuse a varios compañeros y gustosos aceptaron. Y, de inmediato, emprendimos los trabajos concernientes a tal fin, confeccionamos programas, horarios y reglamentos. Hicimos la propaganda necesaria en los sindicatos integrantes de la Confederación de Trabajadores de Guatemala y, en poco tiempo, se llevó a feliz realización nuestra gran aspiración: la existencia de una escuela para la capacitación de las masas trabajadoras, a la que pusimos por nombre "Escuela Claridad".

La Escuela inició su labor edificante con numerosos trabajadores, ansiosos de superarse; pero, como sucede siempre, las clases reaccionarias, que en todo tiempo han monopolizado la cultura, ya que temen el despertar de los pueblos, emprendieron una campaña tenaz contra la Escuela Claridad. Así lo afirman los compañeros guatemaltecos en el folleto titulado Tres años de lucha (1951—1954). Dicen: "En la Confederación de Trabajadores de Guatemala luchaba un grupo de compañeros para darle un contenido revolucionario al movimiento sindical y se esforzaba por educar políticamente en sus principios revolucionarios. Así surgió la Escuela 'Claridad' que aspiraba, además de la educación política de la clase obrera, a luchar por la independencia del movimiento sindical frente a las ambiciones de los políticos que aspiran a contar con el apoyo de los trabajadores organizados para el logro de sus propios fines. La Escuela 'Claridad' fue pronto objeto de ataques de la prensa reaccionaria, de los políticos que aspiran al control del movimiento sindical, poco desarrollados unos y ligados a corrientes reaccionarias otros. Así se entabló una lucha en la C.T.G. entre los partidarios de la Escuela 'Claridad' y sus adversarios".

El clero, que ha sido siempre una fuerza regresiva, que en todo tiempo ha jugado un papel negativo en los acontecimientos revolucionarios, tomó participación en contra de la Escuela, lo que no es extraño, ya que la historia nos demuestra que la Iglesia ha luchado en unión de los gobiernos reaccionarios que tratan de mantener en un estado de ignorancia al proletariado, como medio de explotarlo en forma mejor.

Los ataques sistemáticos de las fuerzas reaccionarias culminaron con el decreto dado en Consejo de Ministros el año de 1946, disolviendo la primera escuela de capacitación sindical que existió en el país. Este paso antidemocrático que dio el Gobierno del doctor Arévalo fue en detrimento del pueblo guatemalteco y de su régimen, como lo fue también la prohibición de organizar a los campesinos.

Termino lo que a mis actividades sindicales, políticas y culturales se refiere, insertando credenciales que me otorgó el Comité Ejecutivo de la Confederación de Trabajadores de Guatemala y la Directiva de la Escuela Claridad.

Confederación de Trabajadores de Guatemala Afilia—da a la C.T.A.L. 2o. Av. Sur No. 24.—Guatemala,C.A.

A las Organizaciones Revolucionarias de Trabajado—res:
"Sirve la presente para presentar a la Compañera Graciela A. García, quien ha puesto de manifiesto su gran actividad en favor de la clase trabajadora. Desempeñó el cargo de Secretaria de Actas en el Comité Ejecutivo Provisional de la Confederación de Trabajadores de Guate—mala. En el Primer Congreso de Unidad Sindical, celebrado en Guatemala, fue Representante de los Compa—ñeros Salvadoreños. Figuró como miembro, en las siguientes comisiones:

Pro—Primero de Mayo, Pro—celebración 20 de Octubre y de Propaganda Política de la C.T.G. Rogamos a todas las organizaciones hermanas le dispensen el calor de su fraternal acogida y que reciban por su medio el saludo que les envía esta Confederación".

(F) Isaías Ruiz Robles
Secretario General

Escuela Social "Claridad" Adherida a la C.T.G. como Cuerpo Asesor.

Guatemala, 28 de septiembre de 1945.

A las Organizaciones Sindicales y Centros Culturales de la clase obrera de México.

"El Comité Ejecutivo de la Escuela "Caridad", Centro de Capacitación Sindical que ha surgido al calor del movimiento sindical dentro de la Confederación de Tra—bajadores de Guatemala (C.T.G.), acredita como su Representante ante las Organizaciones Sindicales y Centros Culturales a la Compañera Profesora Graciela A. García para que establezca relaciones de acercamiento cultural y societarias con esas organizaciones y pueda intervenir en los actos que tengan un interés para la clase trabaja—dora. En tal virtud, extendemos la presente CREDEN.CIAL a la Compañera García y suplicamos se preste toda la cooperación debida a efecto de que realice de la mejor manera su misión. A la Liberación de los Trabaja—dores por su capacitación. Fraternalmente".

(F) Antonio Obando Sánchez
Secretario General

Manuel de J. Álvarez   Martha Enríquez
Secretario del Interior   Secretaria de Actas

Luis Villagrán G. Daniel Castañeda
Secretario de Propaganda Secretario de Cultura

Sebastián Castillo Ferrera   Félix Osorio Vélez
Srio. de Relaciones Exteriores   Secretario de Finanzas

PÁGINAS DE LUCHA REVOLUCIONARIA EN CENTROAMÉRICA

ASPECTOS POSITIVOS Y NEGATIVOS DE LA LUCHA
REVOLUCIONARIA EN CENTROAMERICA

Gran número de ciudadanos de México, y no pocos de Centroamérica residentes en este gran país desconocen por completo el movimiento obrero que desde hace muchos años viene desarrollándose en cada una de las disgregadas parcelas centroamericanas. Ignoran las heroicas luchas sostenidas por los trabajadores, en las que centenares de abnegados y queridos compañeros han dejado sus vidas, sufrido largas prisiones o marchado al destierro.

He oído opiniones equivocadas y absurdas al respecto. Aseguran algunos que los trabajadores centroamericanos viven en un estado de atraso e ignorancia propios de los regímenes más primitivos y que no tienen un claro concepto de sus derechos y responsabilidades de clase. Tales aseveraciones están totalmente alejadas de la realidad, y en las siguientes páginas trataré de demostrar cómo los trabajadores centroamericanos, organizados en diferentes centrales obreras y en sus organismos políticos de clase, han puesto de relieve en múltiples actividades su combatividad, deseo de superación y espíritu de lucha. Detallaré hechos y acontecimientos que ponen en evidencia su entrega a la lucha por grandes postulados revolucionarios y sus esfuerzos por llevarlos a la práctica, su participación en la lucha por la independencia económica y política de sus respectivas patrias.

Cierto que las organizaciones sindicales y políticas centroamericanas han adolecido de diversas fallas y que en el transcurso de la lucha han cometido errores numerosos; que se contemplan de parte de muchos militantes posturas equivocadas e injustas; que en los primeros pasos en la senda del sindicalismo la falta de práctica en este tipo de organización y la falta de preparación política de los que hemos militado en organizaciones del proletariado nos han conducido en muchos casos por caminos incorrectos, que luego hemos tenido que desandar, y que, en fin, a muchos problemas les dimos soluciones que no fueron las más convenientes. Pero de lo dicho, a asegurar que los trabajadores centroamericanos carecen por completo de conciencia y de organización hay una inmensa diferencia.

En repetidas ocasiones han demostrado su anhelo fervoroso de terminar con los regímenes dictatoriales que por desgracia han azotado a Centroamérica y sustituirlos por regímenes democráticos. Nadie puede desconocer el papel decisivo de los trabajadores centroamericanos en la caída de Manuel Estrada Cabrera y su lucha contra el tirano Jorge Ubico en Guatemala; la actuación sobresaliente que tuvieron en el derrocamiento del déspota Maximiliano Hernández Martínez y su lucha contra la camarilla militarista encabezada por Osmín Aguirre y Salinas en El Salvador; los heroicos esfuerzos por acabar con las satrapías de Tiburcio Carías Andino y Anastasio Somoza, en Honduras y Nicaragua, respectivamente, y, en los últimos años, las luchas sostenidas contra las dictaduras militares implantadas bajo el contubernio de las oligarquías criollas y el imperialismo norteamericano.

Los errores cometidos, las deficiencias en la asimilación de la doctrina del proletariado —el socialismo científico—; su aplicación poco ajustada a la realidad en que nos movíamos; la falta de un conocimiento amplio de los más importantes problemas de los pueblos; el planteamiento inconsecuente de los mismos, etc., etc., tienen su explicación.

Centroamérica ha vivido a lo largo de este siglo bajo el imperio de feroces dictaduras, con breves períodos de gobiernos medianamente democráticos. Por esta razón, los pueblos han tenido que sufrir el aislamiento del mundo exterior, con todas sus consecuencias negativas, sin poder asimilar la experiencia de otros pueblos en condiciones más o menos normales. Los regímenes despóticos que han existido hicieron de las fronteras verdaderas murallas chinas, han perseguido y disuelto las organizaciones políticas y sindicales, han ahogado todo gesto libertario, han proscrito sistemáticamente toda literatura de matiz revolucionario, al extremo de constituir delito penado con la cárcel o el destierro el hecho de que a alguien se le encontrara una obra de esta índole.

Pero, a pesar de tales condiciones, desde las primeras décadas del presente siglo se formaron grupos en la ilegalidad que trataron de estudiar los problemas trascendentales que confrontan los pueblos centroamericanos, que se esforzaron por encontrar una doctrina verdaderamente revolucionaria con la cual interpretar la realidad de esos países y luchar por su transformación. Estos grupos, con su actividad clandestina desplegada con abnegación y sacrificios, llevaron a las masas trabajadoras una nueva conciencia de sus intereses, haciéndoles ver que son idénticos a los de todos los explotados de la tierra, y que esa comunidad de intereses es la base de la lucha solidaria en contra de todos los explotadores.

Como dejo dicho, me propongo hacer un historial de la lucha revolucionaria en Centroamérica, usando la crítica y autocrítica, a fin de que las experiencias del pasado, el reconocimiento y el análisis de los errores cometidos nos sirvan para evitar nuevos traspiés en las luchas de hoy y del porvenir.

LA SOLIDARIDAD DE LOS TRABAJADORES

Es sabido que de la inicua explotación de que han sido víctimas las clases desposeídas nació el sentimiento de solidaridad, el que a la vez dio origen a la organización sindical de los trabajadores, como medio eficaz de defensa frente a sus explotadores y en favor de todos y de cada uno de los que participan en ellas.

Las luchas de los trabajadores se remontan a épocas lejanas. Sus primeras organizaciones aparecieron en los países más avanzados desde el punto de vista industrial: Inglaterra, Alemania, Francia, Estados Unidos de Norteamérica, pero actualmente se encuentran extendidas en la mayoría de los países de la tierra.

Los trabajadores centroamericanos no podían sustraerse a ese poderoso sentimiento de solidaridad que al presente constituye una corriente indestructible entre todos los explotados del mundo. Y la solidaridad, el apoyo mutuo y la defensa colectiva han venido robusteciéndose y tomando fuerza en su conciencia a medida que las condiciones de explotación y miseria han ido en aumento, así como también debido al abandono, menosprecio y opresión de que han sido objeto de parte de las camarillas que han tenido en sus manos la dirección de los Estados de la patria centroamericana.

A través de largos años de sufrimiento, el trabajador centroamericano, por propia experiencia, ha llegado a la comprensión de que lo que no haga él mismo por mejorar sus condiciones de vida y de trabajo, es imposible que lo hagan individuos pertenecientes a otras clases, a otra condición social. El espíritu de asociación es cada vez más evidente, respondiendo con un alto grado de responsabilidad a toda lucha por su liberación, a toda acción tendiente a elevar su nivel económico, político y cultural.

No hay en Centroamérica un trabajador medianamente desarrollado que no comprenda los beneficios que reporta el hecho de estar en íntima comunión con sus hermanos de clase. Y con ese natural deseo de conseguir mejores condiciones de vida, los trabajadores constituyeron sus primeras organizaciones allá por el año de 1920, las que al correr del tiempo han dado por resultado la formación de federaciones y confederaciones que, mediante la unidad de criterio y de acción, han desarrollado una labor edificante.

Las organizaciones de trabajadores a que me refiero no son artificiales ni blancas; no han nacido al impulso de pasajeros entusiasmos. El surgimiento de las organizaciones de los trabajadores en Centroamérica obedece a más profundos motivos y arranca de más lejos de lo que muchos afirman o suponen. Los trabajadores centroamericanos, aun bajo las más crueles tiranías, organizados sindicalmente, en la ilegalidad o en forma abierta, han luchado por todos los medios posibles por su mejoramiento material y por la liberación de la nación centroamericana con respecto a la dominación imperialista.

Los trabajadores adoptaron desde un principio el sindicalismo como la forma de organización más adecuada. Y, haciendo honor a la verdad, debo confesar que en los albores de su constitución, como era natural, no había una total claridad respecto a los objetivos y finalidad que persiguen los sindicatos. Algunos los confundían con los partidos de los trabajadores; otros sostenían que la actividad de los sindicatos era apolítica. Existían, además, grandes fallas en la forma organizativa.

Pero esto no debe extrañar a nadie, ya que toda organización al principio de su desarrollo tropieza con un sinnúmero de dificultades y no es sino después de cierto tiempo que se encuentran los cauces definidos o los caminos verdaderos a seguir. El estudio del movimiento obrero en los países que van a la vanguardia de las luchas revolucionarias nos demuestra que la clase obrera realiza su misión histórica a través de grandes y cruentas luchas y después de pasar por un largo proceso, que poco a poco va transformando a los hombres, haciéndoles adquirir experiencia y capacidad. En otras palabras, es la acción la que forma a los verdaderos militantes; es la lucha revolucionaria la que educa a las clases explotadas, revelándoles el alcance de sus fuerzas, estimulando su inteligencia y haciéndoles ver el papel trascendental que desempeñan en la sociedad presente y el que están llamadas a cumplir para su transformación en una sociedad más justa.

LA HETEROGENEIDAD DE LAS ORGANIZACIONES LABORALES

Las deficiencias del movimiento obrero en sus orígenes se explican, en parte, por la heterogeneidad de los componentes de las organizaciones sindicales, formadas por obreros, artesanos, empleados, intelectuales, entrañando esta composición un obstáculo para la dinámica del movimiento y constante peligro de desviaciones, ya que las agrupaciones que representan diferentes intereses o ideologías distintas traen como resultado diferencias que poco a poco van acentuándose, hasta producir crisis y escisiones en detrimento de la unidad.

En los países de Centroamérica, el problema de la organización de los trabajadores, desde este punto de vista, presentó una serie de dificultades, porque son países en un período de transición de economías semifeudales a la economía de tipo capitalista, y las clases sociales no alcanzan en tales condiciones características marcadamente definidas. En cambio, en los países industrializados, como los Estados Unidos de Norteamérica, Inglaterra y demás países europeos, el problema de la organización no ofrece las mismas dificultades que en los países subdesarrollados.

La falta de características claras y definidas de la clase obrera, sobre todo en las primeras décadas del presente siglo, unida a la falta de conocimientos sobre este importante problema, ha sido una de las causas principales para haberse cometido numerosos errores en el terreno sindical. Y solamente un estudio minucioso sobre la composición de clase en cada país permite caracterizar lo que es un obrero, un artesano, un campesino, un obrero agrícola y, en general, precisar la condición social de cada individuo.

El obrero, producto de la economía capitalista, donde las herramientas manuales han sido sustituidas por las máquinas, y los talleres por las fábricas, no posee más que su fuerza de trabajo, la que se ve obligado a vender como cualquier mercancía. La clase obrera está en constante desarrollo, debido al mismo desarrollo de la industria que opera como una fuerza revolucionaria en tal sentido.

El artesano, producto de la Edad Media, posee su taller y sus herramientas, tiene a su servicio operarios y es una fuerza regresiva, estacionaria, que está en un período de descomposición debido al mismo desarrollo económico capitalista, con tendencia cada vez más acentuada en el seno del movimiento obrero y en el de las organizaciones políticas del proletariado, donde, por su propia extracción de clase e ideología, tiende a propagar concepciones y prácticas liberales.

El mismo problema ha existido en lo que se refiere al campesinado.

En igual forma se explica el porqué, en determinados momentos, se pusieron las organizaciones del proletariado a la zaga de los partidos burgueses u oligárquicos tradicionales, o se han convertido en instrumentos de estos partidos en lo que se refiere a las campañas electorales.

Aunque estos fueron problemas vividos por el movimiento obrero centroamericano en sus primeros tiempos, aún hoy se hace sentir la falta de verdaderos partidos de los trabajadores, capaces de impulsar y desarrollar el movimiento sindical, así como de educar y conducir a la lucha consecuente por sus reivindicaciones a la clase obrera, fuertemente influida por organizaciones internacionales controladas y sostenidas por el imperialismo.

En resumen, en sus principios el movimiento sindical centroamericano fue enmarañado y confuso. En esa época los trabajadores no tenían idea cabal de sus fines y de los medios para alcanzarlos. Carecían de preparación y de entrenamiento. No existían suficientes elementos capacitados y, de consiguiente, el movimiento se encontraba sin brújula, sin saber qué rumbo tomar. Sin embargo, el movimiento sindical iniciado en Centroamérica hace cinco décadas aproximadamente, aun cuando lleno de lagunas, jugó un importante papel y de él se han sacado grandes enseñanzas para la educación ulterior de los revolucionarios y la preparación de sus dirigentes con vistas a futuras luchas.

EL TRABAJO CON EL CAMPESINADO

La falta de comprensión acerca de las diferencias que existen en la composición del campesinado produjo el mismo confusionismo que en las actividades desplegadas con los trabajadores de la ciudad, es decir, indistintamente se trabajaba en las diversas capas de la población campesina.

Los países centroamericanos son eminentemente agrícolas. La tierra pertenece a unos pocos. En toda la extensión de su territorio prevalece el latifundio y un enorme porcentaje de campesinos que, a través de los años, ha soportado el peso del feudalismo, padece aguda miseria que le obliga a esclavizarse bajo múltiples formas de explotación.

Según su capacidad económica, los campesinos se dividen en ricos, medios, pobres y semiproletarios. Estos últimos son aquellos que una parte del año trabajan en su parcela y la otra lo hacen como asalariados de los terratenientes.

Los obreros agrícolas únicamente poseen su fuerza de trabajo y luchan por mejores salarios, por la disminución de las horas de trabajo y por mejores condiciones de vida en los lugares en donde desarrollan sus actividades. Pero estas diferencias no se reconocían en un principio y en el trabajo práctico se incorporaban indistintamente unos y otros a las organizaciones.

Proceder a la organización de los trabajadores del campo se consideró, sin embargo, una tarea inaplazable. Grave error es el de los dirigentes revolucionarios atender solamente a los centros urbanos y olvidar al sector campesino que, en toda lucha, sobre todo en la etapa nacional liberadora, es un aliado formidable.

En Centroamérica es necesario intensificar la lucha contra el latifundio y las supervivencias feudales, pero para ello es indispensable incorporar al campesinado a las grandes tareas que la revolución plantea en los actuales momentos.

Mientras el campesinado no disponga de la tierra que es capaz de cultivar no se podrá esperar cosechas abundantes. Cuando se entregue la tierra a los que la trabajan, se les concedan créditos, se les suministren maquinaria y abonos, se diversifiquen los cultivos, se mejoren los sistemas de riego, se abran nuevos y modernos caminos que faciliten el transporte, etc., entonces podrá contarse con una producción agrícola capaz de satisfacer las necesidades de toda la población. Para conseguir esto es necesaria la reforma agraria democrática. Entonces los campesinos, poseyendo la tierra y los implementos agrícolas indispensables, la harán producir como jamás lo hicieron ni podrán hacerlo los latifundistas avorazados.

LA PARTICIPACIÓN DE LA MUJER

Lastimosa y desesperante es la situación de la mujer que, escarnecida y olvidada, lleva sobre sí la cruz de todos los martirios.

La lucha por la igualdad de derechos de la mujer respecto al hombre constituye una antigua aspiración, pero hasta el presente en ningún país capitalista se resuelve satisfactoriamente, mucho menos en las parcelas centroamericanas. Y mientras la mujer no sea incorporada a la producción y siga dependiendo económicamente del padre, del esposo o del hijo; mientras no trate de superarse mediante el estudio de los graves problemas que la aquejan; mientras no se ponga a tono con la realidad que la circunda, continuará colocada en un plano de inferioridad, privada de derechos y considerada como un ser débil e incapaz de la menor iniciativa en el desarrollo de los pueblos.

La mujer proletaria, sobre todo, es explotada de manera infame en Centroamérica. Obreras o trabajadoras domésticas padecen la voracidad o la lujuria de patronos sin conciencia y sin moral alguna. La situación ha sido y sigue siendo dolorosa para la mujer obligada a vender su fuerza de trabajo. Esta circunstancia ha creado las condiciones para que la mujer se incorpore a la lucha por los profundos cambios que necesitan las naciones centroamericanas.

En Centroamérica ha habido movimientos femeninos de bastante consideración, tanto desde el punto de vista orgánico como ideológico. Las mujeres han tomado una participación muy activa en las luchas por la liberación de nuestros pueblos, en las luchas por la conquista de las libertades democráticas. Como consecuencia de la represión de los regímenes dictatoriales, han tenido que luchar en la mayoría de los casos en condiciones de ilegalidad.

En Tegucigalpa, capital de la República de Honduras, funcionó durante ocho años una organización de mujeres denominada "Cultura Femenina", sociedad que sostuvo una escuela con alumnas todas proletarias, a quienes se impartía enseñanza sobre materias sociales. La escuela alcanzó visibles progresos en la formación de una conciencia de clase entre las obreras y las preparó para participar en la lucha por la democratización de Honduras.

Cuando llegó al poder Tiburcio Carías Andino y todas las organizaciones de carácter progresista fueron disueltas violentamente, las mujeres teníamos ya en el cerebro y en el corazón algo que no nos podía arrancar el terror y la persecución desatada por el déspota: el ideal de nuestra liberación y de la liberación de nuestro pueblo.

Desde la ilegalidad comenzamos a luchar por el advenimiento de un orden democrático que permitiera la libertad de organización y la libre expresión del pensamiento. Como consecuencia de esta lucha se recrudeció la persecución de hombres y mujeres, con el fin de ahogar nuestros esfuerzos. Mas estos procedimientos sólo sirvieron de acicate a nuestras conciencias, que se templaron para luchas decisivas.

En mayo de 1944 las mujeres salimos a la calle en pujante manifestación exigiendo al tirano la libertad de los presos políticos, que durante más de 12 años padecían en inmundas mazmorras y campos de concentración. Y en el mes de julio del mismo año, las mujeres, aprovechando la celebración de la independencia de los Estados Unidos de Norteamérica —antes fiesta oficial para los hondureños— organizamos otra manifestación más numerosa que la primera para pedirle a Carías Andino que renunciara al poder. Esta manifestación fue apoyada por todos los sectores de oposición al tirano, sin distingos de colores políticos, y tuvo como represalia lanzarnos bombas lacrimógenas y la disolución violenta de la manifestación.

La forma en que fuimos tratadas las mujeres fue la acostumbrada por la dictadura. Las que nos encontrábamos en la calle fuimos encarceladas sin ningún miramiento. Otras, las refugiadas en sus casas, tuvieron que sufrir hambre y sed por habérseles cortado el agua, la luz eléctrica y prohibido que recibieran alimentos, para que se entregaran por hambre. Y, además, un fuerte número tuvimos que salir expulsadas del país.

A principios del año de 1944, El Salvador se había sacudido la nefasta tiranía de Maximiliano Hernández Martínez y existía un gobierno provisional que daba libertades de movimiento a los sectores progresistas. La mujer salvadoreña participó abierta y decididamente contra la dictadura de Hernández Martínez, organizando pujantes manifestaciones y cooperando en el desarrollo de la huelga que dio por tierra con ese régimen nefasto.

También la mujer guatemalteca ha participado en forma magnífica en la lucha por la democracia y la libertad de su pueblo. En julio de 1944, gigantesca manifestación de mujeres exigió el poder al dictador Jorge Ubico. La manifestación fue disuelta a balazos, dando como resultado un regular número de muertos y heridos. En esta ocasión murió, asesinada, la destacada profesora María Chinchilla.

Asimismo, en Nicaragua y Costa Rica ha habido movimientos femeninos avanzados, dignos de nuestro mayor elogio.

En los primeros años de lucha, las mujeres centroamericanas empeñamos nuestros mejores esfuerzos en la organización de ligas femeninas campesinas, comités femeninos contra la carestía de la vida, comités femeninos contra la guerra, clubes de madres, etc., coordinando nuestras actividades con la dirección revolucionaria de los partidos de la clase obrera.

"Sin atraer a la mujer a las organizaciones económicas y políticas del proletariado no es posible conseguir un verdadero movimiento de masas", ha dicho uno de los grandes dirigentes del proletariado internacional. Y esta es una gran verdad —a veces olvidada por los revolucionarios—, pues es indiscutible la influencia que ejerce la mujer en las distintas actividades sociales. Su participación es indispensable en los distintos aspectos de la labor revolucionaria.

NUESTRO TRABAJO EN LOS SINDICATOS

En el inicio del movimiento obrero organizado sindicalmente se trató siempre de evitar caer en las prácticas puramente leguleyas o en el burocratismo, atendiendo tan sólo las actividades administrativas. En los países centroamericanos, dentro de las organizaciones económicas del proletariado se dio una batalla ardua por elevar el nivel material y cultural de la clase trabajadora.

Sobre la base de una educación revolucionaria, obtenida en la lucha misma, se procuró que los trabajadores realizaran una lucha consecuente por sus propias reivindicaciones, pero siempre de acuerdo con las condiciones existentes en cada lugar donde se actuaba. Los dirigentes no se alejaban de los elementos de base, permanecían junto a ellos, tanto en los momentos de éxito como en sus fracasos. Y precisamente debido a esta unión no se contemplaban las deformaciones burocráticas que tan perjudiciales son para el desarrollo ideológico de las masas y para la conquista de sus reivindicaciones inmediatas.

En esta etapa primera del movimiento obrero, los sindicatos se concebían como una organización de lucha cuya actividad se orientaba a la defensa de los intereses mediatos e inmediatos de los trabajadores. Se organizaban sobre bases democráticas; para la labor dirigente se destacaban de su seno a los elementos más capaces, responsables y con vocación de lucha. No se admitían imposiciones ni medidas contrarias a la democracia sindical. Los elementos que traicionaron los postulados revolucionarios fueron apartados sin contemplación alguna.

Se registraron casos que, adelante relataré, en que todos los funcionarios sindicales que componían un comité ejecutivo fueron depuestos en su totalidad por traficar con los ideales de redención de los trabajadores. Y es que existía en las bases de las organizaciones sindicales una rigurosa vigilancia y un control permanente sobre todos los directivos de las organizaciones. Se les pedía cuenta de sus actos, se criticaban sus errores y toda forma inadecuada de actuar. Hubo, sin embargo, dirigentes que quisieron tomar la actividad sindical como un negocio privado, pero se les denunció siempre, con valor y decisión, ante las masas.

¿Cómo organizamos los primeros sindicatos? Tomada la decisión de organizarse, por los trabajadores de cualquier rama de la producción, se procedía a la elección de un cuerpo directivo, escogiendo a los más enérgicos, conscientes y responsables. Seguidamente se procedía a la elaboración de los estatutos y del programa de lucha del sindicato.

En un principio los sindicatos se organizaban por empresas, pero posteriormente se hizo por industrias, tomando en cuenta las básicas, que en Centroamérica eran por entonces, y siguen siendo hoy, la industria del café, del banano, del transporte, del azúcar, de los tejidos, de las minas, etc. Los sindicatos llegaban a las masas a través de los comités sindicales, que eran las "correas de transmisión" entre la dirección y la base.

Los comités sindicales se encargaban de estudiar en el taller, en la fábrica o en el campo las condiciones de vida de los trabajadores y, de acuerdo con el Comité Ejecutivo del sindicato, planteaban sus reivindicaciones, explicándoles las raíces de su explotación y señalando la conveniencia de organizarse para la defensa de sus comunes intereses. Esta actividad propagandística se realizaba por medio de pláticas, conferencias, etc.

Los sindicatos asumieron ya desde sus orígenes la responsabilidad de luchar por la democracia, pues se comprendía que en la medida en que se fuera implantando, las posibilidades de conquistar mejoras en sus condiciones de vida y de trabajo serían cada vez mayores.

Desde aquellas jornadas, los trabajadores centroamericanos han ido desarrollando, cada vez con más fuerza, con mayor conciencia, una lucha consecuente por asegurar el derecho a la libre organización sindical, por contratos colectivos de trabajo, por el salario mínimo, por el seguro social, por el salario igual para el trabajo igual, por la protección de la mujer y el niño en el trabajo, por la disminución de la jornada de trabajo, por un mejor salario para el trabajo nocturno y en lugares insalubres, por subsidios en caso de accidente, enfermedad o invalidez, por la construcción de viviendas baratas, por el derecho a la huelga y otras reivindicaciones de igual naturaleza.

En la actualidad los sindicatos constituyen en Centroamérica la organización de mayor fuerza política y social y constituyen los más firmes sostenes de la democracia. Este papel del movimiento obrero organizado es hoy tan evidente, que los mismos gobernantes y las llamadas fuerzas vivas, a pesar del reaccionarismo que les caracteriza, tratan de quitarle sus banderas a las masas laborales, con propósitos meramente demagógicos, presentándose como partidarios de la democracia, la reforma agraria, la industrialización del país, etc., a fin de poner a la clase obrera a su servicio.

Esta circunstancia explica también el enorme esfuerzo, en hombres y dinero, que realiza el imperialismo a través de sus agentes "oriteros" para desviar la lucha de los trabajadores o mantenerlos en el limitado círculo de las demandas específicamente económicas. Por estas razones, el movimiento obrero centroamericano ve constantemente amenazadas la autonomía e independencia de sus sindicatos, en cuya defensa se han librado magníficas batallas.

HONDURAS

La historia de las luchas del pueblo hondureño por su liberación está escrita con sangre. La lucha en este país centroamericano ha tenido esa característica. Desde la llegada de los españoles, debido al trato cruel e inhumano de que hicieron víctimas a los aborígenes, surgieron la protesta y los movimientos insurgentes. El más importante de todos, entre los muchos de que nos hablan los historiadores, fue el registrado en el año de 1537, cuando los indígenas, dirigidos por el legendario y valiente cacique Lempira, opusieron la más tenaz resistencia a los conquistadores españoles, siendo por fin vencidos, al asesinar estos al heroico cacique mediante el expediente de una alevosa traición.

Siguió el martirologio del pueblo hondureño durante los tres largos siglos que duró la dominación española, hasta que el 15 de septiembre de 1821 se proclamó la independencia; pero a pesar de ello ha seguido siendo vejado y escarnecido por el despotismo con que los mandatarios la han gobernado, en el largo período recorrido desde la independencia hasta el presente.

Honduras, desde que se constituye como república libre, soberana e independiente, ha llevado una vida agitada y convulsiva, motivo por el cual marcha muy lentamente en el camino del progreso y de la cultura. Es un país esencialmente agrícola. Económicamente, su vida está concentrada en la zona bananera, explotada por la United Fruit Company. Agricultura, ganadería y minería son las ocupaciones nacionales más importantes, aunque en los últimos lustros ha tenido cierto desarrollo la producción manufacturera. Exporta, sobre todo, bananos, oro, café, plata, ganado y otros productos alimenticios. El resto del país, con excepción del Departamento de Francisco Morazán, tiene una escasa importancia económica. Los principales productos de la industria nacional son la ropa, cigarrillos, cerveza, refrescos, cementos, fósforos, jabones, harina de trigo, aceite de coco, sombreros, etc. En el campo predomina el latifundio cuyas consecuencias económicas y políticas son funestas desde todo punto de vista. Puede afirmarse que el enorme atraso de este país se debe a la gran concentración de tierra en pocas manos y a la dominación del capital norteamericano que controla las principales riquezas del país y es el primer latifundista. Bajo el terrible régimen dictatorial de Tiburcio Carías Andino la concentración de la propiedad agrícola se acentúa sin cesar. Desapareció gran parte de la pequeña propiedad. A los campesinos se les arrebataron sus pequeñas parcelas. Grandes extensiones de tierra en manos del dictador y de sus incondicionales testaferros.

En Honduras los capitales nativos se congelan en los bancos o bien prefieren el parasitismo hipotecario. Casi no se emplean estos capitales en inversiones productivas, en empresas industriales, aunque en los últimos años se realice cierto esfuerzo en tal sentido. Son las industrias explotadas por el capital yanqui las que han alcanzado un mayor desarrollo, a costa de la explotación de los obreros hondureños. El capital extranjero consigue fabulosas ganancias. La United Fruit Company, poderoso trust bananero, señalado como una gran compañía que opera en todo el Caribe, goza de la posición de un Estado dentro de otro Estado. Fuera de la industria bananera, controla otras más. Las compañías imperialistas han construido caminos, carreteras, ferrocarriles, plantas eléctricas, muelles, campos aéreos, etc., para facilitar la explotación y conseguir mayores rendimientos, aunque se diga que es para beneficio de la nación hondureña. Las riquezas de este país, uno de los mejor dotados por la naturaleza en esta zona, no pertenecen a los nativos.

La conducta de los gobiernos hondureños es determinada en gran medida por las empresas norteamericanas y los embajadores y misiones militares de los Estados Unidos. En Honduras, los monopolios fruteros son omnipotentes.

La explotación inmisericorde de los recursos naturales del país lleva aparejada la explotación del hombre en forma tan desenfrenada como en muy pocos países latinoamericanos. En resumen, esta dominación imperialista es el principal obstáculo para el desarrollo económico y político independiente que anhelan los hondureños.

La disputa por el poder se ha realizado entre los dos tradicionales partidos oligárquicos: Liberal y Nacional o Conservador. En el año de 1876, bajo el gobierno del Dr. Marco Aurelio Soto y del Dr. Ramón Rosa, se operó un cambio en la estructura feudal del país. Se dictaron numerosas e importantes leyes. Se construyó el ferrocarril de Puerto Cortés a Pimienta. Se efectuó la separación de la Iglesia y el Estado. Se estableció el correo y el teléfono nacional. Se le imprimió una nueva orientación a la Universidad, en la cual había imperado la Escolástica.

De 1893 a la fecha, se han tenido los siguientes gobernantes conservadores: General Domingo Vásquez, General Manuel Bonilla, Dr. Francisco Bertrand, Dr. Alberto Membreño, Dr. Francisco Bográn, General Vicente Tosta, Dr. Miguel Paz Barahona, General Tiburcio Carías Andino, Dr. Juan Manuel Gálvez, P.M. Julio Lozano Díaz, una Junta Militar y la actual dictadura militar, encabezada por el General Oswaldo López Arellano.

Por el Partido Liberal se han tenido los siguientes gobernantes: Dr. Policarpo Bonilla, General Terencio Sierra, Dr. Miguel R. Dávila, General Rafael López Gutiérrez, Dr. Vicente Mejía Colindres y Dr. Ramón Villeda Morales.

La mayoría de los gobiernos mencionados han sido fruto de una franca imposición electoral. Persecuciones, encarcelamientos, asesinatos, etc., han sido las normas de conducta aplicadas por ellos contra los hondureños que luchan por el bienestar de las masas, el disfrute de libertades democráticas y la independencia de la nación frente a la dominación imperialista. Todos, cual más o cual menos, en lugar de empeñarse en promover el adelanto del país, se han interesado solamente en enriquecerse a costa de la miseria y la ignorancia del pueblo.

BAJO LA DICTADURA DE CARÍAS ANDINO

La prensa democrática de los países latinoamericanos se ocupó extensamente de la situación de Honduras, bello y rico jirón de la Patria Centroamericana, bajo la oprobiosa dictadura de Tiburcio Carías Andino. El 1.º de febrero de 1933, valiéndose del fraude, de la adulteración de censos, de la ayuda de las compañías extranjeras y de tantos otros medios indignos, Carías Andino ascendió a la Primera Magistratura de la Nación.

Persecución constante contra la ciudadanía, violación sistemática de las leyes del país, represión contra las organizaciones sindicales y partidos políticos de oposición, corrupción administrativa, falta completa de libertades públicas, conculcación de los más sagrados postulados de la dignidad humana, etc., tales fueron las características de ese reinado del terror que fue la dictadura caríista.

Largos años permanecí en Honduras. Conviví con ese pueblo magnífico, digno por mil títulos de gozar de la libertad y del bienestar económico por los que ha derramado su sangre generosa. Conozco el temple de sus dignísimas mujeres, que al par de ser ejemplo de virtudes hogareñas, saben, cual auténticas heroínas, desafiar el poder de la metralla y las iras de los dictadores, como lo hicieron en tiempos del cariato.

Debido a mi larga permanencia en la tierra de los pinares, conozco en todos sus detalles la historia dolorosa vivida por el pueblo hondureño bajo la funesta dictadura de los 16 años; pero no encuentro lenguaje adecuado para describir el martirologio sufrido por ese altivo y valiente pueblo. Para narrar la lamentable situación que atravesó Honduras, para hablar de los crímenes y latrocinios de la dictadura, necesitaría un volumen especial. Baste recordar que el "destierro, encierro y entierro", consigna del régimen, fue una espantosa realidad para los hondureños que lucharon por una vida mejor para su pueblo.

Muchos fueron los esfuerzos del pueblo hondureño para sacudirse la opresión de ese régimen sombrío. Una de las jornadas más gloriosas fueron las del 29 de mayo y del 4 de julio de 1944, que revistieron caracteres grandiosos y que no pudieron impedir ni la extremada vigilancia policíaca, ni las amenazas de los esbirros, ni las detenciones de centenares de ciudadanos. Con fe patriótica y con el ardor de un pueblo que reclamó sus derechos conculcados, una marejada humana cubrió la rotonda de la Casa Presidencial y calles adyacentes, gritando: ¡Viva la libertad! ¡Abajo la dictadura! ¡Abajo el tirano! ¡Muera Carías!

Frente a esa protesta de un pueblo burlado en sus más sagradas aspiraciones, el régimen respondió con una represión salvaje. Por centenares fueron conducidos hombres y mujeres a las celdas de la Policía Nacional, la Penitenciaría Central y el Cuartel de San Francisco. Familias enteras fueron atropelladas; muchas residencias custodiadas por gendarmes; despido en masa de trabajadores; corte de servicios de agua, luz, teléfonos, etc. Registros, citaciones a la policía. Por mi participación en esa cruzada por la libertad conocí las frías e insanas celdas de la policía. Tuve allí la oportunidad de constatar la amoralidad y el salvajismo de los esbirros de la dictadura, que sin miramiento alguno nos vejaban y reducían a prisión en compañía de señoritas y mujeres de todas las clases sociales.

San Pedro Sula fue teatro, en esa misma fecha, de una matanza sin precedentes en la historia del país. El pueblo sampedrano, totalmente indefenso, fue ametrallado a sangre fría, con un saldo de centenares de muertos, entre hombres, mujeres y niños.

La oposición a la dictadura la constituía la casi totalidad del pueblo hondureño: profesionales, estudiantes, mujeres de todas las clases sociales, intelectuales, trabajadores del taller y del campo.

En la lucha contra la dictadura y por el restablecimiento de los principios democráticos, suprimidos por la camarilla caríista, siempre sostuvimos que todos los elementos de oposición, sin distingos de ideología, debían unificar su acción. Unidad nacional fue la consigna de los sectores democráticos. Unidad de todas las fuerzas progresistas contra las fuerzas de la reacción en el poder. Unidad que fue una necesidad, un deber de todo hondureño amante de la libertad y del progreso. Pensábamos entonces que, una vez derrocada la dictadura, en elecciones verdaderamente libres se elegiría al candidato que apoyaran las grandes mayorías.

¡Cuántas esperanzas alentábamos de salvar al pueblo hondureño del régimen dictatorial que lo oprimió durante más de 16 años!

Evidentemente, Honduras había llegado a un momento en que las fuerzas progresistas estaban obligadas a plantearse la necesidad de un movimiento democrático-revolucionario capaz de acelerar el tránsito de la dictadura a un régimen respetuoso de los derechos populares. Pero para cumplir esa tarea era menester realizar una política de unidad nacional, ajena a las viejas corrientes partidarias tradicionales, y crear un movimiento de nuevo tipo que contemplara el estudio y solución de los distintos problemas nacionales, alrededor de un programa ideológico definido capaz de convertirse en bandera de las masas populares hondureñas.

¿Alrededor de la candidatura liberal del doctor Ángel Zúñiga Huete era posible realizar esa política de unidad nacional frente a la dictadura? Naturalmente que sí. En primer lugar, era indudable que los comicios de octubre de 1948 serían una burda farsa electoral. No existían indicios para creer que el dictador abandonaría el poder por el camino pacífico que las leyes y la Constitución señalaban. En segundo lugar, en el seno del caríismo se habían producido disensiones, como la actitud adoptada por el general Rufino Solís, quien ocupó un puesto de combate en la oposición.

El dictador permitió el surgimiento legal del Partido Liberal. Sin embargo, esto no significó el abandono de la represión. El paso dado persiguió el doble objeto de justificar ante la opinión democrática del continente el arribo al poder del candidato oficial Juan Manuel Gálvez —abogado de la United Fruit Company y organizador de la masacre de San Pedro Sula— y darle visos de legalidad al proceso electorero auspiciado por la dictadura.

Sin embargo, no existía en el seno de las diversas fuerzas oposicionistas el propósito de unificar a todos los sectores de la nación para garantizar la derrota del caríismo. Cuatro meses antes de los comicios de octubre, aún era tiempo de abandonar las viejas posiciones sectarias de algunos dirigentes liberales y de otros grupos de oposición para sentar las bases de la unidad nacional y dar al traste con la mascarada electoral preparada por el régimen.

Las posiciones sectarias estaban representadas, en primer término, por el sector liberal que, bajo el pretexto de combatir el comunismo, proscribía a elementos pertenecientes a las nuevas corrientes ideológicas que también trabajaban por la caída del dictador. Esta posición de muchos dirigentes liberales, particularmente del Dr. Ángel Zúñiga Huete, coincidió con la política del imperialismo interesado en frenar todo movimiento en los países latinoamericanos utilizando como arma el anticomunismo.

A este respecto se argumentaba que si el Dr. Ángel Zúñiga Huete estaba realmente dispuesto a efectuar un cambio fundamental en los métodos de gobierno, en caso de que llegara a la presidencia de la República, no sólo tenía el deber de abandonar el decantado planteamiento antidemocrático del anticomunismo, sino también de explicar al pueblo hondureño los motivos de su viaje a los Estados Unidos de Norteamérica y desvirtuar toda sospecha de un compromiso con las esferas políticas de la Casa Blanca.

En segundo término, existían también actitudes sectarias en grupos con raigambre popular, pero que no comprendían que aún en los partidos tradicionales, principalmente en el liberalismo, había elementos sinceramente interesados en establecer en Honduras un régimen de corte democrático. El sectarismo político condujo a la negación en la práctica de la política de unidad nacional frente a la dictadura, aunque la sostenían de palabra, pero sin plantearse en una forma amplia y efectiva la necesidad de unificar a todas las fuerzas de oposición.

Tampoco entendían estos grupos que, para desenmascarar a los elementos antidemocráticos enquistados en la oposición, no bastaba con lanzarles al rostro un puñado de insultos o dicterios, sino que era necesario obligarlos a que desarrollaran una actividad concreta contra la tiranía para que en la marcha de los acontecimientos se significaran como lo que realmente eran.

Existía, por último, el grupo de los apaciguadores y de los oportunistas, que bajo el pretexto de combatir actitudes sectarias o impositivas del zuñihuetismo, favorecían los planes de la dictadura.

Al lado de estas fuerzas y corrientes políticas actuaba el sector de los marxistas, que no sólo luchaban por derrocar del poder al caríismo sino que, además, trabajaban intensamente por la organización política y sindical de los trabajadores hondureños. Este es el grupo al que pertenecieron los más grandes abanderados de la democracia, de la lucha contra el imperialismo y por la liberación nacional: Juan Pablo Wainwright y Manuel Cálix Herrera, que ofrendaron sus vidas por la causa del pueblo hondureño.

La trayectoria de este grupo arranca de la época anterior a la dictadura caríista, cuando organizó la Federación Sindical Hondureña, dirigió formidables huelgas en la zona bananera, organizó a las mujeres a través de la sociedad "Cultura Femenina" para luchar por sus derechos civiles y políticos, organizó el Bloque Obrero y Popular para oponerse a las candidaturas de los partidos tradicionales en 1933, fecha en que llegó al poder Carías Andino.

La reacción al fin logró sus fines. La dictadura, a punta de bayoneta, impuso a los hondureños la candidatura del Dr. Juan Manuel Gálvez.

El sectarismo político condujo a la negación en la práctica de la política de unidad nacional frente a la dictadura, aunque la sostenían de palabra, pero sin plantearse en una forma amplia y efectiva la necesidad de unificar a todas las fuerzas de oposición. Tampoco entendían estos grupos que, para desenmascarar a los elementos antidemocráticos enquistados en la oposición, no bastaba con lanzarles al rostro un puñado de insultos y dicterios, sino que era necesario obligarlos a que desarrollaran una actividad concreta contra la tiranía para que en la marcha de los acontecimientos se significaran como lo que realmente eran.

Existía, por último, el grupo de los apaciguadores y de los oportunistas, que bajo el pretexto de combatir las actitudes sectarias o impositivas del zuñihuetismo favorecían los planes de la dictadura.

Al lado de estas fuerzas y corrientes políticas actuaba el sector de los marxistas, que no sólo luchaban por derrocar del poder al caríismo, sino que, además, trabajaban intensamente por la organización política y sindical de los trabajadores hondureños. Este es el grupo al que pertenecieron los más grandes abanderados de la democracia, de la lucha contra el imperialismo y por la liberación nacional: Juan Pablo Wainwright y Manuel Cálix Herrera, que ofrendaron sus vidas por la causa del pueblo hondureño.

La trayectoria de este grupo arranca de la época anterior a la dictadura caríista, cuando organizó la Federación Sindical Hondureña, dirigió formidables huelgas en la zona bananera, organizó a las mujeres a través de la Sociedad "Cultura Femenina" para luchar por sus derechos civiles y políticos, organizó el Bloque

Obrero y Campesino para oponerse a las candidaturas de los partidos tradicionales en 1933, fecha en que llegó al poder Carías Andino.

La reacción al fin logró sus fines. La dictadura, a punta de bayoneta, impuso a los hondureños la candidatura del Dr. Juan Manuel Gálvez.

MOVIMIENTO OBRERO DE HONDURAS

A grandes rasgos, y no con la amplitud que deseara, trataré de historiar el movimiento obrero de los países centroamericanos, que, a decir verdad, ofrece en la mayoría de los casos aspectos sobresalientes, poniendo de relieve la combatividad, espíritu de lucha y el deseo de superación que los anima.

Principiaré por la República de Honduras, tierra del indómito Lempira y del ilustre caudillo centroamericano General Francisco Morazán, donde ya por el año 1890 existieron organizaciones de carácter mutualista, entre ellas "La Democracia", cuyos objetivos fueron el ahorro, la ayuda mutua y la promoción de la cultura.

Esta organización sostuvo por varios años una escuela nocturna de adultos, con su edificio propio y su caja de ahorros. Fueron sus fundadores Miguel A. García, arquitecto; Antonio Turcios, zapatero; Tiburcio Acosta, sastre; Juan Galindo, talabartero; Antonio Urquía, Policarpo Acosta, carpinteros, y otros muchos apreciables ciudadanos. Director de la escuela fue el historiador hondureño Félix Salgado.

Ya a principios de 1920 los trabajadores hondureños optaron por el sindicalismo, y fue así como existieron las siguientes organizaciones:

En Tegucigalpa, capital de la República: Sindicato de Oficios Varios "Redención", Sindicato de Tipógrafos "Juan Gutenberg", y sindicatos de barberos, carpinteros, zapateros, sastres y choferes.

En San Juancito, centro minero explotado por la Rosario Mining Company: la Sociedad de Mineros "El Porvenir" y la Sociedad "La Fraternidad".

En San Pedro Sula, segunda ciudad del país: Sociedad "La Fraternidad", Sindicato de Zapateros; Sociedad "Alianza Tipográfica"; Sindicato de Albañiles y de Trabajadores de la Aguja.

111

En el puerto de La Ceiba: "Unión Ferrocarrilera de La Ceiba"; Sociedad "El Porvenir de los Obreros" y el Sindicato de las Trabajadoras del Tabaco.

En el puerto de Tela: Sociedad "Fiat"; Sindicato de Ferrocarrileros y de Trabajadores del Muelle.

En Puerto Castilla: Sindicato de Ferrocarrileros.

En Juticalpa: Sociedad "Vida Obrera".

En Olanchito: Sociedad "El Esfuerzo".

En Progreso: "Sindicato de Tipógrafos, de Zapateros y Choferes".

Además, existieron varias Uniones Campesinas en muchos lugares del país.

También la mujer, palanca poderosa en la vida económica de las sociedades, factor indispensable en el desarrollo de los pueblos, desde esa fecha tuvo en Honduras su actuación trascendental. Con el nombre de "Sociedad Cultura Femenina" un grupo de brillantes mujeres luchó decididamente por las reivindicaciones económicas, políticas y culturales de los trabajadores.

Todas las organizaciones anteriormente mencionadas tomaron la resolución de unirse para luchar con más eficiencia por sus comunes intereses. Y con ese fin celebraron, con numerosos delegados, en el año 1922 el Primer Congreso Obrero de Honduras, acto trascendental de donde nació la entidad denominada "Federación Obrera Hondureña" (F.O.H.) y de donde arrancaron múltiples e importantes luchas desarrolladas con posterioridad.

En la declaración de principios de la constitución de la F.O.H. se decía: "La explotación del hombre por el hombre es contraria a la naturaleza y es un imperativo luchar por borrar diferencias artificiales y romper cadenas".

El Comité Ejecutivo de la Central formada quedó integrado así: Secretario General, Encarnación Martínez; Secretario de Cultura, Alfonso Brenes Solano; Secretario de Finanzas, Santiago Durón Domínguez. Formaban el Consejo Consultivo la profesora Visitación Padilla, el Lic. Arturo Martínez Galindo y Felipe Cálix Matute.

La Federación Obrera Hondureña, ese conjunto de agrupaciones laborales, ese fuerte número de trabajadores que se unieron animados por la misma aspiración, por los mismos ideales, tuvo varios años de existencia; pero, a causa de su composición heterogénea, sobrevinieron choques y desviaciones que se agudizaron con motivo de un descabellado acuerdo del Comité Ejecutivo, que exigía a los componentes de la Central que votaran por la candidatura liberal en las elecciones presidenciales. Tal acuerdo contrariaba el espíritu de la organización y de la constitución obrera que regía los destinos de la F.O.H., y, como era de esperarse, produjo la consiguiente división del conglomerado obrero y el descuido de sus propios objetivos de lucha, ya que se consideraba que la Central Obrera, en lugar de ocuparse de asuntos electorales, apoyando y sirviendo intereses de partidos tradicionales, bastante desacreditados, como sucedía en este caso, tenía que ocuparse de sus tareas específicas.

La participación directa de las organizaciones sindicales en los asuntos electorales, en las condiciones señaladas, repercutió desfavorablemente en la cohesión de los trabajadores. Esto hizo sentir la necesidad de que los trabajadores contaran con su propio partido, como el exponente de las necesidades y aspiraciones de las masas.

Fracasado el Comité Ejecutivo de la F.O.H. en la campaña electoral en la que se había embarcado, empezaron de nuevo a desarrollar su actividad las distintas unidades que componían la F.O.H. Una crisis de mayor gravedad se produjo entonces. Corría el año de 1926. Varios miembros del Comité Ejecutivo de la referida central lograron del Presidente de la República, en esa fecha el Dr. Miguel Paz Barahona, obtener la respetable cantidad de 15 000 dólares. Guardaron el más profundo silencio sobre el asunto. Luego, Felipe Cálix y Arturo Martínez Galindo se dedicaron a viajar por los Estados Unidos de Norteamérica, dizque con el fin de arreglar, en nombre de la Federación, negociaciones para exportar finas maderas que abundan en el territorio hondureño.

Elementos revolucionarios, siempre vigilantes y celosos de los intereses de la organización, descubrieron el hecho y trataron de adquirir de inmediato las pruebas fehacientes. Consiguieron el diario oficial en el que aparece el acuerdo respectivo y, acto seguido, convocaron a todas las organizaciones de la capital. Se nombró acusador al distinguido elemento revolucionario Maximiliano B. Uclés y, en una tumultuosa reunión, se desenmascaró a los traficantes con los intereses del movimiento y se les desconoció como miembros del Comité Ejecutivo, por no gozar ya de la confianza depositada en ellos.

Desconocida la Dirección de la Federación Obrera Hondureña, se convocó a un Segundo Congreso para elegir un nuevo Comité, el cual quedó encabezado por el tipógrafo Manuel E. Sosa. Superada así la crisis que sufrió la Federación, después de haber depuesto al Comité Ejecutivo prevaricador y con las experiencias recogidas en esa breve pero fructífera jornada, las distintas unidades que formaban la Central continuaron la brega, con la idea de que, a medida que se desarrollaran actividades positivas, la Central obrera, como lógica consecuencia, sería una fuerza respetada y decisiva, creadora de climas propicios para el triunfo de obreros y campesinos en los conflictos sociales por resolver.

Pero sucedió que el nuevo Comité, con motivo de un manifiesto lanzado por el Partido Comunista de Honduras el 1.º de mayo de 1929, de contenido verdaderamente revolucionario, reprobó el manifiesto y se lanzó contra los elementos de avanzada pertenecientes a la F.O.H., trayendo esto como consecuencia serias discrepancias, delaciones e insultos personales.

La Sociedad "Cultura Femenina" fue la primera en retirarse de la Central, ya que no deseaba depender de un Comité que trataba de frenar la verdadera lucha de los trabajadores, siendo tremendas las discusiones que en sesiones tumultuosas y por la prensa se suscitaron entre elementos reaccionarios y progresistas.

Al conocer la causa de esta separación se solidarizaron con la Sociedad "Cultura Femenina" las valientes y pujantes organizaciones de la Costa Norte del país, que es donde se encuentran los sectores más combativos de la clase obrera.

Y la propaganda inmediata de todas estas organizaciones disgregadas, a iniciativa de la Sociedad "Fiat", organización existente en el Puerto de Tela, se orientó hacia la celebración de un Congreso de Unidad Sindical, el que, con un número crecido de representantes, tuvo verificativo en el puerto mencionado, el día 1.º de mayo de 1930. Este Congreso tuvo trascendental importancia política y social. Durante sus sesiones se estudiaron los problemas de la clase obrera de manera científica; se aprobaron Estatutos, se dictaron acuerdos tendientes a la táctica de lucha que sus componentes deberían seguir y se constituyó la poderosa Central denominada Federación Sindical Hondureña (F.S.H.), la que agrupó en su seno a millares de trabajadores, tanto de la ciudad como del campo.

El Comité Ejecutivo electo por la más alta representación de la clase obrera organizada en esa fecha quedó integrado por verdaderos dirigentes de la clase proletaria. Ellos fueron: Maximiliano B. Uclés, José Ángel Trujillo, Abraham Ramírez, Néstor J. Juárez, F. Armando Amaya, Carlos F. Gómez, Felipe Zelaya.

La Federación Sindical Hondureña desarrolló múltiples actividades. Organizó a los obreros agrícolas que trabajaban en los campos bananeros de la Costa Norte del país. Tuvo esta Central su órgano de propaganda, llamado "El Trabajador Hondureño", desde cuya tribuna trataban sus directores de orientar las actividades de las organizaciones, así como de difundir los principios que informan la lucha de los trabajadores.

La Federación Sindical Hondureña fue afiliada a la Confederación Latinoamericana que por esos años agrupaba, como luego la Confederación de Trabajadores de América Latina, a las centrales obreras de los países latinoamericanos.

En las postrimerías del gobierno del Dr. Vicente Mejía Colindres principió el calvario de las organizaciones obreras. Se realizaron tremendas represiones contra destacados dirigentes. Los expulsados, encarcelados y sacrificados de diferentes maneras llegaron a cifras alarmantes. Y todo se debió a la presión que la United Fruit Company ejerció contra el gobierno.

Ahora bien, desde el año 1933, en que se inició el funesto período presidencial del general Tiburcio Carías Andino, fueron clausuradas violentamente todas las organizaciones. Pero en la gran mayoría de los trabajadores siguió latente el deseo y la conveniencia de reorganizarse. Y fue así como existieron numerosos grupos de obreros, que en forma clandestina se organizaron y que discutían y estudiaban tanto los acontecimientos nacionales como los problemas que en esa fecha agitaban al mundo.

El nivel político y cultural de los trabajadores hondureños no era, como suponen muchos, rezagado. No; esa opinión que he tenido que refutar en numerosas ocasiones es errónea. En la conciencia del trabajador hondureño han ido penetrando desde aquellos tiempos las ideas nuevas, que, martillando sobre viejos conceptos, van abriéndose camino entre los obstáculos que antes se creían infranqueables.

ACTUACIÓN DE LA SOCIEDAD "CULTURA FEMENINA" EN LOS TRABAJADORES HONDUREÑOS

No se puede hablar del movimiento obrero hondureño sin destacar la labor preponderante y el papel decisivo que jugó en él la Sociedad "Cultura Femenina", que estuvo íntimamente ligada a las organizaciones de los trabajadores que en ese tiempo se desarrollaban en una lucha intensa por sus demandas específicas.

Fundaron esta sociedad compañeros salvadoreños, residentes en Tegucigalpa, el día 24 de octubre de 1923. Y desde esa fecha, "Cultura Femenina" desarrolló una serie no interrumpida de labores culturales y de luchas por las reivindicaciones económicas, políticas, sociales y culturales del trabajador hondureño.

Fue esta sociedad la abanderada en la lucha por las causas de los trabajadores, la que con mayor entusiasmo, y hasta el momento en que la funesta dictadura que soportaba Honduras la suprimió violentamente, mantuvo en alto las banderas de la Federación Sindical Hondureña. Sus labores fueron conocidas y merecieron el aplauso de organizaciones similares existentes en los países latinoamericanos. Sostenía relaciones fraternales no solo a nivel centroamericano, sino también con organizaciones de Argentina, Chile, México, Uruguay, Unión Soviética y Estados Unidos de Norteamérica. En fin, con todos los países que marchaban a la vanguardia del movimiento revolucionario.

Fungió como primera Secretaria General de esta sociedad la competente profesora Visitación Padilla, quien, secundada por sus dignas colaboradoras, luchó tesoneramente por poner muy en alto el nombre de la Sociedad "Cultura Femenina". A iniciativa de esta sociedad se debieron grandes labores y meritorias actividades, que le conquistaron aprecio y renombre en el sencillo pero sincero corazón de los trabajadores.

La profesora Visitación Padilla se retiró definitivamente de la sociedad a causa de que la mayoría de las componentes de esta unidad se negaron a secundar la candidatura liberal impuesta por el Comité Ejecutivo de la Federación Obrera Hondureña. Y, aceptada su renuncia, fui electa para sustituirla como Secretaria General. También ocuparon este cargo las compañeras María Luisa Medina y Eva Sofía Dávila.

La sociedad fundó una escuela nocturna para adultas, lo que constituyó una de sus más destacadas actividades y la que funcionó durante más de nueve años, concurriendo a ella centenares de trabajadoras, de aquellas que la miseria y dificultades propias del sistema social capitalista no habían permitido asistir a centros escolares en el período de la niñez. Con entusiasmo desbordante y con constancia digna de ser imitada, asistieron trabajadoras del servicio doméstico, lavanderas, locatarias, vendedoras ambulantes y tantas otras a este centro cultural, donde, además de aprender a leer y a escribir, se enseñaban nociones de Aritmética, Idioma Español, Civismo, labores manuales y, al mismo tiempo, se les formaba conciencia de sus derechos como trabajadoras.

Siendo Ministro de Educación Pública el Dr. Presentación Centeno, en la administración del Dr. Miguel Paz Barahona, este centro recibió el apoyo oficial en el sentido de proporcionarle un local para el desarrollo de sus actividades. El personal que impartía clases principió trabajando de manera gratuita y hasta después de dos años de labor fueron remunerados los profesores.

Causaba admiración la clausura de labores de este centro docente. Concurrían a él miles de personas a ver la cantidad de vestidos, cámaras, ropa interior, tejidos, flores de mano, cuadernos de caligrafía, de dibujo, etc., que se exhibían. Todo confeccionado con verdadero esmero por las compañeras alumnas, con el mérito para la sociedad que lo proporcionaba todo de manera gratuita.

Como medio de desarrollar labor cultural se dictaban semanalmente conferencias. Entre los intelectuales que tomaron participación en esta clase de actividades recuerdo al Dr. Vicente Mejía Colindres, Dr. Presentación Centeno, Lic. Arturo Martínez Galindo, Dr. Ricardo D. Alduvín, Ing. Rafael Díaz Chávez, Dr. José Jorge Callejas, P. M. Gregorio Velázquez y el Lic. Julián López Pineda. Dirigentes sindicales también dejaban oír su voz, en la que reflejaban los anhelos y aspiraciones de los trabajadores hondureños.

La Sociedad "Cultura Femenina" tomó participación en forma decidida y entusiasta en todas las luchas de los trabajadores, fue siempre solidaria en sus justas demandas. Estuvo representada en todos los congresos obreros celebrados en ese tiempo, siendo sus representantes Gohía Isabel López, Visitación Padilla, Flora Suazo, María Luisa Medina, Eva Sofía Dávila, Ángela Andino y la que esto escribe. Las últimas mencionadas fuimos las representantes de la sociedad al Primer Congreso de Unidad Sindical y es digno de mención el recibimiento de que se nos hizo objeto en el Puerto de Tela. Fue un homenaje de parte de los trabajadores sin precedente hasta entonces.

Infinidad de delegaciones por parte de esta sociedad recorrieron las principales ciudades del país, particularmente aquellas en donde eran mayores las concentraciones de obreros explotados de manera inmisericorde por compañías imperialistas. Uno de esos lugares, el centro minero de San Juancito, explotado por la Rosario Mining Co., calificado por la sociedad como el "Infierno de San Juancito", refiriéndose a las pésimas condiciones en que desarrollaban sus actividades los compañeros mineros, para los cuales no existía el menor miramiento por la empresa yanqui. En ese infierno dejaron su vida numerosos compañeros. Otros, la inmensa mayoría, después de varios años de trabajo, con sus organismos minados por la tuberculosis o la silicosis, eran despedidos masivamente. Todos estos casos de injusticia y explotación recogía en su órgano de propaganda y orientación llamado también "Cultura Femenina".

La rica zona bananera de la Costa Norte de Honduras, donde se encuentran los sectores más sufridos, más explotados de la clase obrera hondureña, mereció la mayor atención y estudio de parte de la Sociedad "Cultura Femenina". En nuestros recorridos por esas grandes extensiones de tierra, cuando los bananales estaban en su apogeo, nos dimos cuenta de cómo todas las riquezas eran succionadas por un imperialismo absorbente, que no sólo domina económica y políticamente a los países latinoamericanos, sino que pretende dominar el mundo entero. Nos dimos cuenta de cómo los altos empleados de la United Fruit Company habitaban magníficas viviendas, con todo confort, llevando una vida de boato y comodidades extremas, mientras los trabajadores hondureños arrastraban su miseria, en barracas, cuando no a la intemperie.

Tales injusticias rebelaban a los trabajadores bananeros, quienes en numerosas ocasiones llevaban su protesta hasta la huelga. La Sociedad "Cultura Femenina" prestó siempre su concurso en estos casos, en la medida de sus posibilidades.

La Sociedad fundó una biblioteca, que dio magníficos resultados. Inició y desarrolló actividades encaminadas hacia la fundación de la Universidad Popular; a su iniciativa se conmemoró el "Día de la Madre", a celebrarse el segundo domingo del mes de mayo; día en que la Sociedad homenajeaba a las madres proletarias, proporcionándoles objetos de uso, diversiones, etc.

La Sociedad "Cultura Femenina" luchó tesoneramente por mejores salarios para los trabajadores, por leyes que rebajaran los alquileres, por la emisión de un Código del Trabajo. Aportó su contingente monetario para todo lo que significara un paso adelante en los progresos materiales y culturales propugnados por el trabajador hondureño.

Con la ayuda del Dr. Venancio Callejas, del Lic. Arturo Martínez Galindo, Arturo Fortín y Marco Antonio Rosa fundó cuatro centros de alfabetización para obreros y campesinos, los que funcionaron por varios años, obteniendo resultados muy satisfactorios.

Como toda organización que lucha por grandes y nobles ideales, que lucha por las reivindicaciones de las masas explotadas, también fue objeto de furibundos ataques y de cargos calumniosos de elementos retrógrados, incluso hasta de aquellos cuya misión se supone es la de predicar el amor entre los hombres. A este respecto citaré un caso que trascendió a todos los sectores del país. Fue en el año de 1931. Era arzobispo de la diócesis Monseñor Agustín Hombach, de nacionalidad alemana, cuando en los días de Semana Santa circuló con profusión una hoja suelta suscrita por ese alto prelado en la cual se calumniaba a una institución exponente del desinterés y buena voluntad que animaba a los componentes de "Cultura Femenina". Me refiero a la escuela nocturna que sostenía esta sociedad y a la que calificaba Monseñor Hombach de sembradora de ideas comunistas, de hacer labor disociadora, labor contra la moral, etc., concluyendo por excitar a las autoridades a que procedieran a clausurarla.

Ante el ataque calumnioso e inesperado de Monseñor Hombach nuestra primera intención fue callar, ya que siempre se habían despreciado los juicios y opiniones tendenciosas de quienes se dejan llevar por su odio a las ideas renovadoras. Pero comprendiendo que estábamos en el deber de defender un centro y una labor que en aquel ambiente pobre y estancado representaba un esfuerzo generoso, optamos por contestar a Monseñor Hombach. A propósito de nuestra réplica se suscitó una polémica de enormes alcances y cuyo resultado fue satisfactorio, ya que las imputaciones del citado eclesiástico no obtuvieron el resultado por él deseado y la escuela continuó su labor edificante.

Y la Sociedad "Cultura Femenina" sólo se vio obligada a abandonar sus funciones cuando de manera violenta el dictador Carías Andino intervino disolviéndola. Esta es, someramente, la historia de esta sociedad que tan magnífica labor desarrolló en beneficio de los trabajadores hondureños.

LA CONFEDERACIÓN OBRERA CENTROAMERICANA

Con sede en Tegucigalpa, capital de la República, existió en la década del 20 la Confederación Obrera Centroamericana (C.O.C.A.), cuya dirección la constituyeron los representantes de las distintas confederaciones nacionales: por Guatemala, Néstor J. Juárez; por El Salvador, Julio C. Castro; por Honduras, Manuel E. Sosa; por Nicaragua, Agenor Toruño; y por Costa Rica, Manuel Mora. La actividad de esta organización ejerció influencia benéfica en el movimiento obrero hondureño.

EL PARTIDO COMUNISTA DE HONDURAS

La clase obrera, para cumplir su misión histórica, necesita organizarse, no sólo en sindicatos, sino también políticamente; necesita constituir su partido político, el partido de la clase obrera.

Este partido debe ser un organismo político independiente, con programa y estatutos. Su actividad debe regirse mediante el centralismo democrático y debe ser irreconciliable con las clases explotadoras. Su base fundamental deben formarla los obreros; pero pueden formar en sus filas campesinos, estudiantes e intelectuales que acepten sus lineamientos. Sus tareas son múltiples, pero donde radica la clave de su actividad es en el trabajo de organización.

La fortaleza, la influencia política y la capacidad para intervenir en la lucha por resolver los grandes problemas de la nación la adquiere a través de su participación activa en la lucha de clases y estrechando sus vínculos con las masas. Los métodos, las formas de trabajo del partido deben ser democráticos, de tal manera que faciliten a todos los miembros la libre manifestación de sus opiniones en sus respectivos organismos. Condición indispensable para el partido de los trabajadores es la presencia, en los puestos de dirección, de elementos firmes, abnegados, leales y con capacidad suficiente para dirigir sin vacilaciones las enormes tareas de la organización.

En Honduras, elementos de avanzada, comprendiendo que el imperativo de la hora era el de organizar políticamente a la clase trabajadora, con decisión y firmeza emprendieron esta tarea, y de la unión de los círculos de estudios marxistas surgió el Partido Comunista de Honduras.

Asegurar que el Partido Comunista de Honduras tuvo desde sus orígenes una estructura y un funcionamiento que respondieran por completo a las concepciones marxistas acerca del partido de la clase obrera sería faltar a la verdad. Hubo muchas deficiencias, se cometieron grandes errores y se dieron desviaciones, tanto a la izquierda como de derecha. Las influencias pequeñoburguesas entorpecieron sus primeros pasos. El bajo nivel político e ideológico de sus afiliados, la falta de cuadros y otras fallas impidieron que jugara el papel de vanguardia en las luchas del pueblo hondureño. Pero, a pesar del número reducido de los afiliados, de las deficiencias señaladas y de los errores cometidos, su trabajo en la organización de los trabajadores fue considerable; su participación en las luchas sociales en defensa de la causa de los obreros, decisiva. Tenaz frente a los enemigos de la independencia y progreso nacionales, luchó contra el imperialismo, monstruo que en los países centroamericanos devora la luz y la libertad; luchó sistemáticamente por la implantación de regímenes democráticos y contra los regímenes de terror que han azotado a nuestros pueblos; luchó por los intereses económicos, políticos, sociales y culturales de las clases desposeídas. En fin, su aporte decidido en defensa de los ideales de libertad y progreso del pueblo hondureño, su dinamismo, el espíritu de lucha y el esfuerzo realizado sin claudicaciones por sus militantes le permitieron conquistar una influencia nada despreciable entre las masas.

Un año después de la gloriosa toma del poder por los bolcheviques, los trabajadores hondureños dieron los primeros pasos en la senda revolucionaria. Compañeros entusiastas y decididos procedieron a organizar círculos de estudios marxistas que fueron el embrión del partido de los trabajadores. En estos círculos participaron obreros, artesanos, estudiantes e intelectuales avanzados. Desde entonces datan las sociedades de resistencia y los periódicos proletarios. La juventud obrera y estudiantil prodigó su entusiasmo y su aporte material para tan provechosas actividades. Los principios enunciados por los grandes maestros y guías del proletariado universal, Marx y Engels, eran abrazados con pasión. Se empezó la siembra de las ideas socialistas. Se realizó una labor de agitación y de propaganda entre las masas y, años más tarde, se procedió a la organización del partido de la clase obrera.

De los integrantes de los primeros círculos de estudios marxistas quedamos ya muy pocos en la brega. Algunos están actualmente al margen de la lucha; otros marchan por sendas extraviadas, sirviendo a los enemigos de la causa obrera. Y los más destacados, los que se distinguieron por su arrojo, abnegación y espíritu de lucha, como Manuel Cálix Herrera, Juan Pablo Wainwright, F. Armando Amaya, José Ángel Trujillo, Carlos F. Gómez, etc., ofrendaron su vida a la causa del proletariado.

Leer a los grandes pensadores revolucionarios y asimilar la experiencia de los movimientos de las clases desposeídas de otros países fue la primera tarea que nos impusimos. Como lógico resultado, fuimos adquiriendo una mayor conciencia y aumentando paulatinamente los conocimientos sobre la causa, las formas y los fines de la lucha social. En largos años de estudio, muchos compañeros asimilaron grandes enseñanzas y la teoría revolucionaria fue adquiriendo en nosotros perfiles claros, fines concretos. Después nos convertimos en activistas e, indiscutiblemente, constatamos que la experiencia se consigue en la medida en que las ideas son puestas en acción; que solo la acción es capaz de forjar verdaderos militantes revolucionarios y hacer de la teoría un instrumento fecundo de lucha;

que las abstracciones, la separación de la teoría de la práctica, son contrarias a la dialéctica materialista, arma de valor insuperable en el estudio de la naturaleza y de la sociedad.

Nuestra propaganda de las ideas socialistas sacó como de un sueño a diversas capas sociales y, principalmente, a los trabajadores. Con ella creamos las condiciones para la fundación del Partido Comunista de Honduras, nacido al calor de las huelgas que por ese tiempo realizaron varios sindicatos en demanda de mejores condiciones de vida y de trabajo. Y, junto con la divulgación de las ideas socialistas, se procedió a enfocar los problemas fundamentales del pueblo hondureño, a la luz de la teoría marxista. Todo esto sucedió en los años de 1920 a 1932, bajo los gobiernos del general Vicente Tosta, Dr. Miguel Paz Barahona y Dr. Vicente Mejía Colindres, que concedieron libertad de expresión del pensamiento, libertad de organización sindical y política, derecho de huelga, etc.

Después vino un período de represión política, a nivel de todo el Istmo Centroamericano. Se sintió la garra estranguladora de regímenes despóticos, como el de Tiburcio Carías en Honduras, Jorge Ubico en Guatemala, Maximiliano Hernández Martínez en El Salvador y Anastasio Somoza en Nicaragua. Y no fue sino hasta después de muchos años de dura tiranía que los pueblos centroamericanos se alzaron en abierta lucha contra las dictaduras de tipo feudal representadas por los gobiernos mencionados. Esto sucedió en el año 1944. Soplaron nuevos vientos. En Guatemala se instauró un gobierno democrático. El huracán de las luchas populares se había desatado en toda Centroamérica.

Los primeros círculos de estudios marxistas se organizaron en Tegucigalpa, San Pedro Sula, Puerto de La Ceiba, Puerto de Tela, Puerto Castilla, Progreso y San Juancito. Entre los compañeros que pertenecieron a estos círculos recuerdo a Manuel Cálix Herrera, Juan Pablo Wainwright, Néstor J. Juárez, Víctor M. Angulo, F. Armando Amaya, Lic. Daniel Canales Palencia, Lic. Víctor Ceferino Muñoz, Maximiliano B. Uclés, Gregorio Méndez, Faustino Delgado, Tránsito Amaya, Fidel Miranda, Carlos F. Gómez, Abel Cuenca, José Ángel Trujillo, Hermenegildo Briceño, Juan Ángel Tablas, Rosendo Ferrera, Victorino Salgado, Fernando Cañas, Pablo y Luis Alemán, Juan F. Barahona, Zoroastro Montes de Oca, Jacobo Zavala, Manuel

González y la que esto escribe. Con excepción de Jacobo Zavala —expulsado con el estigma de traidor— y de Manuel González —sancionado por otras razones—, todos los compañeros mencionados desplegaron una gran actividad al servicio de las masas trabajadoras.

Entre todos los precursores del movimiento revolucionario hondureño, se destacan Manuel Cálix Herrera y Juan Pablo Wainwright, quienes dejaron el ejemplo incomparable de su consagración total a la causa del proletariado.

Manuel Cálix Herrera, oriundo de Olancho, fue cerebro, corazón y nervio en las luchas económicas y políticas del proletariado hondureño. Con estoicismo y abnegación sin límites luchó durante varios lustros por conseguir mejores condiciones de vida para los obreros y los campesinos. Desde su adolescencia se entregó a la causa del pueblo y, hasta el último día de su vida, no dejó de luchar, pidiendo, con la palabra y el ejemplo, una entrega cada vez mayor a la causa de la revolución proletaria.

Cálix Herrera fue un organizador incansable; a su espíritu combativo y a su dinamismo se debieron los primeros círculos marxistas en los campos bananeros de la Costa Norte. Fundó varios periódicos, entre ellos "El Bloque Obrero y Campesino", órgano de la agrupación del mismo nombre.

Con gran espíritu de lucha soportó las persecuciones a que fue sometido al final del período del Dr. Vicente Mejía Colindres y durante la dictadura brutal de Tiburcio Carías, que usó métodos de una barbarie inconcebible contra los elementos revolucionarios.

Cálix Herrera, combatiente avanzado de la revolución social, gozó de gran prestigio entre sus compañeros de lucha. Fue el primer Secretario del Partido Comunista de Honduras y candidato a la presidencia de la República, postulado por esa organización. Murió en el año de 1935, a la temprana edad de 38 años, debido a las torturas y a las largas prisiones que sufrió, a la persecución constante de que fue objeto. Murió de tuberculosis, causando su desaparición un profundo dolor.

Juan Pablo Wainwright, descendiente de padre de nacionalidad inglesa, con buena posición económica, nació en Santa Bárbara. Fue de los precursores y de los animadores más entusiastas del movimiento revolucionario hondureño. Unió su destino al de los obreros y campesinos, convirtiéndose, al correr de los años, en una de las figuras más destacadas del proletariado combativo, no solo de Honduras sino de todos los países centroamericanos.

De temple especial, su dinamismo, su energía inagotables lo convirtieron en uno de los grandes impulsores de la causa de los trabajadores, distinguiéndose por su indomeñable espíritu de lucha y por la energía que imprimía a las discusiones. Juan Pablo fue un estudioso asiduo de los problemas nacionales y centroamericanos. Su devoción a los principios revolucionarios lo llevó a sufrir con entereza los más grandes sacrificios. Fue detenido en varias ocasiones y su comportamiento ante los verdugos fue siempre valeroso.

En 1931, bajo el gobierno de Mejía Colindres, se impuso la tarea de organizar a los obreros agrícolas explotados de manera despiadada en la Costa Norte del país por el conocido monopolio imperialista, la United Fruit Company. Wainwright fue capturado y deportado al Castillo San Fernando de Omoa —tenebrosa prisión política de entonces—, pero a los pocos días, ante el asombro de sus verdugos, que consideraban imposible escapar del castillo, se fugó y traspasó las fronteras patrias. Llegó a Guatemala, donde al poco tiempo fue capturado, se le instruyó un proceso y se le condenó a muerte, acusado de planear y dirigir un complot comunista encaminado a derrocar al dictador Jorge Ubico.

Refieren que, la víspera de su ejecución, con una hoja de afeitar se cortó las venas y que con su sangre escribió en las paredes de la celda: ¡Viva el Soviet, el único gobierno que debe existir en el mundo! ¡Viva la Internacional Comunista! ¡Viva la revolución social!

También se refiere al siguiente episodio. Wainwright, como última y única gracia, pidió que antes de ser ejecutado se le permitiera tener una entrevista con Ubico. Le fue concedida y, ya frente al déspota, le lanzó a la cara un escupitajo. Desde luego, hay que imaginarse las represalias tomadas en su contra. Al día siguiente, 18 de febrero de 1932, fue conducido al paredón. Y, sin admitir que lo vendaran, tirando el sombrero que le cubría, exclamó: ¡Así muere un comunista!

La vida de Juan Pablo Wainwright fue un batallar constante. Y por su honestidad y lealtad a la causa del proletariado nos debe servir de ejemplo y dar fuerzas para proseguir en la lucha por un mundo mejor, en donde quede abolida para siempre la explotación del hombre por el hombre.

En el año de 1922 se produjo la fundación del Partido Comunista de Honduras. Se convocó una asamblea que tuvo verificativo en la ciudad de San Pedro Sula y en ella se nombraron las comisiones para la elaboración de estatutos, programas y fundamentación de la táctica a seguir. Se eligió el Comité Ejecutivo, llamado a dirigir las actividades de la nueva organización, recayendo el cargo de Secretario General en la persona de Manuel Cálix Herrera. Se eligieron también los Comités Seccionales y se aprobaron, después de largas discusiones, el programa, los estatutos y la táctica.

Frente a los partidos tradicionales surgió así el Partido Comunista de Honduras, que se impuso desde un principio la lucha contra el imperialismo y la oligarquía, por la redención de las clases explotadas, por la instauración de un régimen democrático, por la paz y la independencia nacional.

Con el convencimiento de que la prensa proletaria es un instrumento de educación política y de organización de las masas, se puso a este aspecto del trabajo una gran atención. Se publicó semanalmente un boletín mimeografiado, donde se daban a conocer los problemas y las demandas de los trabajadores. Publicamos también un periódico mural, elaborado con utilización de recortes de diarios de diversos países, escogiendo aquellos que daban a conocer los grandes acontecimientos de la política mundial con una apreciación objetiva de las luchas de los pueblos. Para superar las deficiencias en el dominio de la teoría marxista, se dispuso estudiar de continuo las enseñanzas de los grandes maestros del socialismo científico, mediante charlas, disertaciones, conferencias, cursillos, etc., sobre temas teóricos, sobre la situación nacional y la línea del partido. En vibrantes manifiestos se hacía ver a los trabajadores el engaño en que vivirían mientras apoyaran a los partidos tradicionales, a los liberales y conservadores, y se les invitaba a que ingresaran en su partido, el Partido Comunista de Honduras.

Durante los años que van de 1923 hasta 1932, el Partido Comunista trabajó en la legalidad. Durante todo este tiempo permaneció unido monolíticamente en torno a una dirección querida y respetada. No se registraron divisiones ni luchas internas, como algunas gentes han llegado a afirmar. Se registraron acaloradas discusiones sobre distintos tópicos, inevitables y necesarias en los partidos revolucionarios, pero que no desembocaron en fracciones.

Constituido el partido de los trabajadores, varios intelectuales se acercaron a sus filas con mucha simpatía, entre otros podemos mencionar al Lic. José Pineda Gómez, quien siempre prestó su valiosa cooperación; al Lic. Francisco Murillo Selva, quien llegó a ocupar cargos importantes en la dirección; al Lic. Arturo Martínez Galindo y a los de igual título Óscar A. Flores y Julián López Pineda. Este último propuso se fundara un Partido Revolucionario con el apoyo del Partido Comunista e intentó para tal propósito tomar la dirección. Pero los compañeros se opusieron tenazmente, adoptando una justa posición, ya que no se dejaron arrastrar por tales planteamientos, expresión de una maniobra encaminada a destruir el partido de la clase obrera, a desviar a los elementos revolucionarios de su meta o privar al partido del carácter independiente que debe normar la vida de las organizaciones económicas y políticas del proletariado.

Los primeros plenos del Partido se celebraron en Tegucigalpa y San Pedro Sula, en los cuales se tomaron importantes resoluciones para la vida interna del partido y su actividad en los frentes de masas. El Partido luchó por objetivos inmediatos del proletariado, de pronta realización, pero sin perder de vista los objetivos mediatos: la conquista del poder y la construcción de una futura sociedad sin clases.

Algunas consignas del Partido eran equivocadas; respondían al entusiasmo enorme despertado por el triunfo de los bolcheviques, la influencia creciente de la Rusia Soviética en la palestra internacional, la situación interna en el movimiento comunista, la experiencia limitada y el bajo nivel ideológico del Partido. Entre estas consignas están la de luchar por la instauración de los soviets y por la inmediata implantación de un gobierno obrero y campesino.

Sin embargo, hubo camaradas que opinaban que había que esperar tiempos mejores para emprender una lucha como esa, tiempos en que los trabajadores estuvieran verdaderamente preparados. Los hubo también seguidistas de los gobiernos liberales y conservadores, desviación derechista que pretendía relegar al Partido colocándolo al servicio de los gobiernos oligárquicos.

A pesar de estos errores, el Partido trató, por distintos medios, de desarrollar la conciencia de clase de los trabajadores. La tarea de organización tuvo la atención necesaria, pues, como se sabe, sin ella no es posible ligarse a las masas y ejercer influencias sobre las mismas. Los éxitos alcanzados en este sentido son innegables: se organizó la Federación Sindical Hondureña, la Sociedad "Cultura Femenina", el Bloque Obrero y Campesino, etc. Este trabajo fue la base de la influencia del Partido en las distintas luchas de los trabajadores.

CONFERENCIA DEL 9 DE SEPTIEMBRE DE 1927

(A excitativa de la Sociedad Cultura Femenina en el Salón de las Sociedades Confederadas).

Señoras, señoritas, señores:

Cultura Femenina —grupo selecto de distinguidas educadoras, abnegadas y patriotas— quiso que ocupara esta tribuna, y aquí estoy.

Atender a las damas ha sido siempre uno de los mayores placeres de mi vida; y ahora con doble razón, por tratarse de generosos espíritus que instruyen gratuitamente a las clases analfabetas y se preocupan por el porvenir de su país; y por el tema cívico, de interés palpitante, señalado para esta conferencia. Lo abordaré bajo uno de sus aspectos, el más grave y esencial, el verdadero aspecto de fondo del complicado y oscuro problema de la paz; el de menos análisis hasta hoy, porque obliga a poner el hierro candente sobre la úlcera dolorida. Lo haré en quince minutos para no fatigar a mi auditorio, aunque acerca de él podría escribir un volumen.

Quizá alguien pensará que el odio y la pasión me guían en este discurso. Declaro que no siento odio por nada ni por nadie y que la única pasión que mueve mi alma y enciende mi cerebro es mi pasión por la patria.

Hay temas que no pueden desenvolverse en un estilo suave y reposado: el que desarrollaré es uno de ellos. Concreta una honda vibración de mi ser y una clara visión interior del destino de Honduras, próximo a cumplirse fatalmente si un poderoso esfuerzo colectivo no acude a salvarla.

No existe en mí ningún anhelo de notoriedad, ningún deseo de ponerme de relieve en las tribunas; subo a ellas atendiendo a las excitativas cordiales, sin ningún impulso de vulgar patrioterismo. Si uso del "yo" individualizando mi acción y mi ideología, es para que se note mi responsabilidad directa y personal; mi sello propio e inconfundible, que nada tiene que ver, en estos casos, con el partido político a que pertenezco. Yo cumplo con el más alto deber según mi conciencia y mi cerebración; según mi manera de juzgar los acontecimientos que nos afectan. Puedo estar equivocado porque sólo Dios es infalible; pero, en todo caso, en mi error no podrá encontrarse ni un prejuicio, ni un equívoco, ni, mucho menos, un ápice de mala fe. Si mi intenso amor por la libertad de mi país extrema alguno de mis juicios, este pecado venial constituirá un mérito, cuando sea un átomo perdido en la muerte, para las generaciones futuras, seguramente mejor preparadas que la actual, por los hechos que van a realizarse, para la comprensión más perfecta de mis ideales cívicos.

Creo, sí, que hasta los que no simpatizan con mis campañas ven en ellas una sana intención y una sinceridad sin sombras.

Saludo a los nobles espíritus de Cultura Femenina, y a los obreros hondureños —fuerzas vitales de mi patria— en esta noche en que por vez primera se oye mi voz en su recinto.

Jamás nos sometió el adverso destino, en más de una centuria de vida autónoma, a una prueba tan dura como la que atravesamos en este momento memorable.

Fuerzas ciegas, y desencadenadas como una maldición, circundan nuestra patria con un doble círculo de hierro que ya nunca podremos romper, aun cuando dejáramos en el viril intento hasta la última gota de nuestra sangre.

Hace más de quince lustros que la tempestad que hoy nos amenaza con mortal certeza empezó a enlutar nuestro horizonte y a precisarse en actos transparentes para los varones de videncia patriótica.

Año tras año fue agrandándose hasta que culminó con el aparecimiento, en el escenario de la Historia, de un hombre fatal para la Libertad, tipo clásico del antiguo pirata que en los siglos remotos devastó tierras y asoló el mar, izando su negro pabellón como símbolo de exterminio. Este brutal cazador de pueblos débiles —que se llamó Teodoro Roosevelt— mutiló a Colombia de un traicionero zarpazo, arrebatándole a Panamá.

Yo pasé por el Istmo poco después del robo infame, y me repugnó el proyecto del canal porque comprendí que él constituiría el límite próximo de la preponderancia anglosajona, y que la obra portentosa poco sumaría en bien de la Humanidad, representando el esfuerzo colosal de un imperio ensoberbecido en su avidez por dominar a México y Centro América, fijando una inexpugnable base de defensa contra el terrible enemigo que en el oriente asiático afila su garra formidable.

Nuestra patria quedó así encerrada en la zona asfixiante en que el corsario rubio desarrolla la acción de sus continuos latrocinios.

La Conquista demoró su avance con la desaparición de aquel Nemrod moderno, que movió drásticamente su ímpetu despótico, apenas detenido por algunos frenos de la Ley en esa seudodemocracia de movimientos disciplinados y precisos. Si Roosevelt —la antítesis de Jorge Washington— hubiera ejercido durante veinte años el poder, hoy seríamos colonias yanquis. Pero aquel salteador internacional murió pronto y el peligro fue atenuándose... hasta en estos últimos años en que surge de nuevo más amenazante que nunca.

Midamos, en breve resumen, las extraordinarias dimensiones del monstruo que intenta devorarnos.

Cuentan los Estados Unidos de Norteamérica apenas cinco millones de habitantes en 1800; suman nueve en 1820; veintitrés en 1860; cincuenta y uno en 1880; noventa y nueve en 1915; ciento veinte en 1926. Multiplicaron su población por veinticuatro en ciento veinticinco años. Su riqueza es de siete millones de dólares en 1850; de veinticuatro mil en 1870; de ochenta y ocho mil en 1900; en 1913 de doscientos mil; en 1926 de trescientos treinta mil millones. En setenta y cinco años ocupan el primer lugar entre los países más prósperos del mundo.

¿Tal desarrollo estupendo es el resultado de la genial potencia progresiva de esa nación dentro de los cánones de la Libertad, de la Justicia y del Derecho? ¿El aumento prodigioso de su territorio y, por lo mismo, de su riqueza pública, se halla dentro del legítimo esfuerzo, de la honorabilidad y de la Ley?

Va la matemática contestación de estas preguntas recordando que su territorio, en el primer año del siglo anterior, era del tamaño del de México hoy día; lo duplican tres años después con la compra de Luisiana; le agregan la Florida en 1819; en 1845 le arrebatan Texas a México y en 1846 Oregón; en 1848 le arrancan la mitad con la anexión de California. Adquieren Alaska en 1867; se apoderan de

Hawái en 1893 y de Puerto Rico y Filipinas en 1899; se alzan con Panamá en 1904 y compran en 1917 las Islas Vírgenes.

Han ampliado, en ciento veinticinco años, en tres tantos, su extensión territorial.

Pero esta asombrosa grandeza, que deja mudos de admiración a los que no analizan el fondo de los acontecimientos humanos, y sólo tienen ojos para las apariencias deslumbradoras, es obra, en mucha parte, de su rapiña, de su desvergonzado impudor, de su absoluta falta de escrúpulos para adueñarse de lo ajeno... cuando en ello no ven ningún peligro.

¿Quién detendrá su acción conquistadora? Sólo Dios, con su Omnipotencia, podría derribarlos con un castigo fulminante.

Se detendrán en su camino de asaltos cuando todas las presas fáciles hayan desaparecido en su estómago insaciable.

En este orden de súbito crecimiento, casi fantástico, y de fatídico augurio para nuestras nacionalidades; así, de despojo en despojo, a golpes de hierro, en el año dos mil, cuando los centroamericanos del presente sean mísero polvo y las nuevas generaciones hondureñas manadas de esclavos sudando bajo el látigo, el coloso contará trescientos millones de habitantes, su oro no cabrá en sus arcas hidrópicas, y sus límites llegarán hasta Panamá.

Esta satrapía gigante no mide jamás sus fuerzas con las naciones guerreras. Las débiles son y serán siempre las víctimas de su rapacidad. Si entró en lucha con España a fines del último siglo fue a sabiendas de la completa inferioridad de su adversario y por su ávido anhelo de anexarse las grandes Antillas; y si envió su ejército, y sus millares de millones de dólares, para ayudar a los aliados en la guerra europea, lo hizo después de permanecer años a la expectativa, cuando vio terriblemente desangrada a Alemania y la seguridad de un enorme negocio.

¿Por qué no barre del Caribe a los ingleses y franceses, dueños de fértiles islas en su llamada zona de influencia? ¿Por qué no los arroja del Canadá, o de Belice o de las Guayanas?

No se atreve siquiera a intentarlo, y si se atreviera algún día, la Historia eternizará su tremenda derrota.

Pero no es punto de su programa expansionista pelear con enemigos peligrosos; porque, como lo dije en uno de mis editoriales, no es lo mismo asesinar, desde la impunidad de sus aeroplanos, a los nicaragüenses de Sandino, que enfrentarse a las naciones más poderosas de la tierra.

Tal es el imperio plutocrático que nos aniquilará en breve tiempo si suena en nuestros campos el clarín de guerra.

No seré yo de los que viven repitiendo que por nuestros desaciertos somos los primeros culpables de las abusivas intromisiones yanquis; declaración absurda y cobarde que excusa, tácitamente, las violaciones de nuestro territorio; y no cabe en mi ideología ni en mi idiosincrasia darle nunca la razón al verdugo contra el oprimido y, mucho menos, cuando la víctima afrentada es mi propia patria.

Lamento como ninguno el salvajismo africano de nuestras pasiones políticas, que nos hace descender hasta los brutos y traspasar el límite oscuro de la más espesa barbarie; pero estas cruentas luchas de familia, por violentas y desenfrenadas que sean, no dan derecho al extraño para venir a ultrajarnos en nuestra propia casa, y para atentar, con ese pretexto, contra nuestra vida de nación independiente.

Dice el punto cuarto de las cínicas declaraciones de Kellogg:

"Esta política se justifica por no haber ninguna de estas naciones, en el siglo o más de su independencia, mantenido el orden en su territorio y desarrollado sus riquezas naturales, ni haber salido de la dominación de un dictador corrompido y opresor más que para volver a caer en una completa anarquía. En el estado actual de la historia del mundo, ninguna nación que no pueda manejar de una manera decente sus asuntos tiene derecho a la independencia ni a monopolizar tierras valiosas de las cuales no saca partido".

En el fondo de incalificable desvergüenza de estas declaraciones se ve íntegra la estructura grosera del pirata en toda su repugnante agresividad. El bucanero procedió en igual forma el 56; hoy su insolente orgullo llega hasta el último grado del cinismo. El centroamericano que no se sienta ofendido por esas burdas amenazas es un menguado, digno de vivir en el cieno de las ergástulas, y de lucir, como los perros de los magnates, el collar de oro en el cuello envilecido.

Por lo demás, tan culpables de atraer al invasor son los caudillos revolucionarios como los que viven reptando a sus plantas en perpetua adulación.

Los turiferarios del poder norteamericano entre nosotros están abriendo la sepultura de su patria. Vindicando sus abusos, atenuando sus atropellos, disimulando sus amenazas, haciendo el vacío a los que defendemos la integridad de Honduras, guardando silencio ante los salvajes procederes del imperialismo, están sumándose a las fuerzas destructoras que nos convertirán en una colonia de galeotes.

Yo siento en mi conciencia el deber imperativo de presentar el peligro en toda su desnudez, desenmascarado de odiosas hipocresías.

Al discurrir sobre la paz pública me veo forzosamente obligado a reseñar, con todos sus detalles, la causa primordial que me obliga, con obligación suprema, a condenar las revoluciones, a ver con horror las revueltas fratricidas, a maldecir a los que intenten desenvainar el machete para derramar la sangre de los hondureños.

Tengo que gritar estas cosas a todos los horizontes, porque es de necesidad inmediata arrojar tan angustiosas verdades en el alma de las multitudes, y que no haya ningún compatriota que no se dé cuenta del abismo abierto ante nosotros. Si después de mirarlo, y de sondear su fondo, se arroja en él, en miserable suicidio, no será por ignorancia sino por monstruosa voluntad y criminal instinto, porque nació para la esclavitud y para llevar, como hórrida marca de afrenta, el estigma de los parricidas.

Que se callen los que no tengan valor para encararse a las siniestras realidades, los que, por timidez o pusilanimidad ante el ambiente corrompido, no se atreven a levantar la voz denunciadora. Que se callen los míseros que estén de acuerdo con el futuro invasor. Yo no me callaré jamás porque cumplo así un altísimo deber y porque nunca el miedo vil ha ensombrecido mi corazón.

"Es increíble —me dice en carta reciente un noble escritor neoyorquino, a quien conocí en París— el daño positivo que la propaganda imperialista, quizá inconsciente en esas tierras, está haciendo a Honduras. Aquí sólo se espera un pretexto para establecer el protectorado, y de ciertas manifestaciones se desprende que ya causa molestias en los círculos políticos y burocráticos, que ese pretexto se retarde".

Estas generosas palabras de un norteamericano deberían avergonzar a los que cooperan, con intención o sin ella, a la pérdida de la República. Desventuradamente, un pavor lamentable, si no oprobioso, reina en la mayoría de los hondureños al tratarse de la defensa patria ante las agresiones yanquis. No parece que viviéramos en una democracia soberana, sino en un país de siervos conquistado a sangre y fuego.

Y esto es aún más humillante si se recuerda que en los mismos Estados Unidos, en Puerto Rico, en Santo Domingo, en Filipinas, en Panamá, se ataca rudamente al imperialismo liberticida. Sólo aquí se calla. Esta actitud, por su propia villanía, nos acerca al desastre. Pues los pueblos se salvan de las cadenas que otros más fuertes quieren imponerles, con actos de valor y cívica dignidad; jamás con el silencio cobarde ni la servil adulación.

En la lucha electoral que se avecina debemos siempre recordar, con profunda amargura, el ultraje que recibió nuestra soberanía con el cuartel yanqui que mancilló a Tegucigalpa en 1924.

A veinte pasos de este sitio ondeó la amenazadora bandera intrusa como una lúgubre visión de pesadilla.

Esta remembranza de duelo deberá intensificar en nosotros nuestro amor a Honduras, considerándola como una severa advertencia del destino, como una amarga lección que nunca podremos olvidar.

Se acerca el día de conocer, en la solemne prueba, a nuestros grandes hombres; se acerca la hora de las depuraciones individuales y de los actos definitivos.

Debo declarar que me produce perenne inquietud el problema en que va a jugarse la soberanía de mi patria. Revisa tan terrible gravedad, y veo tan negras nubes en el horizonte, que yo preferiría que continuara en el poder diez años más el actual Presidente, aunque sólo tuviera que esperar de él la cárcel o el destierro, a exponer a Honduras, acechada por el imperialismo, al frenesí de nuestras hordas turbulentas.

Digo mis palabras como van saliendo de mi corazón. Y, al tratarse de la suerte de mi país, dejo que esas palabras corran por el cauce de la más absoluta sinceridad.

Con la idea de la paz me pasa como con la idea de más allá: que deseara condensarla en mi espíritu con una fe ciega e inquebrantable. Y sólo me produce una constante intranquilidad, una triste incertidumbre rayana en el más tenebroso pesimismo.

Y cuando evoco los perseverantes esfuerzos que hice, en 1923, iniciando la Junta Patriótica para centralizar las agrupaciones políticas y evitar, con un acuerdo ecuánime, la guerra civil, que costó a la República un río de oro y de sangre; cuando recuerdo la sorda y feroz intransigencia de todos, que anuló, fatalmente, aquel impulso salvador, crece dentro de mí la duda más punzante, y hasta el dolor de creer que con nuestras prédicas estamos arando en el mar y de que tenemos apenas quince meses de vida independiente.

Como hace tanto tiempo que actúo sin reposo en mi campaña contra el imperialismo, señalando a mis conciudadanos todos los males que entraña para Honduras, y que he podido estudiar hasta en sus mínimos matices, lanzo a todos un nuevo alerta, más urgente y más grave, porque el conquistador se halla a dos pasos de nuestras fronteras. Vivamos con el alma atenta en la plenitud del peligro, dispuestos a eludirlo con abnegación y sacrificio; teniendo presente, en todo instante, que los hombres y los partidos son cosas efímeras en la marcha de la Humanidad y que la Patria es la madre común eternizada en los siglos, y que perderla es como perder cien veces la vida. Reverenciemos su nombre, consagrémosle nuestra sangre y nuestro pensamiento, muramos saludando su bandera.

Todos los hondureños, en esta hora crítica, desde el jefe del gobierno hasta el último aldeano, tenemos una responsabilidad determinada, un deber concreto que cumplir cimentando la paz. Señalando, con la repugnancia que inspiran los feroces criminales, a los inverecundos que intenten precipitarnos en una lucha estúpida y estéril; castigando con el desprecio a los obcecados que todo lo posponen a su íntimo interés; difundiendo, con tenaz eficiencia, las grandes ideas de civilización y de cultura; sumando cada uno, en cada día, su óbolo espiritual y su enérgico empuje práctico, la Obra redentora irá, poco a poco, fortaleciéndose, elevándose hasta perfeccionarse, de manera definitiva, en la sucesión de los tiempos.

La mujer tiene, en esta evolución trascendental, un espléndido campo donde fijar, con fecunda evidencia, su virtud y su civismo. Ella sola podría, con voluntad unánime e inflexible resolución, aclarar el tremendo problema. Con el poder sin límites que Dios le concedió sobre los hombres; con el imán de sus gracias o de su hermosura; con el encanto de su inteligencia o de su bondad, ¡qué no podría hacer del marido y del padre, del hijo y del hermano, del novio y del amigo!

En el umbral del abismo abierto a nuestros pies ¡yo os hago un solemne llamamiento, mujeres de todas las regiones de Honduras! Tengo más fe en vosotras que en nuestros hombres que, en su inmensa mayoría, predican la paz afilando el puñal fratricida. Bien sabéis que una palabra vuestra vale más que el más bello discurso; que una mirada de vuestros ojos haría caer de la mano iracunda el machete ávido de sangre y que todos los actos que pudiéramos realizar en la persecución del ideal que aquí nos congrega no tendrían jamás la elocuencia y la eficacia de la más ligera de vuestras caricias.

Ayudadnos en cuerpo y alma a salvar a la Patria, enalteciendo así vuestra vida, desdoblando vuestro destino en el próvido ejemplo cívico que nunca muere, porque va iluminando las conciencias, en eterna rotación, en los anchos caminos del porvenir.

Froylán Turcios

(Tomado de: Revista Ariel, N.° 50, Año III, Tegucigalpa, 15 de septiembre de 1927)

FUNDACIÓN DEL PARTIDO SOCIALISTA HONDUREÑO

CAMARADAS:

CONSIDERANDO: que el minuto en que vivimos nos reclama la lucha de clases, si no queremos perecer en la vorágine que nos estrecha día a día.

CONSIDERANDO: que todos los hermanos del mundo se preparan para hacer un frente único que corresponda, por su potencialidad, a contrarrestar a nuestro enemigo común: el capitalismo.

CONSIDERANDO: que las acechanzas de ese monstruo han tomado caracteres siniestros, estamos ya no sólo en el deber sino en la necesidad de organizarnos.

CONSIDERANDO: que esa organización en la América Latina está palpitante desde México al Cabo de Hornos, y, siendo nosotros una molécula de ese todo político-social, es sagrado deber nuestro estar al unísono en la organización.

CONSIDERANDO: que los partidos políticos de índole histórica han demostrado su incapacidad para conducir el carro del progreso, es deber nuestro ensayar los nuevos sistemas que en otros países han hecho la felicidad del proletariado.

CONSIDERANDO: que esos partidos políticos históricos han entrado ya a la más vergonzosa descomposición y están en plena bancarrota moral, y han demostrado ya que tanto el Poder Legislativo, en su forma de representación cuantitativa, es un absurdo en los tiempos que vivimos, en que la multiplicidad de fases que representan las necesidades de vivir, en el trabajo del campo, del taller, en sus aspectos múltiples, reclaman la representación cualitativa, porque los otros aspectos de la organización estatal son un peligro para los intereses del proletariado; es otro deber nuestro bregar para conseguir mejoras convenientes; y,

CONSIDERANDO: que toda "LUCHA DE CLASES ES UNA LUCHA POLÍTICA"; entramos a la arena del DEBATE y del COMBATE, EN ABIERTA OPOSICIÓN A ESOS PARTIDOS QUE SON INCAPACES PARA HACER NUESTRA FELICIDAD.

Por tanto, acuérdase:

ARTÍCULO ÚNICO: Fundar el PARTIDO SOCIALISTA HONDUREÑO, que funcionará en la forma siguiente:

(a) Designando comisiones de propaganda.

(b) Abriendo libros de inscripción.

(c) Nombrando comisiones recaudadoras de fondos para la compra de imprenta para editar un periódico de difusión ideológica.

(d) Hará campaña decidida a fin de que se cumplan las ocho horas de trabajo estatuidas en nuestra ley fundamental.

(e) Denunciará los abusos de las compañías extranjeras.

(f) La defensa de la TIERRA para el proletario es uno de sus principales objetivos, pues es allí donde los campesinos harán su verdadera libertad.

(g) Demostrará a los soldados que, yendo a la guerra, VAN A MATAR A SUS HERMANOS.

(h) Probará a nuestras obreras que es deber de ellas estar con nosotros en la lucha.

(i) Se pondrá en contacto internacionalmente con los demás centros similares.

(j) Pondrá todos los medios para impedir el avance de todos los imperialismos; y,

(k) El PARTIDO SOCIALISTA HONDUREÑO será dirigido por un Comité Central Directivo que estará en perpetua comunicación con sus dependencias de la tierra llamada Honduras y con el exterior.

Su SEDE es en La Ceiba y su AURORA FUE EL DIECISÉIS DE OCTUBRE de mil novecientos veintisiete.

El Comité Central Directivo.

Dos palabras, camaradas:
¿No oís?

Es el grito unánime de todo el proletariado del mundo, que, haciendo tremolar —por sobre todas las cumbres— el ROJINEGRO estandarte de todas las reivindicaciones, os invita a luchar; os invita a romper todas las cadenas, todos los moldes, todas las tablas en que se escribieron las leyes absurdas, a derribar todas las BASTILLAS, a hundir todos los prejuicios, a borrar todas las sectas, a predicar la IGUALDAD y el AMOR entre los hombres, haciendo una nueva vida en que reflejen, como SOLES REBRILLANTES, la JUSTICIA, la VERDAD y el DERECHO.

Justicia: Pero no de la que mata y encadena a los hombres, sino de la que da vida, entregando a cada cual su parte de felicidad que le corresponde sobre la tierra.

Verdad: Designando a cada cosa por su verdadero nombre; ABAJO TODOS LOS SOFISTAS. ABAJO TODAS LAS MIXTIFICACIONES ODIOSAS; —que a la guerra se le llame ASESINATO COLECTIVO, y a sus ejecutores ASESINOS; que a la LEY y a la RELIGIÓN se les llame CADENAS; —que se haga la LUZ; que la verdad surja como un SOL en la noche tenebrosa en que vivimos.

Derecho: No existe, CAMARADAS. —Alistaos para encerrar en un solo ahínco todos los ahincos de la tierra... ¡¡¡LIBERTAD!!!

¿Y podremos llegar triunfantes a la cima, camaradas?

Sí. Somos las mayorías.

Nosotros recriminamos a todos los proletarios que, aun en presencia de la realidad cortante de los maquiavélicos manejos de la burguesía, no vengan a engrosar nuestras filas, que es su deber para la conquista del PAN, del ALFABETO y la JUSTICIA, que son las tres hambres que nos aniquilan y nos hacen fácil presa de toda la clase patronal.

Como un acto de justicia, fue dedicada la inauguración solemne al proletariado hondureño y a los camaradas Plutarco Elías Calles, Arturo Martínez Galindo, Francisco Murillo Selva y Medardo Mejía Pagoaga.

Hermanos en el dolor: ¡¡Venid a nosotros!!

Salud y Revolución Social. — ¡Paso a los Novadores!

POR EL COMITÉ DIRECTIVO
LOS SECRETARIOS

Zoroastro Montes de Oca — Manuel Cálix Herrera

La Ceiba, 24 de octubre de 1927

RETRATO DEL LÍDER COMUNISTA JUAN PABLO WAINWRIGHT

Por *RAFAEL HELIODORO VALLE*

Un pescador bien puede estremecerse, mientras el agua fluye, viendo pasar la sombra de un muerto en el patíbulo. Juan Pablo Wainwright es el caso de un hombre que supo entregarse íntimamente a su idea. Fue viajero mosca en muchos ferrocarriles del mundo, como si hubiera tenido pase en todos ellos; fue pescador en Alaska, cortó madera, fabricó carbón, sirvió de mozo de cordel en los hoteles y fue soldado en el Canadá. Y un día volvió a su trópico, de donde era, a luchar a brazo partido por la felicidad de los que, como él, han padecido miseria y tienen esperanza. Y fue agitador en las fincas de banano, provocó huelgas, sufrió cárceles, tomó parte en conspiraciones y fue fusilado. Así terminó el que había sido pescador en las tierras árticas y vivió el sol de medianoche.

Conocí a Wainwright en San Francisco de California, en la dársena que le era tan familiar. Me habló aquella voz de sus deseos de ir a Nueva Zelandia, porque allá las gentes eran felices y todos tenían qué comer y cama para dormir. Recuerdo que le hice esta pregunta:

—¿Y cómo hace usted para viajar sin dinero?

—Muy sencillo —me dijo, mientras clavaba sus pupilas en el horizonte—. Me meto en un barco y el barco me lleva.

Que estas palabras se inclinen, como sombras de cielo salvaje, sobre su memoria, que ahora veo erguirse verde y recta como un pino".

(Publicado en Revista Tegucigalpa, N.º 300, Serie 75, 9 de octubre de 1932)

SECCIÓN DEL PARTIDO SOCIALISTA: EL CONCEPTO DE "DEMOCRACIA"

Por GRACIELA GARCÍA

"Ya que no puedo haberlo porque nuestra carta fundamental se opone a ello, aunque así lo deseara la mayoría del obrerismo nacional".
(El Norte, 10 de dic. de 1930).

Los párrafos anteriores, tomados de un artículo en que se atacaba a la F.S.H. y sus militantes acusados de comunistas, podemos decir que nos enseñan cuán lejos están las clases explotadoras de reconocer el derecho de las mayorías trabajadoras de expresar y construir, según su propia ideología, el régimen económico y social de un país.

En la actualidad, solo el que no ha abierto los ojos a las realidades no comprende que los conceptos deben entenderse según el punto de vista de clase que se emplee para su interpretación. Así, el concepto de "democracia", que ha sido y es una palabra de que se vale la burguesía para engañar a los trabajadores, significa, en los países capitalistas, simplemente democracia para las clases explotadas. Para los obreros y campesinos no trae ninguna ventaja la democracia bajo el régimen capitalista, pues no pueden alcanzar ninguno de sus frutos.

Los atributos de la democracia, como la libertad de reunión, de imprenta y de expresión, no son para la clase trabajadora más que una forma demagógica para engañarla, pues, dado el control capitalista en los edificios, en las imprentas y en los órganos de difusión, mal podrían los trabajadores ejercer una libertad si no tienen medios de hacerlo. El sufragio, que es una conquista de la democracia, está supeditado a la burguesía, que posee todos los medios de propaganda, cohesión y engaño para ejercerlo en beneficio de su hegemonía.

La clase explotada —obreros y campesinos pobres— forma la mayoría del pueblo hondureño; sin embargo, esta mayoría nunca se ha visto representada en un Congreso, en una de esas reuniones en que, según la expresión burguesa, se defienden los intereses del pueblo; nunca se la ha tomado en cuenta para la resolución de ningún problema, y cuando el hambre y la explotación obligan a los oprimidos a rebelarse, los aparatos de represión de la burguesía se movilizan para acallar sus protestas, con la prisión, el destierro y la muerte.

Aunque las mayorías trabajadoras lo quieran, nunca podrá existir un régimen que beneficie a obreros y campesinos mientras la burguesía ejerza su dictadura y esté en posesión de todos los medios de represión del Estado, que empleará hasta el último extremo para defender su poderío.

Nuestros métodos de lucha, de propaganda y de organización, para que sean efectivos, deben abordar con entereza y veracidad estos problemas ante las masas trabajadoras, para despejar el ilusionismo que existe en una democracia y libertad que solo benefician a los explotadores y para que comprendan que su idea económica y social chocará, desde sus primeros pasos, con todo el aparato del Estado, expresión de los intereses de la burguesía.

Al organizarse el frente único de explotados para hacer valer sus derechos, hasta ahora no reconocidos, debemos procurar la formación de cuadros dirigentes, armados de la teoría marxista revolucionaria, férreamente disciplinados, ideológicamente unidos, para que puedan combatir con éxito contra los prejuicios pequeñoburgueses que obstaculizan el desarrollo de la lucha obrera y para que sean los motores de la Revolución Social en Honduras.

(Tomado de: Diario El Sol, 16 de junio de 1931, pág. 6).

EL DE ALZAMIENTO POPULAR DE 1954 Y EL PARTIDO COMUNISTA DE HONDURAS

COMPAÑEROS:

A estas horas resulta evidente que el formidable movimiento huelguístico iniciado el Primero de Mayo de este año (Huelga de Mayo, como ha dado en llamársele acertadamente) ha conmovido los cimientos de la reacción nacional e internacional representada por los terratenientes, el gobierno galvista y la United Fruit Company.

Ha sido más que una huelga de "tipo económico", ha sido la conquista del derecho a la organización sindical, el respeto a los derechos democráticos del pueblo hondureño y la emisión de un código de trabajo que reglamente las relaciones obrero-patronales; todo esto por la vía revolucionaria, de abajo hacia arriba.

El movimiento de Mayo ha venido también a desenmascarar ante los ojos de las masas trabajadoras todo el oportunismo, la podredumbre y la demagogia de los partidos tradicionales y del gobierno de la "conciliación". Ha demostrado con claridad meridiana los lazos inconfesables y compromisos que atan al monopolio bananero y al actual gobierno.

Pero lo que es más importante aún, ha venido a demostrar que la liberación de los obreros será obra de ellos mismos, y que cuando estos, al margen de diferencias políticas, raciales o religiosas, se unen alrededor de determinadas consignas, tienen garantizada la victoria en la consecución de sus propósitos. Ha demostrado que la UNIDAD DE ACCIÓN, preconizada por la CTAL y por la FSM, es una consigna acertada y de validez permanente; que así como la UNIDAD es y debe seguir siendo la consigna fundamental, la UNIDAD DE ACCIÓN de los trabajadores es la base de la estrategia constante para el logro de ulteriores conquistas.

Para poder hacer un informe preciso, en lo que a detalles (fechas, documentos, etc.) se refiere, necesitaríamos tener a mano los archivos del Comité de Huelga que, desgraciadamente, y por razones de seguridad y otras, no tenemos nosotros; pero haremos un intento de hacer un recuento de los principales sucesos acaecidos durante la huelga bananera, sus motivos, el curso de los acontecimientos, los resultados y la perspectiva.

Antecedentes

Si tomamos en consideración que Honduras es un país predominantemente agrario, es decir, industrialmente atrasado, fácil es comprender que nuestra clase obrera no está suficientemente desarrollada (50 000 obreros, más o menos, en un país de aproximadamente 1 800 000 habitantes). En su mayoría, los trabajadores hondureños laboran en las plantaciones de banano de la United Fruit Co. y de la Standard Fruit (unos 36 000 obreros agrícolas, más o menos) y el resto en la industria de transformación (controlada en su mayoría por la United), como tabacalera, gaseosas, jabón y velas, fósforos, explotación maderera, camiserías, etc.

Nuestro país es prácticamente una colonia de los EE. UU. Con los muelles, puertos, transportes, prensa y naciente industria controlada por el gigantesco monopolio bananero, fácil se deduce que tanto su política como su economía están supeditadas a los intereses del imperialismo norteamericano.

Todo intento de liberación por parte de los trabajadores y del pueblo ha sido ahogado en sangre y, cuando, en su afán de engañar al pueblo, algunos gobiernos (como el actual) han "cedido" demagógicamente algunas pequeñas libertades, estas han sido patrimonio de las clases dominantes.

De allí que nuestros trabajadores no gocen de los más elementales derechos, no tengan ninguna protección en el trabajo, las compañías se den el lujo de lanzar despidos en masa (6 000 trabajadores de una sola vez) sin ninguna indemnización; no existe el seguro social, no existe un código de trabajo, no existe prácticamente el derecho de organización (tampoco existe desde el punto de vista jurídico; nuestra Constitución no lo prevé), etc.

Toda esta situación de completo desamparo de las masas trabajadoras, unida al creciente costo de la vida, de la inflación monetaria desmedida, la disminución de los salarios reales de los trabajadores (se ha comprobado, según los mismos datos oficiales, que el poder adquisitivo del "lempira" ha disminuido en un 159 %), etc. Toda esta situación, que se hacía cada día más intolerable, hacía crecer la indignación de los trabajadores por todo el país y solo esperaban el momento oportuno para lanzarse a la protesta pública, a la lucha abierta contra tal situación de miseria, de sometimiento y de falta de los más elementales derechos. Claro está que en esta agitación creciente tenía algo que ver no solo el hecho de que, al otro lado de la cordillera del Merendón (Guatemala), los obreros se anotaran triunfos decisivos contra el mismo odiado patrón (la United), sino también el trabajo paciente y abnegado de docenas de compañeros UNITARIOS que, desde hace varios años, con peligro de su vida, se han lanzado a los campos y centros de trabajo a difundir las consignas del sindicalismo revolucionario, a preparar a las masas para la lucha por sus reivindicaciones más sentidas, etc. Muchos de ellos han sido asesinados, otros han sido expulsados del país, otros guardan prisión y la mayoría son perseguidos y tienen que vivir y luchar en la más completa clandestinidad.

"Lucha Obrera"

Con la desaparición del Comité de Unidad Sindical, CUS, cuyos miembros fueron arrestados, desintegrando con ello toda la labor que había venido desarrollando ese Comité de corta vida, se planteó la necesidad de constituir otro Comité que, actuando en forma clandestina, se encargara del problema de la organización sindical, de la lucha por las demandas de la clase obrera hondureña, de la organización de un vocero sindical para la educación política de las masas, etc. Como consecuencia de esta necesidad y de este esfuerzo nació el "Comité de Lucha Obrera", que habría de jugar tan importante papel en la lucha que se avecinaba.

Primeros brotes de descontento

El gobierno galvista, con el propósito de contener el creciente movimiento revolucionario de los trabajadores, se ha visto en la necesidad de "regalarnos" con leyes y decretos laborales de tipo reformista. Ejemplo de ello son: la Ley de Accidentes de Trabajo, de Protección a las Mujeres y Menores en el Trabajo, el Decreto 96 sobre los Días Feriados y Domingos, etc. Leyes que, como se les ha explicado pacientemente a los obreros, no se pueden considerar ni mucho menos como un verdadero código de trabajo, puesto que solo tocan algunas "esquinas" del problema y solo proceden —al dictarlas— a matar el empuje revolucionario de las masas obreras. Sin embargo, el Comité de Lucha Obrera ha insistido en la necesidad de luchar por hacer valer el contenido, la letra y el espíritu de tales decretos, por reformistas que sean. Aprovechar todos estos decretos y leyes para movilizar a los obreros y lanzarlos a la lucha por las demandas mínimas que, reconocidas por tales decretos, no son cumplidas.

En tal sentido, se inició un movimiento por el reconocimiento del salario doble en horas extras trabajadas o en días feriados o domingos, tal como lo reconoce el Decreto 96. La United se negaba de manera rotunda a reconocer más que "tiempo y medio" y solo pretendería hacerlo cuando los obreros trabajaran en días conceptuados como "feriados" (lo que no incluía el domingo). Los trabajadores de los muelles de Puerto Cortés fueron los primeros en manifestar su descontento. Otro tanto hicieron los muelleros de la Standard en La Ceiba.

Con tal motivo se hicieron presentes en ese sector dos delegados de "L. O." (Lucha Obrera) a fin de asesorar a los compañeros que estaban dentro de tal movimiento. Se inició la protesta usando la conocida táctica del "paso de tortuga". La compañía se alarmó y despidió a un trabajador a quien consideraba como el "dirigente" y promotor de la "rebelión": todos los muelleros se cruzaron de brazos y se negaron a cargar el barco. La empresa intentó romper el movimiento cargando en el Puerto de Tela, pero los muelleros de este puerto, advertidos, iniciaron otro movimiento semejante y se declararon solidarios a los de Puerto Cortés. "L. O." entró en contacto con los dirigentes muelleros y elaboró con ellos un pliego de peticiones en que se incluían ya otras reivindicaciones, entre ellas, el derecho que tenían para organizarse y defender sus derechos. Se hizo presente en la escena el Ministro de Gobernación, general Inestroza, quien, desde el comienzo, se puso abiertamente de parte del monopolio, amenazando a los dirigentes UNITARIOS con expulsarlos del país si no firmaban un acuerdo por el cual se comprometían a "esperar" 15 días mientras el gobierno y la Cía.

arreglaban el asunto y a no hacer ningún movimiento que implicara perjuicios para la empresa.

Era evidente que se trataba de maniatar a la clase obrera con un documento en el que se estipulaba precisamente el número de días que esperarían los trabajadores con esa tregua. La presión y la intimidación hicieron vacilar a algunos dirigentes, que se vieron obligados a firmar el documento y a volver a sus labores. A estas alturas el movimiento abarcaba ya a los departamentos de mecánica, ferrocarril, construcción y otros que se habían solidarizado con los muelleros. Aumentaba la agitación, principalmente entre los trabajadores de los muelles, mecánica e ingeniería de Puerto Cortés y Tela. "L. O." se hizo presente en estos sectores a fin de ayudar a los compañeros nuestros, que ya tenían allí cierta influencia sobre los trabajadores, a redactar cartas o pliegos de peticiones que contemplaban las más sentidas reivindicaciones de los obreros de esos departamentos, dando a la empresa un término no mayor de una semana para resolver favorablemente, amenazándola con el paro. Estos pliegos llevaban como demandas fundamentales —las recomendadas por el III Congreso Sindical Mundial (de Viena)— aumentos de salarios, disminución de la intensidad del ritmo de trabajo, seguro social y reconocimiento del derecho de organización por parte de los trabajadores.

Al mismo tiempo que esto sucede en el sector de la costa propiamente dicho, se registra también cierta agitación en el sector de El Progreso y de Lima (cuartel general de la United). En la ciudad de El Progreso, los trabajadores de la construcción habían iniciado un movimiento de resistencia al intento de la empresa de imponer "trabajos por contrato", que implicaban una disminución notable en los salarios y un aumento de las horas de trabajo. El departamento de ingeniería se une a la lucha en señal de solidaridad. En ambos departamentos funcionan desde hace algún tiempo comités clandestinos que ahora dirigen y encauzan la lucha que se inicia. En Lima, donde las condiciones de represión son aún más agudas que en ningún otro sector, ya que esta aldea sirve de base de operaciones a la United y las "autoridades" locales son verdaderas pandillas armadas a sueldo que capturan, torturan o liquidan a los dirigentes sindicales y demócratas.

En este lugar es el departamento ferrocarrilero el que ya tiene cierta tradición de lucha, pues ha sostenido una lucha durante más de 10 años por la organización del gremio ferrocarrilero; ha perdido no pocos elementos, que han sido capturados y expulsados del país. No es extraño, pues, que por motivo de los acontecimientos ocurridos en el sector costeño, nuestros compañeros se movilizaran para la lucha que presentían. Todo esto ocurre en los últimos días del mes de abril; mayo se acerca...

"Primero de Mayo"

Tal es la situación prevaleciente en el sector de la Costa Norte, cuando el Comité de Lucha Obrera, siguiendo los acuerdos tomados en el III Congreso Sindical Mundial, lanzó una hoja volante dirigida a los trabajadores de Honduras, en la que se hace un llamamiento a fin de que todos los obreros se lancen a la calle, hagan manifestaciones, mítines (donde las circunstancias lo permitan), enarbolen las consignas más sentidas y luchen por ellas: aumento de salarios, disminución del ritmo de trabajo, seguro social, justa aplicación del Decreto 96, abolición de la Ley Fernanda (antiobrera), contra la carestía de la vida, por el derecho a la organización y por las libertades democráticas y la paz.

Este llamamiento, que fue distribuido el día último de abril en la noche, tuvo hondas repercusiones entre los obreros de la ciudad de San Pedro Sula, principalmente entre los obreros de la Fábrica de Cigarrillos "King Bee", la Embotelladora "Regia" (CERVECERÍA) y otras.

"Estalla la huelga"

Mientras tanto, en la ciudad de El Progreso, donde nuestros compañeros habían venido preparando una demostración para el Primero de Mayo, han dado los últimos "toques" al movimiento pacientemente organizado, y el día Primero de Mayo en la mañana se inicia la manifestación obrera (la primera en su género en Honduras) con la participación de los trabajadores de la ciudad y varios centenares que han venido de las fincas de la United. A pesar de las amenazas de represión que hay, se reúnen miles de obreros que desfilan por las calles de la ciudad entonando el Himno Nacional, y termina con la participación audaz de varios oradores que hacen uso de la palabra para demostrar el descontento de las masas trabajadoras y exteriorizar los deseos y anhelos que las anima.

Los Comités de los dptos. de Ingeniería y Construcción se preparan para el "paro" que tienen acordado para el día 3 de mayo. El día 2 de mayo se reúnen los integrantes del Comité de Huelga, formado con elementos de ingeniería y construcción, para dar los últimos toques a los preparativos.

Se han enviado algunos compañeros a las fincas para que se sondeen las posibilidades que hay de que los "campeños" apoyen este movimiento. "L. O." sugiere un movimiento huelguístico en cadena, huelgas parciales de 24 horas en los campos, para distraer la atención de las autoridades y evitar que concentren tropas y repriman la huelga local de Progreso. Mas el entusiasmo que hay en las fincas es tal, que "espontáneamente" deciden ponerse también en huelga y reconcentrarse en El Progreso. El día 2 por la noche miles de trabajadores de las fincas abandonan sus campos y se ponen en camino hacia la ciudad.

El día 3 de mayo los obreros de Ingeniería y Construcción se declaran en huelga, pero las calles de la ciudad están ya atestadas de trabajadores que, con mujeres y niños, llegan por miles y también se unen a la huelga.

El día 4 estalla el movimiento en Tela (comenzando por Mecánica y Hospital). Al igual que en El Progreso, se procede a organizar un Comité de Huelga integrado por representantes de cada departamento en huelga; este Comité resulta demasiado amplio y, con el propósito de centralizar la dirección, se constituye el "Comité Técnico Ejecutivo" de Huelga, que queda en manos de elementos UNITARIOS. Este mismo día siguen llegando a El Progreso centenares de trabajadores de las fincas. "L. O." se hace presente a fin de asegurar a los compañeros del Comité de Huelga, que comienzan a recibir a los delegados nombrados por las asambleas y que vienen a exponer sus problemas, sus necesidades, etc. Llueven los "pliegos de peticiones" a la gerencia de la empresa. El día 5 estalla la huelga en Lima. Pero las vacilaciones de algunos compañeros y las amenazas de las autoridades hace que se pierda el empuje inicial y muchos empleados regresen a sus labores, amenazando con quebrar el movimiento por falta de fuerza. En vista de ello, el día 7 de mayo el Comité de El Progreso acuerda reconcentrar en Lima a los trabajadores de la División de Puerto Cortés, que, en número aproximado de 1 500, se van para ese sector y "arrastran" con su empuje a todos los demás empleados y trabajadores de los departamentos que aún permanecen en sus labores. Se asegura el movimiento en Lima, pero ya se han introducido en la dirección elementos oportunistas y agentes de la empresa que se aprovechan de la vacilación de los nuestros para atrapar los puestos claves en el Comité y en el "Secretariado Supremo" (nombre con que ellos designan al grupo que en realidad capitanea el movimiento, pasando por encima del C. de H., que resulta impotente para controlar los manejos de esta gente).

Aún no ha estallado el movimiento en el distrito de Bataan ni en Puerto Cortés, donde los compañeros, "atados" a un compromiso con el Ministro Inestroza, aún se mantienen indecisos, haciendo, con esta errónea actitud, las veces de "rompehuelgas". En vista de ello se moviliza un delegado de "Lucha Obrera" a ese puerto. Al mismo tiempo, el Comité de Tela ha enviado otro delegado con más de 800 huelguistas, que se hacen presentes en Cortés el día 8 de mayo. Los elementos UNITARIOS se deciden por la huelga y constituyen inmediatamente el Comité de Huelga. Al mismo tiempo, se extiende la llamarada de la rebelión al distrito de Bataan, quedando con ello totalmente paralizadas las actividades en todo el sector de la United. Solamente en la ciudad de El Progreso se han dado cita más de once mil trabajadores con sus familias, creando un grave problema con el asunto de la alimentación.

Se reorganizan los Comités de Huelga con la participación de los delegados de los distintos sectores y centros de trabajo que se ponen en huelga. Nuestros compañeros apenas se dan alcance en la dura tarea de organizar comités sindicales departamentales.

Los Comités de Huelga acuerdan la intervención de los transportes y teléfonos. Solo queda en manos de la empresa la estación de radio, que ya está custodiada por fuerzas del gobierno.

A fin de evitar actos de sabotaje que puedan perjudicar la huelga o dar motivos para que se desate la represión que se prepara, los comités constituyen comisiones de vigilancia adjuntas a los centros de dirección. Estas comisiones organizan pelotones de policía huelguistas a fin de cuidar instalaciones, puentes, tanques de gasolina, etc., y guardar el orden entre los huelguistas.

Se establece un control riguroso en los centros de huelga: nadie puede salir o entrar sin portar un salvoconducto firmado por el Comité de Huelga. Por algunos días la situación queda prácticamente en manos de los comités, que constituyen verdaderos organismos populares que representan la voluntad de 25 000 trabajadores y sus familias. Las autoridades están en franca desventaja y no se atreven a tomar medidas represivas, además de que los trabajadores que fueron armados para ayudar al gobierno han confraternizado con los huelguistas y se niegan a hacer un solo disparo contra los obreros.

Se nombran comisiones de auxilio que salen a las casas de comercio, a las ciudades y poblaciones vecinas y visitan organizaciones culturales y sociales para pedir ayuda. Una vez más se pone de manifiesto la indisoluble solidaridad entre el pueblo (sin distinciones) y los trabajadores. Tanto la pequeña burguesía del campo como los comerciantes e industriales nacionales tienen también reivindicaciones frente al pulpo frutero; de allí que miran con creciente simpatía el justo movimiento reivindicador y se apresten para ayudar con dinero, con víveres, con medicinas, etc.

Las comisiones de la Secretaría de Prensa y Propaganda no se dan descanso en la tarea de mantener en alto el entusiasmo, la moral de las masas. Por medio de altoparlantes mantienen la atención de los huelguistas con discursos, música, explicaciones de índole sindical, presentación de conjuntos artísticos que vienen a demostrar su simpatía por el movimiento, haciendo representaciones variadas: artistas, cómicos, estudiantes, mujeres, niños desfilan diariamente animando a los huelguistas a mantenerse firmes. Se emiten boletines cada cierto tiempo dando cuenta del curso de los acontecimientos y de las primeras negociaciones. La empresa maniobra también: provocadores, sacerdotes, "compañeros", hacen uso de la palabra, queriendo provocar la desconfianza entre los obreros, acusando de "comunistas" a los elementos más destacados. Los sacerdotes dicen "misas", los pastores evangelistas "cultos", tratando de adormecer a la masa, quitarle su combatividad, pero también son desenmascarados.

Mientras tanto, estallan huelgas de solidaridad entre los obreros de las compañías madereras Babún y se inicia un movimiento casi idéntico por sus fines y por su fuerza en el sector dominado por la Standard. Desgraciadamente, nuestros compañeros allí (en La Ceiba) han sido detenidos varios días antes, dejando así la dirección en manos de liberales, reformistas y gente oportunista que, desde el comienzo mismo de la lucha, se entienden con la empresa y con la comisión mediadora del gobierno. Los trabajadores de las fincas se mantienen firmes, pero no se agrupan en un sector determinado como los de la United, sino que se quedan "embotellados" en sus respectivos campos, debilitando con ello la huelga. En La Ceiba se declaran en huelga los obreros de las fábricas de manteca "La Blanquita", embotelladora, la de camisas, los muelles, etc. Pero el movimiento ha perdido fuerza desde el comienzo por la mala dirección, por las vacilaciones y por la traición de los dirigentes: las fincas apenas están representadas por un individuo llamado Carlos Sandoval, que entra luego en arreglos con el C. C. y se olvida de presentar las demandas de sus representados.

El gobierno "interviene"; los libros de la compañía declaran que esta está en quiebra, que apenas ha obtenido un millón de lempiras de ganancia (?) y que no está en capacidad de acceder a las demandas de los trabajadores. El C. C. acepta un hipotético 40 % de las utilidades netas de la Cía., que en la práctica se traduce en un aumento del 5 y del 10 %. Se firma un contrato vergonzoso que deja por fuera las reivindicaciones de los trabajadores de las fincas. Este documento "garantiza" el aumento de salario en un 10 % y las vacaciones para los trabajadores que devengan más de 150.00 lempiras mensuales (la mayoría de los trabajadores que puedan devengar tal cantidad, por ganar 5.00 lempiras diarios, laboran por contrato y solo trabajan 23 o 24 días del mes). Pero con esta medida quedan casi todos los "campeños" excluidos de los supuestos beneficios de tal contrato, puesto que apenas devengan 3.60, 4.10, 4.30 lempiras diarios y trabajan menos de los 31 días del mes. El C. C. se entregó completamente en manos de la empresa y la comisión mediadora. Se usó de la intimidación contra los "campeños" que se mantenían firmes y no querían regresar a sus labores. "Lucha Obrera" envió un delegado a oponerse a los sucesos y a prestar ayuda a los huelguistas.

Como se hiciera presente cuando ya los acontecimientos se habían precipitado y la huelga estaba prácticamente quebrada, se fue directamente a los campos, trató de acumular fuerzas en "Coyoles Finca", tomar por la fuerza los trenes y marchar hacia La Ceiba y barrer con el C. C. para proseguir la huelga, pero era evidente que se había perdido ya mucha fuerza. Era más prudente retroceder para mantener la UNIDAD forjada en la lucha. Fue detenido por las autoridades, que lo tomaron como rehén y amenazaron con "liquidarlo" si los huelguistas no regresaban a sus labores. Estos lo canjearon, acordaron regresar al trabajo y nuestro delegado, en compañía de otros compañeros, fue llevado en avión a La Ceiba, donde se le mantuvo en la cárcel por 6 días. La huelga en ese sector había terminado, pero las demandas que determinaron el movimiento quedaban en pie. Los trabajadores regresaron a sus labores por acuerdo nuestro para evitar efusión de sangre y evitar una derrota que implicara un golpe psicológico tan duro que hiciera imposible otro movimiento en un futuro cercano. Era necesario volver al trabajo paciente, en la base: organización y más organización —el sindicato único—. Acumular fuerzas para un nuevo ataque: tal fue y sigue siendo la tarea en ese sector como en muchos otros. Los nuestros la han tomado en sus manos con decisión y entusiasmo.

Mientras tanto, en la United, en la "Huelga Grande", como dio en llamársela, "Lucha Obrera" recomienda la creación inmediata de un Comité Central que se constituya en la autoridad máxima de la huelga, que centralice la dirección del movimiento y evite la posibilidad de que la empresa, por manejos turbios, por soborno, etc., logre tener un arreglo por separado con uno de los cinco comités existentes. Hay que evitar arreglos unilaterales; tenemos razón para temer tal desenlace, dada la situación prevaleciente en Lima, donde un aventurero (Valencia), con otros tipos de su calaña, se han adueñado de la situación (amparándose en la protección oficial), engaña a los trabajadores con su demagogia y se entiende con Aycock (Gerente General de la Tela Railroad Co.).

Nuestros elementos se movilizan en tal sentido y proponen candidaturas a las asambleas de los trabajadores. Nos anotamos un triunfo. Quedan electos, por abrumadora mayoría, los candidatos nuestros. Lima trata de boicotear la elección, pero la audacia de los nuestros saca triunfante a la planilla UNITARIA. Se declara a El Progreso sede permanente del C. C. H., que queda integrado con 3 representantes de cada sector, dando un total de 15 delegados. Se nombran también asesores. Por Lima: tres. Por El Progreso: tres. Por Puerto Cortés: tres. Por Tela: tres. Y por Bataan: tres. (Posas y Rosales, junto con Cabus —también de Bataan—, se convertirían más tarde en verdaderos policías, delatando y acusando a varios de nuestros compañeros de "comunistas" y sirviendo de testigos en los procesos que, con tal motivo, se les instruyó). El C. C. H. nombró asesor jurídico, a quien se intentó detener cuando se disponía a salir de la capital; se le cercó en su casa y se le prohibió salir. Mientras tanto, por recomendaciones de compañeros, se sustituyó a este asesor jurídico (temporalmente) por otros dos, quienes se hicieron presentes en las primeras deliberaciones que sostuvo el C. C. H. con la Comisión Mediadora y los representantes de la United.

Se cometen serios errores

No queriendo darle motivos a la United para que rehuyera las negociaciones, se acordó trasladar el C. C. H. a San Pedro Sula, después de un acalorado debate en que la mayoría estaba porque las pláticas fueran en El Progreso o, en su defecto, en cualquiera de las cinco terminales. Sin embargo, se llegó a un acuerdo en el sentido de que se harían en San Pedro Sula. Mientras tanto, el C. C. H. acordó fiscalizar a todos los Comités Locales de Huelga, que quedaban ya bajo su mando y jurisdicción. Se intentaba también desenmascarar a Valencia y su pandilla y destituirlo de la Secretaría General (segundo gran error), pues se desestimó la fuerza, el arrastre que aún tenía este "aventurero", y las masas de Lima por poco linchan a los delegados del C. C. H., a quienes acusó Valencia de ser "comunistas", de tener una verdadera "dictadura proletaria" en El Progreso, etc.; acusaciones de las que no tardó en hacer eco la prensa a sueldo de la United, que al principio había guardado silencio con respecto a nuestro movimiento, intentando aislarlo, pero logramos romper esa conspiración de silencio enviando delegados con cartas a los diarios independientes.

Por nuestro consejo, el líder de Lima se dirigió a la CTAL demandando solidaridad; intentábamos ponernos en contacto con ustedes y, a la vez, sabíamos que la CTAL se encargaría de demandar ayuda de las demás centrales continentales y también demandar solidaridad de la FSM. La prensa, puesta sobre aviso por la Tropical Radio, dio la alarma y comenzó una campaña contra el líder de Lima y demás "agentes del comunismo" enclavados en el corazón de la huelga.

Nuestros cuadros, que no son numerosos, están ya, en las primeras semanas de huelga, cansados, agotados por las duras tareas en las que no están duchos: trabajan todo el día y, a medianoche, se sesiona para hacer el balance del día, estudiar los problemas suscitados, enmendar errores, cambiar de táctica con arreglo a la situación y resolver el problema de la alimentación, que se agudiza.

Durante el día, nuestros oradores hacen uso del micrófono para empezar a hacer campaña entre la masa sobre organización sindical, sobre la necesidad de organizar los subcomités sindicales por finca y departamento y de crear el sindicato único, como la garantía de que se cumplirán los acuerdos que se firmen con la empresa y se respetarán las conquistas obtenidas con tanto sacrificio. Se les habla, incluso, de la necesidad que hay de ligarnos al movimiento obrero internacional; les explicamos qué es y quién es la CTAL y la FSM; la moral continúa como el primer día, la iniciativa, el poder creador de las masas es tremendo; resuelven de la manera más rápida, lógica y espontánea los problemas que surgen a cada minuto. Cuidan con celo envidiable los bienes de la Cía., que trata, por todos los medios, de sabotear sus mismas instalaciones a fin de echar la culpa a los huelguistas y justificar un atropello. Un obrero denuncia a Mr. Patti, quien le ha pagado para pegar fuego a unos tanques de gasolina; crece la indignación. Otros altos empleados de la empresa, como Prowse, Lesange, Patti, intentan fugarse... pero son capturados por los huelguistas, que los reconcentran en la llamada "Zona Americana" y les prohíben salir... Es tal el odio de los trabajadores que el Comité no les garantizaba ni la seguridad personal.

El gobierno trajo soldados de la "Básica Militar" y tropas, en su mayoría integradas por campesinos. Se inició entonces una campaña para exigir respeto por los huelguistas; se hacían llamamientos a la confraternización, se les enviaron saludos a los soldados "campesinos", explotados también como los huelguistas, etc.

Comenzaron las negociaciones en la ciudad de San Pedro Sula, a principios de la segunda semana de huelga. El CCH, obligado por la presión que hacen sus propios asesores (Arellano y Milla), entra a la discusión de 4 puntos previos (de la empresa) sobre la apertura de comisariatos y la salida de uno o varios trenes para "llenar las bodegas" de los mismos. Se ha desviado a los delegados del CCH de la discusión principal (los 30 puntos) para llevarlos a una trampa. Se intenta con esto debilitar la huelga, porque la apertura del comisariato implica ya la presencia en esos puestos de muchos trabajadores; además, se moverían varios trenes, habría que poner a trabajar a los encargados de la limpieza de vías, los de mecánica, etc. Se rompía así la huelga; la maniobra era clara, pero los delegados del CCH se comprometieron a firmar el acta. Mas el asesor jurídico ha escapado del cerco policiaco y llega a San Pedro a ocupar su puesto. "L. O." critica la actitud de los delegados al dejarse arrastrar por Arellano y se acuerda la presencia de … como jefe de la delegación, que se hace presente en San Pedro nuevamente llevando ya como asesor a …; se le exige la renuncia a Arellano y Milla por sus manejos y se niegan a firmar el acta que implica una traición para los huelguistas. La prensa reaccionaria hace un escándalo, aprovechando la coyuntura que les da la presencia de …; en el momento mismo, los delegados cambian de táctica para decir que es él el que ha metido las manos allí… que el "CCH ha demostrado su intransigencia", etc. La Cía. rompe las pláticas y se retira.

El compañero … se hace presente en Lima con … y otro más para dar un informe a los trabajadores sobre la conducta del CCH; el traidor Valencia, avisado de la llegada de esos delegados, les pone una trampa y los entrega esposados al comandante de La Lima, que los envía a Tegucigalpa acusados de "comunistas"… Ya antes ha caído en garras de este aventurero el querido líder …, que se hizo presente en Lima para "desenmascarar", ante los mismos trabajadores, toda la traición de que están siendo objeto por parte de este descarado agente que se entiende con los magnates fruteros a través de un sacerdote (Capdevilla). Desgraciadamente, … no ha escogido el momento apropiado, ya que todo el aparato del comité está aún en manos de los agentes de Valencia, que tienen el control sobre la masa allí reconcentrada, y los nuestros, parapetados en el ferrocarril y la mecánica, en vista de la persecución y de una campaña de intimidación, se han retirado del campo de la huelga… … es también apresado y casi linchado por los secuaces de Valencia y enviado esposado a Tegucigalpa. Al mismo tiempo, … es acusado de "rebelión" y obligado a refugiarse en El Progreso. Milla y Arellano se dan a la tarea de formar otro CCH con gente "dócil y menos intransigente"; para ello no vacilan en ocupar el mismo avión de la empresa y llevar consigo varios soldados. Se inicia una "purga" de dirigentes honrados y UNITARIOS; son obligados a esconderse, a mantenerse dentro del radio de la huelga para evitar ser capturados. Es evidente que el gobierno se siente fuerte con los refuerzos traídos y se ha lanzado al contraataque.

El comité fantasma

El C. de Lucha Obrera recomienda entonces la retirada de los elementos unitarios que aún están en puestos que los expone a la represión. Es necesario salvar estos cuadros y hacerse fuerte en los subcomités sindicales y en las seccionales, y entregarse de lleno a la organización. Se ve claramente que la empresa no está dispuesta a negociar sobre la base del pliego de los 30 puntos. Hay que salvar la organización sindical y, ante todo, la unidad de los trabajadores forjada en la lucha.

Se forma un nuevo Comité Central, en el que logramos colocar tres compañeros nuestros (de un total de 15). Se inicia entonces la segunda etapa de la huelga. Y se pone en marcha un nuevo procedimiento de negociación que tiene por objetivo dilatar la misma, romper el movimiento por el hambre y enmarañar a los delegados de tal manera que se vean obligados a aceptar los "términos conciliadores" de la comisión, que ha reducido el pliego original de 30 puntos a 6; el CCH se reúne con la comisión y se retira, mientras esta se reúne a su vez con los delegados fruteros, y todo por escrito.

Mientras tanto, escasean los alimentos. A pesar de que, como nunca, se ha manifestado la solidaridad del pueblo hondureño, diariamente se reciben telegramas, radiogramas y cartas de toda Honduras y del continente, instándonos a mantenernos firmes. Es maravilloso el ejemplo de las mujeres de los huelguistas, que se multiplican en la cocina, en los hospitales, en las oficinas de la huelga (hay oficinas de inscripción sindical, de información, etc.). Madres que ven morir a sus hijos en los brazos; tal es el cuadro que presenta esta gente que, a las dos semanas y pico de huelga, bajo el sol y bajo la lluvia, aún permanecen firmes y gritan, con labios agrietados por el hambre y la intemperie, "¡que siga la huelga!".

Al mismo tiempo, Lucha Obrera se hace presente en todas partes; su llamamiento a la solidaridad, lanzado a los obreros de San Pedro Sula y Tegucigalpa, es escuchado y se declaran en huelga de solidaridad —por aumento de salarios, por la libre sindicalización— los obreros de la Fábrica King Bee, Regis, Camiserías "Presidente Paz", "Bolívar", "Charalco", "Selecta", "Sikaffy", "Esperanza" y otras. Algunos patronos, con lujo de crueldad, cierran las puertas de la fábrica y obligan a las trabajadoras a permanecer a la intemperie. Otros patronos, temerosos ante el giro que toman los acontecimientos, se adelantan y ofrecen aumento hasta del 40 % a sus empleados.

En el lugar denominado "Mochito", Depto. de Sta. Bárbara, en la mina de oro y plata de la Rosario Mining Co., los mineros, que han esperado ya muchos años este momento, se declaran también en huelga.

El reguero se extiende hasta la capital, donde estallan huelgas en las camiserías y en la fábrica de fósforos y en la de Hilados y Tejidos, haciendo con esto un total de 5 000 obreros más que se suman al vasto movimiento nacional. En algunos lugares tan distantes del "centro neurálgico" como Danlí, en el Depto. del Paraíso (cerca de Nicaragua), prende también el entusiasmo y los zapateros hacen un intento por llegar al paro, pero son atendidas sus demandas. Hay conato en Zamorano, en los ingenios de azúcar y otros.

Todas estas huelgas, en su mayoría, fueron dirigidas por nuestros cuadros, que, con errores y todo, hicieron una magnífica labor.

En la capital son puestas en la cárcel las trabajadoras que integran las comisiones de vigilancia y que se han hecho fuertes en la entrada de las fábricas para evitar la entrada de rompehuelgas. A pesar de la intimidación, se mantienen firmes alrededor de sus pliegos de peticiones. Cantan nuestro himno, izan la bandera nacional en los centros de huelga.

Hecho curioso: los campesinos, principalmente en los departamentos de Atlántida, Olancho y Yoro, se hacen presentes en la huelga y piden que se les organice y se les diga si es necesario que "ellos también se declaren en huelga".

En la capital se inicia una represión dirigida principalmente contra nuestros elementos, con la intención de descabezar el movimiento. Son puestos en la cárcel hasta los integrantes de los comités de ayuda y otros pertenecientes a la Seccional del Comité de Lucha Obrera, que aún guardan prisión.

Cabe señalar aquí que la Universidad Nacional se hizo solidaria con nosotros desde el primer momento, pero, desgraciadamente, en su dirección hay elementos que, olvidándose de su condición de universitarios, se prestaron a servir de portavoces de determinado partido político (Liberal), que trató de agarrar, por este medio (se ofrecieron como mediadores en el conflicto), la dirección de la huelga. Puestos sobre aviso, se les puso la mano y se les hizo ver —como a los demás elementos que, siguiendo determinadas consignas partidarias, trataron de hacer campaña por determinado candidato presidencial— que no permitiríamos que nos dividieran con sus maniobras.

Mientras tanto, la persecución de que eran objeto los dirigentes UNITARIOS ha llegado a su clímax. Algunos que fueron encarcelados, como en Puerto Cortés, fueron liberados por la misma masa, que se hizo fuerte frente a la policía y exigía día a día su libertad. Pero otros tuvieron que hacer frente a la avalancha de huelguistas que, engañados por agentes disfrazados de la empresa y del gobierno, trataron de capturarlos y entregarlos. ¡Tal era la confusión que sembraban los agentes de la United!

Al mismo tiempo que "seguían las negociaciones" en San Pedro Sula, nuestros compañeros trabajaban apresuradamente en el proceso de organización del sindicato, en el cual poníamos todas nuestras esperanzas futuras.

Se organizaron oficinas de inscripción donde los huelguistas iban a patentizar su deseo de sindicalizarse. Organizadas las estadísticas, se pasó a la constitución de los subcomités por finca, por departamento y por taller. El mismo proceso se siguió en Tela, Puerto Cortés y Lima y, a pesar de la oposición de los traidores, que se horrorizaban ante la palabra "sindicato", se vieron obligados a ceder, tal era la presión de las masas, en las que había prendido la consigna nuestra: "sin sindicato no hay garantías, sin sindicato es nula la huelga; a la organización".

Con elementos de los subcomités se integraron, a continuación, las seccionales, que inmediatamente comenzaron a funcionar. Se puso entonces de manifiesto una dualidad de poderes. Desde abajo, seguíamos dirigiendo a los trabajadores. Esta situación se puso más en claro aun cuando se desencadenó la intervención contra la hermana República de Guatemala. Agentes de la United y del gobierno venían a ofrecer descaradamente la cantidad de "100.00 lempiras en adelante y 5 diarios para ir a trabajar a la sierra" (en otras palabras, para ir a "matar obreros guatemaltecos"). Otras veces actuaban con más descaro y decían "a defender la patria amenazada por los chapines"... Nuestro Comité tomó los micrófonos y desenmascaró a esos traidores, lanzando a su vez esta consigna: "NI UN SOLO HONDUREÑO PELEARÁ CONTRA GUATEMALA"; nadie tomará un fusil para matar obreros que luchan también contra el mismo enemigo: LA UNITED.

Pero tiempo después, y con motivo de la masacre de obreros y estudiantes hecha en la capital, cuando aquellos trataban de sacar una manifestación de apoyo a Guatemala, se puso de manifiesto otra vez el arrastre de nuestro Comité Seccional, que organizó otra manifestación de protesta por el atropello a los estudiantes y en apoyo del pueblo y gobierno guatemalteco. Las masas respondieron en forma entusiasta.

En varios lugares hubo choques con la Policía Militar "Escuela Básica"... como en Tela, donde el pueblo que trataba de unirse a los huelguistas en manifestación fue interceptado por tropas armadas. Un niñito de escuela, que portaba bandera nacional, fue atacado por un soldado con bayoneta calada. Esto indignó a tal grado a los manifestantes que entonaron el Himno Nacional y, firmes y decididos, atravesaron el puente. No los detuvieron, y el soldado fue denunciado, y se obligó a las autoridades a prenderle.

En Lima quisieron provocar un levantamiento, siempre con el propósito velado de culpar a los huelguistas de "rebelión" y poner en el paredón a los dirigentes. Trataban de descabezar a todo trance el vasto movimiento huelguístico. Acosados por el hambre, algunos huelguistas pidieron permiso a las autoridades para ir a unas milpas a cortar "algunas mazorcas de maíz". El permiso les fue dado, mas la cobardía y la vesanía de individuos como el comandante Eduardo Galeano no tardó en revelarles lo poco que se podía confiar en la palabra de un asesino a sueldo de la United. Sin ninguna piedad, abrieron fuego las ametralladoras contra los presuntos "ladrones" y quedaron, como saldo trágico de esta nueva aventura del célebre "Guayo", varios heridos y una pobre mujer muerta en estado de embarazo. Se envió una protesta al CCH para que hiciera la gestión necesaria ante el Ministerio de Gobernación y pidiera el castigo de los culpables. Mas el señor Ministro contestó que tenía entendido que no había sucedido así, un incidente "sin importancia".

La firmeza indomable de los huelguistas, que ya llevaban más de dos meses en huelga, con las pérdidas subsiguientes para la empresa y con la amenaza de una bancarrota económica para el país, hicieron que el gobierno se asustara. Además, cabía la posibilidad de que la gente, acosada por el hambre y la desesperación, se lanzara a cualquier aventura, y el gobierno no se sentía muy a gusto. Y como no tenía la conciencia muy tranquila en cuanto al "affaire de Guatemala", no podía por menos de soñar con un posible levantamiento de armas desde algún avión... Había, pues, que intervenir, tanto para evitar un posible brote revolucionario como para restaurar "prestigios perdidos", pues la gente hablaba ya de la "criminal paciencia del gobierno en este asunto"...

El señor Ministro de los EE. UU. (Willauer) se decidió a meter la mano al tapete. Habló con Mr. Montgomery (alto empleado de la United) y "lo convenció" de la necesidad que había de entenderse con Gálvez. Este debía intervenir como un "apaciguador" y dar a cada quien lo suyo. Y la farsa se hizo con la cooperación de los asesores Arellano y Milla Bermúdez, que enredaron nuevamente a los delegados del CCH y los trasladaron en avión a Tegucigalpa, más aislados aún de la masa trabajadora.

Mientras tanto, los mismos elementos del CCH, aconsejados por su asesor, habían iniciado "otra limpieza" de los Comités de Huelga de cada terminal; acusaron a los elementos honrados que quedaban aún en la dirección, de tal manera que los obligaron a retirarse, como en el caso de … y de … en Tela, de … y otros en El Progreso y de …

en Puerto Cortés. Era necesario preparar el escenario para el último acto que se preparaba.

A estas alturas es ya evidente que la huelga ha perdido todo el empuje inicial y está en franco retroceso; hay, pues, que saber retroceder para salvar la unidad y los cuadros. Terminan ya las llamadas "huelgas chicas" que, faltas de dirección (la mayoría están en la cárcel o detenidos), van cediendo una a una; logran algunas mejoras de tipo económico y garantizándoles mejor trato. Pero todos los contratos firmados dejan una puerta abierta para el despido en masa ("la compañía no tomará represalias, pero se guarda el derecho de cerrar una que otra dependencia por razones de orden económico").

La Comisión Mediadora, el CCH y los delegados Taillon y Block de la Tela se dan cita en los lujosos salones del "Hotel Lincoln" de la capital y, al calor de las viandas y tragos, firman el documento "memorable" que pone fin a la huelga (ver copia adjunta) y que no dice nada respecto a la organización sindical, sino de "representación de cinco"... La prensa oficial abre sus baterías y canta "aleluyas" al probo "gobernante" que se mantuvo sereno durante el conflicto y que ha demostrado nuevamente su alta condición de verdadero demócrata... Alaba la cordura de los huelguistas... y el espíritu de comprensión que ha animado a la United... Todo está preparado. Se preparan bailes, entrevistas, etc., para demostrar "la alegría de los huelguistas" por el triunfo obtenido.

Los Comités Seccionales organizan una manifestación y los oradores explican a las masas lo que realmente ha sucedido; se hace un balance de la huelga, se fustiga a los "traidores" y se pone en guardia a los trabajadores sobre los nuevos intentos del CCH que, en complicidad con Arellano Bonilla (que se ha dirigido cablegráficamente a Perón, a la ORIT y la CIO), intenta armar un sindicato amarillo o vertical. Se les insta a permanecer unidos y compactos alrededor de sus Comités Sindicales, "única y verdadera conquista de la huelga". Se les explica que la victoria no está en los miserables centavos arrancados a la United con tanto sacrificio, sino en la UNIDAD forjada en la lucha. Ha sido, efectivamente, el primer ensayo en gran escala que hace el proletariado hondureño. Ha conocido, en el transcurso de la lucha, quiénes son sus verdaderos enemigos y quiénes sus dirigentes honrados (guardando cárcel o perseguidos).

El espíritu de lucha de los trabajadores es magnífico; algunos, al irse para sus campos, dicen: "Otra vez, la haremos mejor...", "hay que organizarse ahora para la próxima, ya verán esos canallas"... Durante 69 días de huelga han demostrado un heroísmo sin par. Han demostrado que abnegación, espíritu de lucha y sacrificio hay en las masas trabajadoras cuando están galvanizadas por un mismo ideal.

El pliego de 30 puntos no ha sido conquistado en su totalidad. Queda, pues, como bandera de lucha. Pero los obreros han aprendido una gran lección: que solo se puede luchar organizadamente y que no se puede confiar en "líderes providenciales" que, a la postre, como Valencia y como González, resultan verdaderos ladrones o degeneran en policías. Valencia, el traidor, que tanto daño hizo, es hoy objeto de burla y de desprecio, a tal grado que se ve obligado a emigrar, posiblemente a México, y más que nunca renace el prestigio y la fama de los que, como ......, y otros, purgan hoy en las bartolinas el "crimen" de haber sido fieles a la causa de los trabajadores, que los recuerdan con cariño y que, sin duda alguna, los sacarán de las garras de la policía.

Por razones obvias no mencionamos aquí el nombre de abnegados compañeros que se lanzaron de lleno al torbellino de la lucha y pusieron todo su empeño tanto en el triunfo del movimiento como en la organización del sindicato único, arma futura de los trabajadores. A pesar de las maniobras que hacen algunos elementos, hemos sabido mantener la unidad. Ha sido superado ya el difícil trance en que nos colocó el Depto. de Transporte al retirarse del Seccional, amenazando con una división que sería perjudicial para nuestra causa. Con paciencia y con inteligencia lograremos sortear las dificultades que aún tenemos por delante a fin de evitar que se pierda la única victoria obtenida en dos meses de fiera lucha: ¡LA UNIDAD!

Nuestro problema actual es de organización y establecimiento; es un problema de cuadros, fundamentalmente. No tardarán en hacerse presentes los agentes de la ORIT y, para ello, necesitamos estar preparados a fin de darles la batalla. Hoy más que nunca se hace necesaria la creación de un vocero sindical que sirva de puente entre nuestras organizaciones y la masa trabajadora, que la oriente y la guíe en sus problemas diarios.

Estamos seguros de que lograremos ganarnos el apoyo irrestricto y la simpatía general de los trabajadores, en la medida en que defendamos sus verdaderos intereses de clase y les demostremos que somos la gente más honrada y capaz. Necesitamos, para ello, la ayuda de nuestros amigos de la CTAL y de la FSM. Confiamos en que contaremos con ellos. Aprovechamos esta oportunidad para patentizarles nuestro profundo agradecimiento por la colaboración prestada y les damos la seguridad de que permaneceremos fieles a la consigna del internacionalismo proletario. Que, en la medida de nuestras fuerzas y de las circunstancias, guiaremos a los trabajadores hondureños por el camino acertado, el camino glorioso que nos señala la CTAL y la FSM, únicas organizaciones que expresan los verdaderos sentimientos e intereses de los trabajadores del mundo.

¡SALUD, COMPAÑEROS!

SALUDO DE LA COMISIÓN POLÍTICA DEL COMITÉ CENTRAL A LA XI CONFERENCIA MUNICIPAL DEL D.C.

Queridos camaradas:

reciban, en nombre de la Comisión Política del CC de nuestro Partido, un saludo camaraderil y nuestros fervientes deseos porque los resultados de esta XI Conferencia de los comunistas del D.C. sean los que todos esperamos: el mejoramiento de nuestra lucha en todos los frentes en que a diario tenemos que batirnos contra los enemigos de clase de todos los extremos.

Esta XI Conferencia Municipal del D.C. tiene para nosotros una especial significación. Por una parte, porque es la primera conferencia municipal que celebramos después de nuestro II Congreso que, tal como Uds. lo caracterizan en su informe, significó "el inicio de una nueva etapa en la vida política del Partido, que esencialmente signifique la fiel aplicación de los principios y normas de vida partidaria, la aplicación y desarrollo de un estilo comunista en el trabajo diario de las células y organismos de dirección". Es necesario que en esta conferencia se examine si la nueva etapa en la vida del Partido que inauguramos con el II Congreso ha sido consecuentemente asimilada por todos los camaradas, por todos los organismos de base y por los organismos intermedios. Del examen profundo y minucioso que se haga en este sentido saldrán las más sabias conclusiones, los mejores lineamientos, para corregir lo malo, las fallas en el trabajo político; para mejorar lo bueno; para convertir al Partido en el todo armónico, en el mejor instrumento de lucha.

Por otro lado, se celebra esta conferencia municipal en el marco de una intensificación de la lucha espontánea de las masas. Esta lucha es el resultado de la agudización de la crisis estructural que, desde hace mucho tiempo, padece la sociedad hondureña. Los experimentos híbridos hechos por las clases dominantes por medio del "Pacto de Unidad Nacional" no solo han sido un rotundo fracaso, sino que han puesto de manifiesto la inutilidad de los partidos tradicionales para llevar a cabo los grandes cambios que exige la situación nacional.

"Sostenemos el criterio —ha dicho nuestra Comisión Política en su última declaración— de que la crisis estructural solo puede ser resuelta por un gobierno democrático que cuente con el respaldo decidido de las mayorías populares y que esté dispuesto a tomar medidas radicales para producir aquellos cambios sociales que están a la orden del día, aunque para ello tenga que enfrentarse a la oligarquía terrateniente-burgués y al dominio imperialista".

En la medida en que se agudiza la crisis estructural, en esa misma medida se intensifica la lucha entre las clases; ya que cada una de las clases en pugna trata de salir gananciosa imprimiéndole su propia dirección al proceso del cambio que se avecina.

Esta es la razón para que nosotros examinemos minuciosamente todos los mecanismos de nuestra organización, de manera que podamos ponerla en las mejores condiciones para cumplir a cabalidad su papel histórico, como vanguardia de las masas en la lucha revolucionaria. Es necesario convertir el movimiento espontáneo de las masas en movimiento consciente, llevar a las masas de la lucha por sus reivindicaciones inmediatas a la lucha por el cambio social, hacia el cambio revolucionario. Esta inmensa tarea nos exige que los organismos intermedios aprendan a coordinar y a imprimirle dirección a los organismos celulares; hay que vigilar diariamente la militancia revolucionaria de la célula, no solo en lo que concierne a su vida interna, sino en su papel de dirección de masas. La célula, a su vez, debe planificar la militancia revolucionaria de cada uno de sus miembros, tanto en lo tocante a las tareas internas como al papel revolucionario de cada militante entre las masas populares. Como ha dicho V. I. Lenin: "Hay que preparar hombres que no consagren a la revolución sus tardes libres, sino toda su vida; hay que preparar una organización tan numerosa, que pueda aplicar una rigurosa división del trabajo en los distintos aspectos de nuestra actividad".

En la aplicación de la línea política de nuestro Partido, trazada en el II Congreso, los camaradas del D.C. han obtenido éxitos notables, sobresaliendo entre todos el reciente Congreso de la FECESITLIH. La coparticipación con elementos de distintas tendencias en la dirección sindical, así como la no discriminación de nuestros puntos de vista, es un jalón importante de nuestra lucha por democratizar las organizaciones sindicales. El éxito del Congreso mencionado se debió fundamentalmente a la objetividad de nuestros puntos de vista, a la firmeza con que fueron defendidos y a la serenidad que siempre guardaron nuestros camaradas del frente sindical. Ha quedado claro para nosotros que, en nuestra lucha revolucionaria en las organizaciones populares, es necesario estudiar con profundidad la situación existente en el momento dado, sacar en limpio cuál es la correlación de fuerzas en esa situación y actuar consecuentemente con la misma. De lo contrario, caeremos en toda clase de actos desesperados, como ha sucedido en otras ocasiones. De la correlación de fuerzas depende todo.

Al reiterarles nuestros saludos y nuestras felicitaciones por este magno acontecimiento, deseamos que los resultados de esta conferencia redunden en beneficio de nuestro Partido, de la clase obrera y de la patria.

Salud, camaradas del D.C.

10 de septiembre de 1972.

C. P. DEL C. C. DEL P. C. H.

INFORME DEL COMITÉ MUNICIPAL A LA XI CONFERENCIA DE LA ORGANIZACIÓN DE PARTIDO DEL DISTRITO CENTRAL

Saludo del Comité Municipal:

El Comité Municipal del Distrito Central no puede menos que dar, al inicio de este documento, un efusivo saludo a cada uno de los delegados que asisten a la conferencia, representando a las células, a los invitados de la Dirección Nacional y a todos los comunistas hondureños.

Nuestra aspiración más ferviente es el éxito político en las actividades de todos los organismos partidarios, en particular para el nuevo CM que elegirá esta conferencia.

Esta XI Conferencia debió celebrarse a fines del mes de febrero, cuando se cumplió un año de celebrada la conferencia municipal anterior, pero durante los últimos meses de 1971 y hasta abril de 1972 todos los organismos del Partido concentraron sus esfuerzos en los preparativos de nuestro II Congreso. Precisamente, la atención y empeño prestado por todo el PCH hizo que este histórico evento fuera lo que los comunistas deseábamos: el inicio de una nueva etapa en la vida política del Partido, que esencialmente signifique la fiel aplicación de los principios y normas de vida partidaria, la aplicación y desarrollo de un estilo comunista en el trabajo diario de las células y organismos de dirección.

El II Congreso aprobó los nuevos Estatutos y la Tesis Programática, que nos abren una perspectiva segura para el desarrollo creador de nuestra línea política de acumulación de fuerzas revolucionarias y el impulso progresivo al crecimiento del PCH.

Inmediatamente después de celebrado el II Congreso, el CM empezó los preparativos de esta conferencia que celebramos hoy, ajustada a las resoluciones de la conferencia municipal de febrero de 1971.

El presente político

En el período que abarca desde febrero de 1971 hasta hoy se han acentuado las características de una situación que partió de julio de 1969, mes del conflicto bélico hondureño-salvadoreño. Si el mismo produjo un ambiente de tolerancia política y sus consecuencias económicas no repercutieron ese año, hoy, a más de 25 meses, estas últimas son evidentes: crisis insoportable de subproducción, estancamiento comercial, desesperación de los latifundistas por mantener sus poderes tradicionales y los esfuerzos también desesperados de la burguesía intermediaria por desplazar a aquellos del aparato estatal para administrar sus negocios con manos propias; alza del costo de vida al doble; mayor corrupción administrativa; lucha masiva de los obreros y campesinos por reivindicaciones sociales y económicas.

La tolerancia política solo se mantiene porque la reacción se encuentra sin soluciones a mano para hacerle frente a la crisis y porque los sindicatos y las asociaciones campesinas están a la ofensiva, defendiendo sus intereses inmediatos, pugnando por una solución democrática de la crisis, que dé: 1) salarios correspondientes al costo de vida actual; 2) tierra y recursos financieros para el campesinado. Este frágil equilibrio entre la reacción y las fuerzas democráticas puede romperse por: 1) la presión de los monopolios integracionistas en las esferas oligárquicas hondureñas que tienden a la implantación de un régimen aún más impopular que el presidido por el Lic. Ramón E. Cruz; 2) por una generalización de las recuperaciones de tierra que tengan como respuesta la masacre de campesinos, extensiva, además, a los obreros en las ciudades. Estos dos factores son permanentes y actúan juntos en la relación de fuerzas sociales que configuran el momento político presente.

En torno a la contradicción latifundista (nacionales y extranjeros) y desposeídos de la tierra giran otras fuerzas: sindicatos, Consejo Hondureño de la Empresa Privada, Fuerzas Armadas, partidos tradicionales. La lucha en el campo está en primer plano, realidad ya advertida por los sindicatos que el 29 de febrero se unieron al campesinado en un frente integrado inicialmente por 38 organizaciones sociales de distintos lugares del país y cuyo objetivo esencial es la lucha por la aplicación de la Ley de Reforma Agraria y contener la ola sangrienta iniciada por los terratenientes con apoyo de la fuerza pública y del Instituto Nacional Agrario.

Mientras el gobierno del Lic. Cruz se consagra a defender a los terratenientes desde un INA más derechista que el de la administración pasada, la inestabilidad política del mismo gobierno alimenta constantemente la posibilidad de un golpe militar de Estado que eliminaría la mascarada civilista comenzada después de las elecciones de marzo del año pasado, pero que tampoco llegaría a presentar soluciones democráticas, sino a arbitrar pasajeramente los conflictos sociales. Además, las presiones para que Honduras retorne al seno de la Integración Centroamericana ningún gobierno podrá enfrentarlas si no cuenta con el apoyo del pueblo. Pero con todo, el golpe militar de Estado se cierne en la vida de los hondureños. El contenido del mismo será decidido por el resultado del permanente enfrentamiento entre las fuerzas progresistas, apegadas a los intereses nacionales, y los monopolios y sus aliados internos que explotan las riquezas de Honduras.

No debemos olvidar que las FF. AA. son todavía el instrumento más confiable con que cuentan los monopolios bananeros, los consorcios con sello ALPRO y toda otra manifestación concreta del imperialismo norteamericano en el país.

El golpe militar no significará, necesariamente, un cambio radical en la correlación de fuerzas internas; significará, ante todo, que la fisonomía política actual se desprende de velos, los partidos tradicionales y oficiales pierden más terreno, el Pacto de Unidad clausura y un nuevo margen se abre al juego de las fuerzas políticas en el país; y hasta dónde se extienda el mismo no será el ejército quien lo decidirá, sino la lucha del pueblo por la tierra y por resolver los distintos problemas sociales, que continuará enfrentándose a la oposición oligárquica en todos los niveles.

Después de julio de 1969, la actividad del PCH se intensifica progresivamente en cumplimiento de la línea de acumulación de fuerzas trazada por el IV Pleno del CC, como se demuestra adelante en este informe. Nuevos sindicatos han sido ganados para las consignas del Partido en el movimiento obrero y campesino; más militantes de la clase obrera han venido a nuestras filas y se educan en la teoría revolucionaria del proletariado; la influencia del Partido se hace sentir en la lucha democrática del pueblo y más experiencias organizativas y políticas de masas tiene hoy el PCH. El año transcurrido lo cubrimos con dos Planes Nacionales de Trabajo Emulativo, cuyos resultados analizamos en este informe.

Resoluciones y recomendaciones de la X Conferencia Municipal

A continuación reproducimos cada resolución y recomendación de la X Conferencia, señalando si fue cumplida, si se da cuenta de ella en otra parte del Informe o si no pudo cumplirse.

I. Impulsar una amplia campaña contra la especulación y el alza de precios de los artículos de consumo popular, con la participación de todas las organizaciones de masas posibles.

La campaña ha sido mantenida, particularmente desde el periódico del Partido. Ante la presión organizada, el gobierno se vio obligado a crear el Departamento de Control de Precios. Ahora la lucha de las organizaciones debe orientarse a conseguir que tal oficina cumpla con los objetivos para los cuales ha sido creada.

II. Elevar a la condición de miembros del Partido a aquellos candidatos a miembros organizados en el Plan "XVI Aniversario del PCH", siempre que las células decidan su incorporación.

Esta resolución fue cumplida.

III. Las células tomarán todas las medidas encaminadas a mantener solventes sus responsabilidades financieras básicas: el pago de cuotas y la propaganda política. El CM enviará a cada célula su estado de cuentas respectivo.

Aunque muchas células adeudan cuotas mensuales, el pago de la propaganda se ha regularizado desde que el CM exigió el pago al contado de la misma.

El CM incorporó a un camarada especialmente para que atienda los pagos de las células, como tarea exclusiva. Esta medida nos está facilitando mantener al día las cancelaciones, que en los primeros meses de nuestra gestión se normalizaron, luego decayeron y hoy vuelven nuevamente a regularizarse.

Las células deben pagar siempre la propaganda al CM y este debe cancelarlas al Aparato Central de Propaganda.

A partir de hoy las células deben pasar a revisar el monto de sus cuotas en base a los nuevos Estatutos aprobados por el II Congreso.

Las células que se han destacado por el pago de sus cuotas son las siguientes: "Manuel Cálix Herrera", "Matías Funes", "Honduras" y "Manuel Chavarría".

IV. Los controles de los planes de trabajo emulativo se harán de manera que sirvan para impulsar el cumplimiento de los planes y, en tal sentido, el CM adoptará todos los mecanismos eficientes.

Se realizaron dos reuniones de responsables de células para alcanzar el objetivo de la resolución anterior; además de haber continuado efectuando encuestas, que siempre llegan con mucho retraso de las bases al CM.

V. Recomendar el más estricto control del estudio individual de todos los militantes y candidatos a miembros, para superar el culto a la espontaneidad en la educación de las células y círculos de estudio.

La recomendación anterior ha sido tarea de las células hasta la fecha.

VI. Desarrollar el mayor número de cursillos posibles y otras formas que contribuyan a elevar el nivel teórico y político del Partido.

El CM desarrolló 9 cursillos en el año transcurrido. Varias células también han realizado otros; entre ellas la "Manuel Chavarría", la "Julio Antonio Mella" y la "Ramón Amaya Amador II".

VII. Recomendar a la Dirección Nacional del Partido dar todos los pasos hasta lograr la edición de un periódico legal.

Con los esfuerzos de todo el Partido esta —recomendación ya está materializada—, falta estimular una mayor contribución de las células para que el periódico legal se mantenga con una -periodicidad regular y más continua, y para que su difusión sea masiva y ágil.

VIII La X Conferencia aprueba la Situación organizativa del Partido.

Al momento de redactar este informe, la organización comunista del Distrito Central ha aumentado en un 100% el número de miembros que había al celebrarse la X Conferencia; el número de células ha aumentado en un 90% con relación a la misma fecha.

En la composición social de nuestra organización de Partido se han producido los siguientes cambios:

OCUPACIÓN	FEBRERO 71	JUNIO 72	CAMBIOS
Obreros	35.0%	30.0%	- 5.0%
Artesanos	5.0%	2.5%	-2.5%
Empleados	16.0 %	10.0 %	-6.0%
Profesionales	15.0%	5.0 %	-10.0%
Pequeños propietarios	---------	2.5%	+2.5%
Estudiantes	20.0%	47.5 %	+27.5%
Amas de casa	9.0%	2.5%	-6.5%

Los planes nacionales emulativos. Su papel, sus limitaciones y necesidad de desarrollarlos creadoramente en su aplicación

A los planes de alcance nacional que actualmente rigen la actividad de todas las organizaciones del Partido, les precedieron los planes municipales aislados, que consistían en la actividad planificada de cada CM sin coordinación de objetivos, controles, etc., a nivel nacional.

Los planes nacionales superaron a los municipales en los siguientes aspectos:

1° Permitiendo una coordinación efectiva de la actividad política, organizativa, ideológica, etc., de los diferentes CC.MM.

2° Estableciendo un objetivo principal único en la actividad política para un período determinado.

3° Facilitando el control uniforme, oportuno y periódico.

Desde el cumplimiento del Plan "Centenario de la Comuna de París", que se inició en marzo de 1971, hasta el Plan "XVII Aniversario del PCH" que acabamos de finalizar, la elaboración y aplicación de los mismos se ha ido perfeccionando en todos los niveles partidarios, aunque el control de los mismos ha sido y sigue siendo nuestro "talón de Aquiles", es decir, nuestra principal deficiencia.

Al respecto hay que señalar que a ello contribuyen los atrasos en la elaboración y verificación de los cuestionarios de control, el empleo del procedimiento de "dejar en las células los cuestionarios para recuperar cuando más la mitad de ellos"; estos son los dos aspectos principales de la deficiencia señalada.

Las reuniones de responsables de células, como recurso de control, han tenido la falla de no haber sido preparadas, impidiendo alcanzar objetivos que nos acerquen a las metas fijadas.

La escasa planificación del trabajo por las células del DC es otro factor importante, de repercusiones negativas en la aplicación de los planes nacionales. La mayoría de las células trabajan espontáneamente y las que planifican, o controlan muy poco o no controlan el cumplimiento de su propio plan. Esto hace perder continuidad, impulso y seguridad en la actividad.

Son dos las tareas que nos apremian:

1° Encontrar procedimientos eficaces de control que nos permitan: a) utilizar el control para corregir fallas sobre la marcha, tomando las medidas que se establezcan en el análisis y balance del trabajo realizado en un período corto; b) ser oportunos; c) abarcar en el menor tiempo posible a todas las células del DC sin dispersión lamentable de esfuerzos.

2° Planificar en las células. El plan de estas debe: a) interpretar fielmente los distintos objetivos y actividades contenidas en el Plan Nacional; b) señalar las posibilidades reales de las células, esencialmente en el reclutamiento político de nuevos miembros; c) establecer procedimientos de control que le sirvan a la célula en su actividad diaria.

Un nuevo rumbo a la actividad municipal y el papel de las comisiones.

Por directriz de la Comisión Política del CC y del Plan "XVIII Aniversario del PCH", el CM del DC ha organizado su trabajo de tal modo que le permiten ser: 1) un organismo de discusión y decisión política sobre todos los problemas que a diario se presentan en la ciudad capital; 2) atender de cerca todo el trabajo interno del Partido.

Antes de tomar esta nueva orientación, el CM había acentuado su papel administrativo en detrimento del aspecto político de su actividad.

Corregir ese error ha significado:

Darle un margen de tiempo mayor a la actividad de las comisiones y limitar las reuniones del CM. Las comisiones se reúnen ahora cada semana y el CM cada quincena. Antes resultaba generalmente a la inversa.

Reestructurar la Comisión Municipal de Organización, a la vez que fue ampliada para vigilar mejor el reclutamiento, la actividad de propaganda, las finanzas, etc.

Promover la discusión política sobre los problemas de actualidad en el seno del CM.

A las comisiones de organización, sindical, de segunda enseñanza y universitaria se les ha precisado con toda claridad sus tareas, dejándole al CM la autoridad política que le corresponde y que, por escasa vigilancia, fue siendo tomada por las comisiones en determinadas oportunidades.

La Comisión Sindical conoce de todos los problemas laborales que a diario se presentan en la FECESITLIH y aprueba la posición de los comunistas ante ellos.

La Comisión de Segunda Enseñanza coordina la actividad de los consejos estudiantiles de la capital y unifica el criterio de los comunistas en la solución de los problemas de este nivel educativo.

Igual papel desempeña la Comisión Universitaria en su frente respectivo.

En cada sesión ordinaria del CM son presentados los informes de las comisiones y se señalan nuevas tareas, previendo las respuestas a las necesidades de cada frente de masas y de trabajo interno. De modo que no marchamos a la zaga de los acontecimientos políticos, aun cuando hemos de admitir que falta mucho por hacer en este mismo sentido.

El CM va superando gradualmente los errores y obstáculos en su trabajo, y este proceso solo puede completarse con la vigilancia y la actividad permanente, planificada y combativa de todas y cada una de las células del DC.

Trabajo sindical

Al informar sobre la actividad en el frente obrero, hemos de reconocer que no hemos cumplido con las metas que nos fijáramos en el movimiento sindical, como consecuencia de una serie de dificultades que han frenado nuestros esfuerzos y algunos errores que no hemos corregido en nuestra lucha por la defensa de los intereses de la clase obrera.

La Comisión Sindical estuvo inactiva la mayor parte del año 1971 y esto nos obliga a reconocer que actuamos con poca responsabilidad en nuestra tarea de conducir correctamente a las masas sindicales en nuestra lucha revolucionaria.

Nuestros camaradas sindicalistas han participado activamente en los eventos que se han realizado a nivel nacional, como son: el Congreso de la FECESITLIH y el Congreso de la CTH; de la misma manera, actuando en el campo particular de cada sindicato, estuvimos atentos en la lucha, para golpear con energía a la patronal esclavista y explotadora, y para defender los derechos siempre negados de las masas populares.

Vamos a referirnos en este informe al contenido de la línea general de acumulación de fuerzas establecida por nuestro Partido.

El Congreso de la FECESITLIH

El Congreso de la FECESITLIH nos dejó una doble experiencia: por un lado nos dejamos arrastrar por un viejo enemigo nuestro: el sectarismo, y por otro, unificamos fuerzas con la oposición, integrando un grupo de sindicatos representativos para luchar por la democratización de la Federación.

El sectarismo apareció por un error de táctica en nuestra posición de lucha; nos equivocamos, hizo falta un debate abierto para discutir las alternativas, abandonamos nuestros principios marxistas-leninistas, apartándonos de la línea política de nuestro Partido, y esta desviación nos causó mucho daño.

Al terminar el Congreso, el denominado Grupo Reivindicador salió más unido; coincidíamos momentáneamente con el deseo común de presentar al Ministerio del Trabajo un recurso de nulidad por todo lo actuado en el Congreso, ya que se consideraba que se había incurrido en una serie de ilegalidades y de violaciones a los Estatutos de la Federación.

En el Congreso participaron 46 organizaciones afiliadas con derecho a 90 votos. Al tomarse las decisiones resultó mayoritario el grupo oficialista que encabezaba Gustavo Zelaya, con 27 sindicatos y 51 votos; la diferencia, 19 organizaciones y 39 votos, pertenecía al Grupo Reivindicador.

La tarea de nuestros camaradas en el Grupo Reivindicador estuvo orientada en dos direcciones: 1) orientar a los compañeros del Grupo hacia objetivos permanentes y definir la lucha contra los verdaderos enemigos del proletariado, ya que había una confusión notoria en este sentido, pues se identificaba a Gustavo Zelaya como enemigo del Grupo, en un afán desesperado por debilitar su liderazgo y desprestigiarlo ante el grupo que él dirige. Nuestra lucha contra el sectarismo ha sido y continúa siendo enérgica, porque comprendemos (y la experiencia así nos lo ha demostrado) que las posiciones sectarias nos alejan de las masas; además, estas actitudes no ofrecían ninguna solución inmediata del problema, al contrario, esta dependía de algún suceso casual introducido espontáneamente en la lucha; estas posiciones, alejadas de nuestra conducta revolucionaria, nos aislaron cada vez más de la solución justa del problema.

La otra tarea consistía en contrarrestar la campaña de desprestigio desarrollada por los "ultras", librarnos de sus maniobras, del oportunismo en que habían caído y, a toda costa, evitar en el grupo una línea política distorsionada, desacorde con las condiciones objetivas de la lucha y propia del aventurerismo ajeno a nuestra ideología revolucionaria.

La campaña desatada por estos "compañeros" no tuvo límites: apelaron a la diatriba, la calumnia, intentaron "pactar" con Gustavo Zelaya a espaldas nuestras sin alcanzar resultados satisfactorios. Los compañeros del Grupo no cambiaron en ningún momento el concepto que siempre tuvieron de nuestros camaradas; siempre buscaron sus consejos y aceptaron como justas las posiciones fijadas por ellos en el Grupo; por lo tanto, se conserva la confianza y el respeto hacia todos nuestros camaradas.

Las condiciones inmediatas de la lucha nos impusieron coincidencias momentáneas con los "ultras" y nos llevaron indirectamente a una alianza con ellos, sin definir nuestra independencia ideológica y de acción en otros frentes de la lucha sindical.

Ha habido siempre una tendencia favorable del grupo oficialista de sindicatos a negociar con algunos dirigentes comunistas del Grupo el problema de la FECESITLIH; esto no ha sido aceptado por nosotros, ya que solo aceptaríamos negociar como representantes del Grupo, en su nombre, o como representantes de la Comisión Sindical, al margen del Grupo.

Estamos conscientes de que cualquier solución que no satisfaga los intereses de los "ultras" será desechada por estos y que, desde ese momento, se pone en peligro la "unidad" del Grupo, ya que posiblemente se plantee el retiro de algunos sindicatos y el Grupo deje de existir como tal, al aceptar una parte del mismo un arreglo digno y desecharlo la otra parte.

Los primeros volverían a la legalidad, al instrumento jurídico de la Federación; los segundos quedarían en una posición peligrosa, podrían ser separados de la FECESITLIH y ser víctimas de la represión que busca en este momento una coyuntura política para consumarla.

Es necesario mantener la unidad del movimiento obrero; es nuestra obligación propiciarla, pero con base en decisiones justas, supeditadas a los intereses de la mayoría y no a los caprichos intransigentes de las minorías.

El Congreso de la CTH

No se discute la importancia que tienen esta clase de eventos, pero este último Congreso tenía para nosotros especial atención, por cuanto la clase obrera había dado importantes batallas en defensa de sus más caros intereses y otras merecían en ese momento la atención de la CTH: el problema del IHSS, el de los trabajadores de aserraderos y, como siempre, el del campesinado.

Nuestro objetivo no es relatar en detalle cada caso, sino hacer el enfoque político desde el punto de vista de los comunistas; veamos: con todo y la influencia patronal e imperialista en los sindicatos, es evidente en los de la región norte que la participación de la clase obrera va adquiriendo un papel más destacado en la vida política del país, con o sin la aceptación de los sectores más reaccionarios, por el peso de los cambios de calidad que se operan cada día en la toma de conciencia de la misma dirigencia sindical, sin que esto implique la línea política del Partido; es sencillamente que la clase obrera va sacudiéndose, en menor o mayor grado, la influencia arriba apuntada.

Es más, la participación física de los camaradas en este importante frente de masas, que es como el soporte fundamental del Partido de vanguardia de la clase obrera, "frente amplio y permanente de actividad y trabajo de los comunistas" (Tesis Políticas del PCH, pág. 36).

Otro aspecto que podríamos señalar es que, con su participación relativa, la clase obrera ha hecho posible que las clases retardatarias se vean obligadas a tolerar una imagen de "libertad" que nos ha permitido desarrollar un trabajo partidario más incisivo en las masas y divulgar ampliamente nuestros puntos de vista en torno a la situación nacional.

También en el campo internacional ha tenido sus consecuencias favorables para ampliar nuestras relaciones con otras organizaciones de la clase obrera, hechos que en otras circunstancias han sido imposibles de establecer, no obstante sin que se deje sentir la dependencia y el servilismo de los sectores gubernamentales ante el imperialismo norteamericano (visitas a la URSS y la frustrada visita de reciprocidad).

Pero, lo más interesante que a nuestro juicio se ha producido es el contenido político de los últimos documentos que ha planteado la clase obrera, que, si no es precisamente la línea o programa de nuestro Partido, sí reflejan el avance en el esclarecimiento del papel histórico que está llamada a jugar en el proceso revolucionario que, por obligado desarrollo y necesidad, tienen todos los pueblos sometidos de una manera u otra por el capital monopolista en el mundo entero.

En esto también no podemos subestimar el papel que el Partido ha jugado en todo momento en que se ha producido un acontecimiento en que la clase obrera haya participado; también —y es lo más importante en este aspecto— la permanencia del trabajo gris de organización en el seno de los sindicatos más importantes en función del lugar que ocupan en la producción, así como también en todos los sectores que nos merecen importancia para divulgar nuestra teoría revolucionaria marxista-leninista.

Tenemos que enfatizar la corrección de errores que el mismo desarrollo del Partido y la precisión que el análisis nos ha arrojado como saldo han sido factor importante en el enfoque de la línea política sindical, falla que hemos arrastrado a lo largo y ancho de la vida de nuestro querido Partido.

La rectificación de los mismos, como vicio político que tiene su máxima expresión en el sectarismo que todavía ostentan no muchos camaradas y que colinda con las posiciones de las desviaciones de derecha e izquierda. Estas nuevas posiciones de la clase obrera son la comprobación de sus correcciones que hemos logrado superar y que nos irán dando mayor claridad en la elaboración de una mejor línea política sindical para bien de la clase obrera, del Partido y del pueblo hondureño en general.

Trabajo estudiantil

En segunda enseñanza las dos tareas principales fueron la celebración del I Congreso Nacional de este nivel y la lucha contra la penetración cultural imperialista.

En el Congreso de Estudiantes de Segunda Enseñanza afianzamos nuestra influencia política en lucha contra reaccionarios y ultraizquierdistas. El evento fue combativo en denuncias contra las arbitrariedades oficiales que a diario atropellan los derechos de la juventud al estudio, a las becas, a la diversión, etc. Además, el Congreso sirvió para unificar un movimiento que desde 1950 no celebraba Congresos Nacionales.

En la lucha contra el programa de reforma educativa dirigido por el Consorcio de Universidades de La Florida, se aglutinaron en frente único a todas las organizaciones democráticas y se alcanzaron los objetivos del Frente Pro-Defensa de la Cultura Nacional:

1) Rechazo de la asistencia técnica de las universidades norteamericanas; 2) Modificación de los préstamos de la Agencia Internacional para el Desarrollo, de modo que no lesionaran la Constitución de la República; 3) Participación de la UNAH y de todos los sectores interesados en la reforma educativa para la educación media, ajustándola a las necesidades reales del país en sus diferentes esferas.

En la Universidad nuestra tarea esencial consistió en organizar la lucha ideológica y política contra las ideas anticomunistas de izquierda y de derecha, que antes no tenían un enfrentamiento sistemático del Partido. Para ello hemos creado las organizaciones especiales y con esto participamos con independencia de Partido en todas las cuestiones particulares de la UNAH.

En las elecciones para la FEUH, primera participación, tuvimos un resultado positivo y en la solución de conflictos que surgen y que en las Facultades, nuestra actitud ha sido y es de principios, no oportunista como pretenden hacer creer nuestros enemigos y adversarios de clase, organizados en el resto de los frentes estudiantiles.

Después de las acciones contra la penetración cultural imperialista, surgieron divergencias ideológicas en el seno de las células estudiantiles del Partido en torno al papel del estudiantado en el proceso de la lucha revolucionaria antiimperialista y al papel de la clase obrera en el mismo proceso.

La polémica surgió desde el mes de octubre de 1971 y concluyó en enero de 1972, con resultados totalmente positivos: afianzamiento de los principios científicos del marxismo-leninismo, rechazo a las desviaciones aventureras, desesperadas y pequeñoburguesas, y el triunfo de la crítica y la autocrítica como método para descubrir y corregir los errores en el seno del Partido.

Estas divergencias no dividieron al Partido ni provocaron la separación de un tan solo militante, lo que no solamente demuestra madurez política sino también fortaleza en las posiciones de principio y las tácticas del PCH. En TRABAJO se recopilaron todos los documentos relativos a la polémica a que aludimos en estos párrafos.

El trabajo en el campo

Finalmente, informamos respecto al trabajo político entre los campesinos.

Hasta mediados de 1971 el CM atendió a grupos de campesinos en las zonas rurales del sur del país y en otros pueblos de la región central, pero como esta actividad rebasa el marco del CM fue asumida por la Dirección Nacional del Partido.

La comisión para el trabajo en el campo no fue creada por el CM y es hoy el CC el que coordina la actividad política en las diferentes zonas y con los organismos necesarios. Precisamente en los documentos del II Congreso se informa a este respecto.

El CM del DC no tiene posibilidades materiales para realizar el trabajo entre los campesinos y su atención continúa fijada en los sindicatos de la región central y en otras organizaciones de masas urbanas.

SÍNTESIS DE LAS OBSERVACIONES DE LAS CÉLULAS AL INFORME CENTRAL DE LA XI CONFERENCIA MUNICIPAL DEL DC

Camaradas:

El Comité Municipal ha recibido las observaciones críticas de las Células al Informe Central sometido a la discusión con motivo de la XI Conferencia del Partido en la Capital de la República.

Esas observaciones, contenidas en los documentos de los organismos de base, han sido sintetizadas aquí, en este informe final que discutirán los delegados a la Conferencia para su respectiva aprobación.

Tres son los aspectos básicos del informe central: 1) La situación política nacional y nuestra táctica; 2) El trabajo del Partido en los sindicatos y 3) El control del trabajo celular.

La labor del Partido en el movimiento estudiantil y entre la intelectualidad es constantemente abordada tanto por las Seccionales respectivas como por los órganos de Dirección Intermedia y Nacional. Los esfuerzos de la Conferencia, por tanto, se orientarán en torno a los tres puntos antes señalados.

Sigue profundizándose la crisis económica y política con hechos visibles: la oligarquía obstaculiza y reprime el más insignificante esfuerzo campesino por la Reforma Agraria; el gobierno favorece abiertamente a los terratenientes; se presiona a Honduras para que vuelva al Mercado Común con todas las desventajas de una economía aún más desarticulada que en 1969, año de la ruptura.

La distancia que separa a la economía nacional del resto en C.A. es progresivamente mayor y las posibilidades de impulsar cambios internos progresistas son remotas.

El retorno de Honduras a la integración centroamericana, por una parte significa acentuar aún más la dependencia de la economía hondureña a los monopolios norteamericanos dominantes en C.A. y el Caribe, y por otra, la represión del movimiento popular que, pese a tener la atención en la huelga del magisterio, en el conflicto universitario y en la lucha contra la Tropical Radio, no vacilará en oponerse tenazmente a la imposición neocolonialista. Recordemos aquí el chauvinismo que el propio gobierno atizó en las masas en 1969 y que enfrentó a Honduras con el Mercado Común Centroamericano ese mismo año y posteriormente hasta llegar al momento en que las clases dominantes ya no pueden continuar fuera de los programas monopolistas y se disponen a aplacar la avalancha nacionalista que en un momento ellas mismas auspiciaron porque así convenía a sus intereses económicos y políticos.

Los elementos más regresivos del Gobierno del Lic. Cruz buscan una coyuntura política para iniciar la represión generalizada contra las fuerzas democráticas. Otra cosa son las amenazas de un golpe de Estado militar, de imprevisible orientación, para el cual también existen posibilidades reales y sólo lo contienen factores como las presiones monopolistas para el reingreso de Honduras al Mercado Común, que para un gobierno golpista serían todavía mayores y más aguda la contradicción entre el gobierno y el pueblo, alejando temporalmente el momento, la fecha en que puede producirse.

Tampoco se resolverán los problemas nacionales por esa vía; no será un gobierno golpista, militar y opuesto a los intereses del campesinado y de los obreros, quien salvará la crisis de la Nación. La alternativa está en las fuerzas democráticas. Estas fuerzas unidas sí pueden superar la crisis económica y política de Honduras, haciendo un gobierno democrático, defensor de los intereses nacionales y por lo mismo, antiimperialista.

La tarea del momento para los comunistas es unificar a las organizaciones democráticas hacia objetivos comunes, hacia los objetivos contenidos en nuestro Programa Mínimo.

La reacción en Honduras (oligarquía y monopolios) se esfuerza hoy más que nunca por dividir el movimiento obrero y el movimiento campesino, por disgregar los frentes amplios de masas, desviando su atención hacia rumbos diferentes. Cuando se ampliaba la lucha contra la Tropical ha montado una conjura contra la Autonomía Universitaria. Mientras otros sectores laborales, como los maestros, son distraídos, además, en objetivos limitados, secundarios, con lo que se apartan de una lucha antiimperialista concreta: contra la Tropical Radio.

Una situación como ésta nos obliga a pulir nuestra táctica política, a practicar formas de lucha adecuadas a las necesidades del momento y a los objetivos inmediatos y futuros de la lucha contra la penetración imperialista.

La constitución de un Frente democrático de masas sólo será consigna en el papel mientras no logremos unir a las organizaciones populares en torno a la solución de sus problemas capitales: la tierra, la industrialización y la lucha antiimperialista.

Desarrollar esta consigna significa ganarnos el movimiento obrero y el movimiento campesino. Sin esta premisa no habrá frente de masas. Es imprescindible el esfuerzo diario de todos los miembros del Partido para ampliar la influencia del PCH en los sindicatos y las organizaciones campesinas.

La gravedad de la situación política que vivimos también nos obliga a tomar todas las medidas necesarias, indispensables para conservar al Partido, aún en los momentos más difíciles de represión. Las células, los Comités Municipales y el Comité Central tienen la obligación política de proteger a sus miembros.

El Comité Municipal del D.C. ha tomado las medidas de seguridad necesarias para que la XI Conferencia se realice sin exponer a los delegados, también para asegurar la participación de las células en la lucha política independientemente de las condiciones que sobrevengan. A las células les corresponden importantes tareas en el mismo sentido.

Nuestra capacidad de trabajo, nuestra voluntad y espíritu revolucionarios están en prueba.

EL TRABAJO DEL PARTIDO EN LOS SINDICATOS DE LA CAPITAL

El Congreso Extraordinario de la FECESITLIH (celebrado del 28 al 29 de julio) superó los errores de sectarismo en que incurrimos en el Congreso Ordinario, celebrado meses antes. Este paso es de mucha significación política en los momentos actuales: significa la unificación de la clase obrera capitalina en base a sus intereses socioeconómicos, ante una constante amenaza de la reacción por debilitar el movimiento obrero nacional, por intervenir en los asuntos sindicales, violando el derecho de libre asociación.

En el informe discutido por las células se precisa que, pese a la línea unitaria del Partido, con motivo del pasado Congreso Ordinario de la FECESITLIH, nuestros delegados se apartaron de ella, cayendo en actitudes sectarias que pudieron tener como consecuencia política inmediata, la división de la Federación entre sindicatos de izquierda (Movimiento Reivindicador) y sindicatos de derecha (oficialistas), objetivo que la Embajada Norteamericana ha perseguido y que no lo apartará jamás de su mira.

El fortalecimiento de la FECESITLIH por medio de su unidad interna es un importante triunfo de las fuerzas democráticas y de la justa orientación del Partido en esta lucha.

En estas condiciones, el reclutamiento de obreros para incorporarse en nuestras filas se facilita, particularmente en los sindicatos decisivos de la Federación.

Todas las células coinciden en que el Comité Municipal del Distrito Central no ha dedicado los esfuerzos necesarios a la labor proselitista entre la clase obrera de la Capital. El Comité Municipal reconoce la debilidad, acepta la crítica y pone en manos de la Conferencia el señalar los medios a seguir para superar tan grave falla.

Constantemente nos vemos abocados a las luchas estudiantiles, magisteriales, profesionales y en parte, nos desvían la atención de los sindicatos, pero ha llegado el momento de una campaña intensa que nos permita multiplicar nuestras células obreras, ampliar la influencia del Partido en el frente fundamental y colocarnos en posiciones sólidas en el marco de la lucha de clases en Honduras.

Las células señalan las siguientes medidas como necesarias para un plan de reclutamiento intenso entre los obreros del D.C.:

1. Consagrar a la mayoría de los activistas al frente sindical.
2. Profesionalizar a los obreros comunistas más destacados.
3. Crear una escuela de capacitación sindical (legal) a través de las organizaciones en las que más influimos.
4. Coordinar el trabajo de los estudiantes y los obreros que militan en el Partido de manera que los primeros contribuyan en la difusión del marxismo-leninismo en los círculos de estudio formados por obreros.
5. Enmarcar las medidas anteriores en un Plan General de Reclutamiento en los Sindicatos de la Capital.

Camaradas:

El nuevo Comité Municipal tendrá que entregarse a éxitos considerables en la búsqueda de obreros abnegados, conscientes y honrados para el Partido. Los sindicalistas combativos deben ingresar al PCH.

Sin descuidar ninguna de sus tareas, el nuevo Comité Municipal dedicará sus mayores esfuerzos a la Comisión Sindical y participará activamente en el reclutamiento de obreros.

¡Hacia los centros de trabajo!

Aquí, pedimos las más inteligentes resoluciones de la Conferencia.

EL CONTROL DEL TRABAJO CELULAR

Las células coinciden con el Comité Municipal en que este aspecto es uno de nuestros puntos débiles y que debemos prestar la atención debida para corresponder con medidas adecuadas y superar lo negativo.

La planificación no se ha logrado porque nos han faltado los medios indispensables para controles efectivos. Las células hacen labor espontánea. Las acciones públicas nos llevan, involuntariamente, a descuidar a las células en el cumplimiento de los

Planes Nacionales de Trabajo Emulativo. Uno de los factores que contribuye a ello es la propia integración del C.M.; la mayoría de sus miembros están a la cabeza de organizaciones populares y son pocos los camaradas consagrados al trabajo interno, organizativo del Partido en la Capital. De manera que superar la falla apuntada significa, en cierta medida, integrar el nuevo Comité Municipal de modo que pueda ser un organismo de dirección política y de verdadero control de las tareas partidarias, de organización, finanzas, propaganda, educación, etc.

Las células en sus observaciones recomiendan, además:

Visitas mensuales del C.M. a las células con el fin de vigilar más de cerca el trabajo de éstas.

Informes mensuales de los Secretarios de células al C.M. sobre su labor realizada en el mismo plazo.

Reuniones con los Responsables de células para controlar el cumplimiento de los Planes de Trabajo Emulativo.

Este aspecto de nuestra labor cotidiana está íntimamente ligado a los resultados en el frente sindical. Las células obreras deben vigilarse con esmero y recibir toda la ayuda en sus actividades políticas. Los planes sin control son literatura nada más, de allí que tengamos que abordar esta cuestión muy cuidadosamente y poner todo el empeño para superar errores que nos causan graves daños en momentos tan difíciles.

¡SALUD CAMARADAS!

LLAMADO A LOS COMUNISTAS DE TEGUCIGALPA

Camaradas:

Reciban un cordial saludo y nuestros deseos porque el éxito corone el trabajo de esta Décimoprimera Conferencia de los comunistas de Tegucigalpa.

Queremos aprovechar esta oportunidad para exponer algunos problemas de organización que afronta el Partido en Tegucigalpa, ellos son:

a) El lento desarrollo orgánico

b) La mala militancia

c) El mal trabajo de algunas bases; y

d) La falta de un control permanente y efectivo del funcionamiento y actividad de las células.

La organización municipal de Tegucigalpa llega a esta Conferencia con un aumento del 100% sobre el total de militantes con que se contaba en enero de 1971 y del 50% respecto a la cantidad de comunistas inscritos en enero de este año. Estos datos nos indican que ha habido crecimiento, pero que el mismo es relativamente lento. La causa principal de esto es que solamente un pequeño número de células, y dentro de éstas una pequeña cantidad de miembros, realizan un trabajo sistemático.

Si deseamos crear en Tegucigalpa una organización de Partido fuerte y estrechamente vinculada a las masas, especialmente al movimiento obrero organizado, debemos empezar porque cada célula se asigne objetivos claros y a su alcance para convertirlo en su fuente de candidatos a miembros. Dentro de la célula habrá que asignarle a los miembros tareas concretas en materia de reclutamiento, de acuerdo a su grado de vinculación con las organizaciones de masas y a sus capacidades para cumplir las misiones que se le asignen.

Una medida que ayuda a rectificar las deficiencias en el trabajo de reclutamiento y que ha sido aplicada con éxito por el Comité Municipal es dar cursillos a las bases sobre los temas: "Cómo reclutar", "Cómo estudiar", "Cómo dirigir una célula". El nuevo Comité Municipal, en íntima colaboración con la Comisión Nacional de Educación, podrá organizar una serie de cursillos para los organismos de base de Tegucigalpa con el fin de ayudarlos en su proceso de rectificación.

Buena parte de los miembros del Partido inscritos en Tegucigalpa no cumplen regularmente con sus deberes de militancia: asisten irregularmente a las reuniones de sus células, se atrasan en el pago de sus cuotas e incumplen las decisiones de los organismos del Partido, sin que sean llamados al orden. Esto debe terminar, y para ello es necesario que los organismos del Partido —tanto de base como de dirección— den comienzo a una revisión a fondo de la militancia de cada miembro de la organización de Tegucigalpa y a aquellos que incumplen los Estatutos se les deberán aplicar las medidas correctivas del caso.

Cuando hablamos del mal trabajo de las células, no nos referimos solamente a su funcionamiento regular, sino que tomamos en cuenta su labor política fundamentalmente. Cierto es que la regularidad de las reuniones de un organismo de base es necesaria para su actividad política, pero el elemento indispensable es su vinculación con las organizaciones de masas. Hay muchas células que todavía no cuentan con este tipo de vínculo y por esa razón su trabajo es rutinario, carecen de vida política y a la larga tienden a desaparecer. Por otra parte, las células deben ser también organismos de iniciativa política, planteando ante los organismos superiores todas las proposiciones que consideren oportunas para mejorar la línea política y la actividad práctica del Partido.

Un aspecto del mal trabajo de las células, sobre el que se ha insistido mucho, sin que se corrija, es la falta de planificación de su actividad. Los planes constituyen guías por las que orientan toda su labor los organismos del Partido; en ellos están establecidos los objetivos que se propone alcanzar el organismo, de acuerdo a sus posibilidades, y se determinan las normas que hay que observar para cumplirlo. Por ello es que la falta de planificación del trabajo de las células provoca que su actividad obedezca a la espontaneidad, que sea un producto de la casualidad, con todas las deficiencias comunes a este tipo de labor.

El complemento necesario de la planificación lo constituye el control. Todo plan necesita de control, para conocer si está siendo llevado a la práctica o no, si se hace en forma correcta y para introducir las modificaciones que indique la práctica. Muchas de las deficiencias que adolecen las células en Tegucigalpa pueden corregirse mediante una permanente labor de control de su funcionamiento y actividad, con el objeto de conocer los problemas que afrontan en su trabajo y poder ayudarles a resolverlos.

Queremos hacer hincapié en el sentido de que el control, con la planificación, la estructuración y la selección de cuadros, es un elemento importantísimo de todo trabajo de organización. Las formas del control son variadas: visitas a las células, reuniones de dirigentes de organismos de base, cuestionarios, etc. Cada una de ellas puede aplicarse separadamente o en combinación con las otras. Corresponde a los organismos de dirección determinar qué se hará en cada caso concreto.

El control no es una función exclusiva de los organismos de dirección o de sus comisiones de trabajo, sino que también una función de las propias células. Una forma elemental de control es la comprobación de que sus acuerdos se llevan a la práctica. Otra forma más avanzada es la de revisar periódicamente —cada quince días, por ejemplo— la forma como se cumple su propio plan de trabajo. Una célula que se autocontrola es un organismo que se desarrolla.

Consideramos que la aplicación de las medidas que recomendamos contribuirá a corregir muchas de las deficiencias que hemos apuntado. Corresponderá al Comité Municipal que elegirá esta Conferencia la decisión final al respecto.

SALUDO A LA ORGANIZACIÓN DEL PARTIDO COMUNISTA DE HONDURAS EN EL DISTRITO CENTRAL

(DE PARTE DE LA COMISIÓN NACIONAL DE PROPAGANDA DEL PCH).

Camaradas delegados:

Permítaseme expresar el más emocionado y comunista saludo a todos los delegados de base, fraternos, y de la Dirección Nacional presentes, a nombre de la Comisión Nacional de Propaganda del C.C. del PCH; y desear que las deliberaciones de esta reunión democrática de los comunistas del Distrito Central se encaminen a la búsqueda de métodos que nos permitan el aprovechamiento en toda su magnitud del proceso de agudizamiento de la lucha de clases que ya vivimos con más profundidad; como plantear asimismo, y oportunamente, las soluciones consecuentes a los múltiples problemas con que tropezamos todos los días.

En esta ocasión especial, deseamos aprovecharla para exponer algunos puntos de vista sobre la actividad de los comunistas hondureños en las labores propagandísticas.

Para los comunistas —concretamente, para nosotros—, la propaganda tiene un contenido esencialmente partidario, es decir, tiene como tarea fundamental la divulgación y propagación de las tesis y del Programa de los comunistas de Honduras. En este sentido todas las formas que reviste la propaganda: sea ésta a través de folletos, periódicos, afiches, rayados de paredes, conferencias, pronunciamientos, libros, etc., es siempre expresión de la política partidaria y se encamina o debe tener como meta la consolidación de los vínculos establecidos con las masas por el trabajo diario, como a la defensa intransigente de los intereses de los explotados, al tiempo que se plantea siempre la perspectiva de la Revolución.

En Honduras existe la llamada gran prensa y que no reviste exactamente características de propaganda partidaria en el sentido en que la concebimos nosotros, pero no por ello deja de tener partido: el partido de las clases dominantes, el partido de la oligarquía y del dominio imperialista.

Propaganda partidaria significa la divulgación sistematizada de ideas o tesis encaminadas a motivar a determinados sectores del pueblo y tiene por objetivo la educación de estas clases o sectores sociales en ideas y postulados que le dan razón de ser, que le sirven de base ideológica a la organización política de que se trate.

Nuestra propaganda, demás está decirlo, es producto de la misma naturaleza de nuestro Partido, que es un Partido de clase, por cuanto constituye la vanguardia organizada y consciente de la clase obrera y de otros sectores del pueblo trabajador.

La propaganda debe encaminarse no sólo a enfrentar los ataques de los círculos reaccionarios, expresión política de las clases explotadoras, sino también a crear conciencia sobre la necesidad de realizar cambios revolucionarios, sobre la necesidad histórica de un nuevo tipo de sociedad donde el pueblo hondureño pueda definir con entera libertad y con conciencia su propio destino.

Una propaganda bien dirigida y bien orientada, que obedece a un plan determinado, sí nos garantiza de antemano que los objetivos políticos que nos proponemos —como el de ganar las masas para la actividad revolucionaria— serán cumplidos.

Es un hecho comprobado que la labor comunista de acercamiento y convencimiento de las masas resulta difícil y muy lenta sin una propaganda permanente y planificada.

La agilización de la propaganda, su rápida distribución y su mismo contenido, son bases que nos permiten avanzar por el camino de la Revolución. Los opresores y explotadores interponen una muralla de obstáculos para evitar que nosotros lleguemos con nuestro mensaje hasta las fincas, empresas, fábricas, colegios, universidad, etc., y le imprimamos nuestro sello, el sello revolucionario de la clase obrera, a la lucha de masas. Esos obstáculos los vencemos en la medida en que contamos con una prensa que machaca, que denuncia injusticias y que plantea soluciones consecuentes a los problemas múltiples que afligen a los obreros, campesinos y demás sectores populares.

La propaganda comunista es, pues, esencialmente, una propaganda obrera. De aquí se desprende que es una propaganda agitativa, organizativa y educativa de la clase fundamental de la revolución: la clase obrera. Pero es al mismo tiempo, una propaganda que va, desde estas bases de clase, hacia las otras clases oprimidas de nuestra sociedad: el campesinado, la pequeña burguesía urbana, etc.

Con la propaganda se despierta el odio de clase, se desenmascara a las clases explotadoras, a sus instrumentos políticos: los partidos tradicionales; se desentraña y denuncia también el papel de los sectores ultraizquierdistas que con su desesperación e irresponsabilidad le hacen el juego a estas fuerzas; en fin, se enjuicia y ataca a los enemigos de la democracia, de la paz, del socialismo.

En nuestro país, la Honduras sometida por los monopolios norteamericanos, se experimenta últimamente un notable ascenso de la lucha revolucionaria de nuestro pueblo, lucha en la que nuestro Partido ha tenido una decidida participación, desde sus cuadros de base hasta sus cuadros de dirección. Sin embargo, esta participación tiene aún sus limitaciones que no podemos dejar de anotar. Nuestra propaganda ha facilitado, ha condicionado nuestra participación en la actividad de masas y no exageramos al decir que obreros, campesinos, profesionales, estudiantes, etc., siempre están pendientes de lo que los comunistas diremos sobre tal o cual problema.

Sin embargo, para orientar con más precisión la actividad de las masas tropezamos con el siguiente problema que estriba en que en muchas ocasiones decimos cosas con retraso, debido a la falta de una propaganda más intensiva. No podemos dejar de reconocer que en muchas ocasiones las consignas, aunque justas, no llegan con suficiente antelación, oportunamente, para que puedan orientar la acción de las masas. La consigna, a fin de que pueda materializarse en fuerza decisiva, tiene que responder a los intereses vitales del sector popular que pretendemos movilizar, por lo que ha de ser el resultado de un análisis sereno, objetivo de la realidad. No confundir esa realidad con nuestros deseos, mucho menos tratar de engañar porque caeríamos en la falsificación y la demagogia.

Los comunistas hondureños vamos comprendiendo el verdadero valor y sentido de nuestra propaganda. Son ya múltiples las experiencias adquiridas en este campo. Hay lugares del país donde tenemos vínculos estables con sectores de la clase obrera, en los que hemos salido audazmente en defensa de nuestras ideas y de nuestro periódico. No han faltado casos en los que capitalistas, terratenientes y sus testaferros hayan caído en la desesperación y hasta provoquen y amenacen a camaradas destacados en ese frente.

Las denuncias políticas son importantes y Lenin lo ha destacado insistentemente en su célebre folleto "¿QUÉ HACER?". Nosotros hemos podido comprobar en la práctica esa verdad leniniana y a tal grado que nuestros camaradas en la zona norte del país han podido acelerar el reclutamiento de nuevos miembros, aprovechando al máximo las denuncias y atropellos de que hacen objeto a la clase obrera los capitalistas y terratenientes. El aumento súbito en la venta del periódico sirve de termómetro para captar en qué medida estamos "dando en el clavo".

En esta tarea concreta, no podemos dar muestras de apaciguamiento ni de compadrazgo, sino de firmeza ante los enemigos de la clase obrera y del pueblo.

Examinemos ahora, aunque sea en forma somera, cómo se distribuye y en qué porcentajes nuestra propaganda en los diferentes lugares del país. El 59.04% de nuestra propaganda es distribuida en la zona norte. De ese porcentaje, un 49.35% es distribuida por el Comité Municipal de S.P.S.

Es importante hacer notar que esta distribución es posible, entre otras (mayor concentración de trabajadores), gracias a los contactos establecidos en fábricas, campos bananeros, aldeas, colegios, etc., lo que es una muestra de una gran actividad en sectores importantes de nuestra población. Por otra, también, demuestra que cuando la prensa partidaria refleja certeramente los intereses del proletariado, su distribución y venta aumenta notablemente en sectores donde nos interesa que llegue.

En el Distrito Central, la venta alcanza un 36.25% lo que no deja de reflejar también una menor vinculación con los centros obreros; sin embargo, es importante señalar que nuestros camaradas en la capital han adquirido algunas experiencias muy valiosas en la venta del periódico, recurriendo a brigadas que recorren barrios, colonias, colegios o voceando directamente en la calle. Empero hay quejas en el sentido de que nuestra prensa aún no refleja la agitada vida social de nuestros trabajadores en fábricas, talleres, laboratorios, etc., de la zona del D.C. Si esos trabajadores no sienten cierta identificación con el periódico, si no ven allí reflejada su vida de preocupaciones, tormentos, su protesta, difícilmente los convertiremos en colaboradores y suscriptores del periódico. Debemos, pues, superar estas fallas y en este proceso de rectificaciones, son los propios obreros vinculados a nuestro Partido los que harán el papel de reporteros; serán los que se harán eco de todas las injusticias y atropellos que a diario comete la patronal en los centros de trabajo; denunciarán cada violación a los contratos colectivos, al Código de Trabajo, en fin, a todo aquello que limite el ejercicio pleno de sus derechos. A lo anterior hay que agregar que sólo la vinculación con la clase obrera nos garantizará el pago regular de los valores de la prensa y demás materiales de propaganda. Hay que señalar críticamente que esta exigencia sólo se cumple de manera relativa, particularmente en el sector de S.P.S.

Por último, queremos referirnos a la oportunidad de las consignas que lancemos en nuestra propaganda. La propaganda, ya lo dijimos, debe ser lo suficientemente ágil como para reflejar las variantes situaciones que impone la lucha de clases. Eso, en manera alguna, significa que debemos lanzar consignas a troche y moche, sin propósito permanente por el simple hecho de cambiar. Las consignas deben corresponder tanto a los propósitos políticos que nos impongamos, como a las necesidades de las masas en cada momento dado y estar prestos a percibir los cambios cuando las mismas masas impongan nuevos derroteros y planteen nuevas tareas. Lenin señalaba justamente que: "Ocurre con harta frecuencia que cuando la historia da un viraje brusco, hasta los partidos avanzados dejan pasar un tiempo más o menos largo, antes de orientarse en la nueva situación creada y repiten consignas que, ayer eran exactas, hoy han perdido ya toda razón de ser tan 'súbitamente' como 'súbito' es el brusco viraje que da la historia". (V.I. Lenin, Obras Escogidas Tomo II, pág. 200).

Repetimos, nuestra propaganda debe ir dirigida hacia los sectores sociales que constituyen las fuerzas motrices de nuestra revolución, pero muy particularmente, hacia la clase obrera. Allí deberán poner el acento nuestros propagandistas, nuestros distribuidores. Sólo ganaremos la confianza de las masas trabajadoras, cuando las eduquemos, las organicemos, las movilicemos en la lucha por sus demandas sentidas a través de nuestra propaganda partidaria. Dentro de esa propaganda, el periódico juega un papel insustituible.

En este sentido, y concretamente, refiriéndome al periódico, es que la Comisión Nacional de Propaganda quiere, por mi medio, hacer un sentido llamamiento a todos y a cada uno de los delegados presentes en esta Conferencia, a fin de que se lleven hasta sus respectivos organismos de base, la inquietud planteada. Es indudable que se ha mejorado mucho la venta del periódico, pero aún cargamos con un gran déficit que amenaza su existencia. Sólo sacamos dos números mensuales, cuando bien podríamos hacer un esfuerzo para sacar tres y hasta cuatro ediciones mensuales.

Hay que tomar este asunto con la seriedad del caso, apoyar iniciativas para mejorar su venta y recalcar en cada sesión la necesidad de estar al día con el pago de la prensa y de los materiales que editamos. Confiamos en que esta Conferencia tomará decisiones adecuadas al respecto.

Camaradas, reitéroles el saludo comunista de la Comisión Nacional de Propaganda.

Tegucigalpa, D.C., 10 de septiembre, 1972.

LA CRISIS DE ESTRUCTURA Y LA PERSPECTIVA DE LA REVOLUCIÓN

La sociedad hondureña está sumida en una profunda crisis que exige medidas radicales para ser superada. La presencia de los grandes monopolios norteamericanos y del latifundio —obstáculos principales para que la nación pueda iniciar el desarrollo independiente— la han sumido y mantienen en el mayor de los atrasos.

La crisis de la sociedad hondureña es una crisis de estructura. Es la crisis de la dependencia imperialista y de las relaciones feudales —que predominan en el agro—; crisis que se manifiesta en el lentísimo desarrollo de la economía, las limitadas inversiones públicas, los déficits crónicos en la balanza de pagos, el permanente endeudamiento externo, los bajos salarios, el considerable número de desocupados, el alza inmoderada de los precios. Manifestaciones de esa crisis son también los reagrupamientos que se producen en el seno de las clases dominantes y el permanente descontento y la lucha de las masas.

La guerra hondureño-salvadoreña —producto de las contradicciones intermonopolistas e interoligárquicas—, vino a hacer más evidente y más grave dicha crisis y, en consecuencia, a debilitar el sistema de la dominación imperialista y oligárquica, y a resaltar la necesidad de cambios en las viejas estructuras económicas y en las formas tradicionales de gobierno.

El movimiento popular, que en los últimos siete años ha experimentado un impulso poderoso, ha sido un factor decisivo en el ahondamiento de la crisis estructural y, en particular, de la crisis de Poder.

Las luchas campesinas por la tierra, cada vez más amplias y mejor organizadas, han cuestionado en la práctica las formas de la dominación predominantes en el agro y los arcaicos basamentos en que se asientan. Las recuperaciones de tierras realizadas por el campesinado han golpeado duramente el latifundio y socavado las bases del poder de los terratenientes.

La lucha de la clase obrera, y en especial del proletariado agrícola de la Costa Norte, por mejorar sus condiciones de vida y de trabajo, y por el rescate de los recursos naturales en poder de los monopolios bananeros norteamericanos, ha ido configurando, junto a otros sectores de nuestro pueblo, un movimiento antimperialista cada vez más amplio y definido, que reclama enfrentar con decisión el problema de la dependencia con respecto al imperialismo norteamericano, como condición insoslayable para iniciar el desarrollo independiente y resolver los problemas de las masas.

El desarrollo de la lucha de clases ha alcanzado un alto grado de agudizamiento, particularmente en el campo, y ha impuesto como una necesidad para la sobrevivencia del sistema afectar en alguna medida a aquel sector de la oligarquía, los latifundistas, que por representar las relaciones de producción más atrasadas y por haberse convertido en el blanco principal de la lucha de las masas, constituye el eslabón más débil de la dominación oligárquica. El proceso de reforma agraria es el principal resultado de esas luchas.

La crisis estructural es la base objetiva que plantea la necesidad de cambios. La gravedad de la misma ha puesto a las clases explotadoras ante la disyuntiva de salvar el sistema en su conjunto, mediante cambios que afecten a uno de sus sectores, o exponerse al peligro de perderlo todo.

El pueblo hondureño comprende que las viejas estructuras económicas, sociales y políticas del país, sobre las que descansan la dominación imperialista y oligárquica, deben ser transformadas totalmente, removidas en sus cimientos para superar el atraso secular y acabar con la miseria de las masas.

El atraso del país sólo podrá ser superado si se rescatan los recursos naturales y la economía del control extranjero y se acaba con el latifundio improductivo. La crisis estructural no podrá ser liquidada sino mediante transformaciones radicales y profundas de las estructuras productivas que ninguno de los gobiernos de las clases dominantes está en capacidad de realizar. En otras palabras, sólo podrá ser superada por la revolución; por la revolución popular y democrática que desplace del Poder a las clases reaccionarias e instaure el gobierno de los obreros y campesinos, pequeña burguesía urbana y demás sectores interesados en acabar con la dependencia y la prepotencia del latifundio históricamente desahuciado.

CARÁCTER Y FUERZAS MOTRICES DE LA REVOLUCIÓN

Por las condiciones económico-sociales del país y las tareas inmediatas que tiene que resolver, el carácter de la revolución hondureña en la presente etapa histórica es antimperialista y agrario, popular y democrático. La revolución hondureña dirige sus golpes principales en una doble dirección: por una parte contra el imperialismo norteamericano; por otra, contra los latifundistas y la alta burguesía, aliados principales de aquel.

La revolución hondureña en la presente etapa histórica es una revolución nacional liberadora, parte de la revolución proletaria mundial por el socialismo. El socialismo es la dirección en la que es necesario y posible hacer marchar el proceso de liberación nacional, y este debe crear las condiciones para el paso futuro al socialismo.

La revolución antimperialista y agraria, popular y democrática, tendrá en Honduras características nuevas que la diferenciarán de otras revoluciones del mismo tipo de otros países. Las condiciones internas y las particularidades de la situación internacional provocarán, sin lugar a dudas, una extraordinaria aproximación de la etapa democrática a la etapa socialista, así como otras características que reflejarán las condiciones específicas del proceso revolucionario hondureño.

El capitalismo, bajo cualesquiera de sus formas, no constituye una solución para los problemas de las masas. El capitalismo históricamente agotó sus posibilidades y cualquier política de desarrollo del mismo, como practican los revisionistas, no encaja en la estrategia revolucionaria orientada a la conquista del Poder y de la plena independencia y a crear las premisas para la reestructuración de la sociedad hondureña sobre bases socialistas.

De acuerdo con la realidad económica, social y política del país, la contradicción principal y el carácter de la revolución hondureña, las fuerzas motrices de la misma las constituyen la clase obrera, el campesinado y la pequeña burguesía urbana.

El esquema tradicional de las fuerzas motrices de la revolución, sustentado por el partido revisionista, no tiene fundamento. La burguesía hondureña como clase no es revolucionaria y no es, por tanto, una fuerza motriz de la revolución; pero hay en su seno sectores, grupos o elementos que pueden ser neutralizados e incluso ganados para la revolución, dentro de circunstancias favorables en la correlación de fuerzas y entre el pueblo y sus enemigos. Las fuerzas capaces de llevar hasta sus últimas consecuencias la revolución nacional liberadora son: la clase obrera, el campesinado y la pequeña burguesía urbana.

La clase obrera está llamada a jugar el papel de vanguardia de la revolución. Está ligada a los aspectos más avanzados de la producción, encarna un nuevo tipo de relaciones sociales, está concentrada en los centros de explotación capitalista, es inicuamente explotada y disciplinada por las propias exigencias de la producción, es la única clase con una teoría científica del desarrollo social y que lo único que tiene que perder son sus cadenas. Por esas y otras circunstancias, la clase obrera es la clase más consecuentemente revolucionaria y la única capaz de unir a las demás clases explotadas y oprimidas de la sociedad y liberarlas, liberándose a sí misma, de todas las formas de explotación y de opresión de clase.

Particularmente importante y decisivo para la revolución es el papel del campesinado. Es la clase social más numerosa, la más explotada y oprimida por los capitalistas, terratenientes, usureros y especuladores; la que sufre más directamente y con mayor saña la represión política; la que vive en las peores condiciones de miseria, ignorancia e insalubridad, y privada de los derechos más elementales. El campesinado en su conjunto está interesado en la liquidación del latifundismo y constituye una fuerza social revolucionaria. El campesinado está llamado a ser la fuerza motriz principal de la revolución. Son varios los factores que así lo determinan: la fisonomía social del país, en la que el problema agrario es uno de los fundamentales; el carácter de la revolución hondureña, que plantea la revolución agraria, en cuyo centro está el campesinado, como su más inmediata e importante tarea; la situación social del campesinado, que la hace ser la clase social más explotada y oprimida del país; las características del Poder reaccionario asentado fundamentalmente en las ciudades y relativamente débil en el campo, escenario principal de la lucha armada y en donde vive la masa campesina; la perspectiva de la guerra popular revolucionaria que presupone la participación de las masas campesinas como actoras principales de la misma.

Las diferentes capas de la pequeña burguesía urbana están también llamadas a jugar un papel de importancia en la revolución nacional liberadora. Son afectadas por la penetración imperialista y las restricciones a la soberanía nacional, las limitaciones a las libertades democráticas y a los derechos populares, la crisis económica y el desempleo que precipitan a sus estratos inferiores hacia la proletarización. Ese papel dependerá, sin embargo, de su capacidad para aceptar la dirección política de la clase obrera y su partido; de su capacidad para luchar al lado de los obreros y campesinos.

La revolución antimperialista y agraria, popular y democrática, concebida como fase condicionante de la revolución socialista, sólo puede ser llevada hasta sus últimas consecuencias bajo la dirección de la clase obrera a través del partido marxista-leninista. Pero la clase obrera por sí sola no puede realizar la revolución popular y democrática; debe establecer una sólida alianza con el campesinado y arrastrar tras de la misma a la pequeña burguesía urbana e incluso a sectores, grupos o elementos de la burguesía. La alianza obrero-campesina es la fuerza vital de la revolución. El campesinado es el aliado natural de la clase obrera, y esta la clase llamada a darle dirección política y a ganarlo para la revolución.

LA VÍA DE LA REVOLUCION HONDUREÑA

Los comunistas marxista-leninistas sostenemos la tesis de la lucha armada como la vía fundamental de acceso al Poder para un movimiento revolucionario que, bajo la dirección del Partido de la clase obrera, se plantee realizar consecuentemente las tareas de la revolución antimperialista y agraria, popular y democrática, capaz de crear las condiciones para la futura transformación socialista de la sociedad hondureña.

La estrategia revolucionaria en un país de fisonomía y condiciones económicas, sociales y políticas como el nuestro, es una estrategia de lucha armada revolucionaria, popular y prolongada. La lucha por el Poder no se plantea para el pueblo hondureño por ninguna de las modalidades del tránsito pacífico pregonadas por el revisionismo contemporáneo, ni a través de la acción aislada de pequeños grupos armados, al margen de las masas y del Partido marxista revolucionario, como sostiene la corriente foquista en varios países del continente y algunos elementos revolucionarios de nuestro país.

La guerra popular revolucionaria tiene carácter prolongado, que lo determina la desventaja en la correlación de fuerzas para el pueblo en el inicio de la lucha. El pueblo se enfrenta a un enemigo poderoso, el imperialismo y la oligarquía, cuyas fuerzas económicas y militares son inmensamente superiores. Igualar esas fuerzas y superarlas después requiere un largo proceso de fortalecimiento de las fuerzas revolucionarias. De aquí se desprende el carácter prolongado de la guerra popular.

La guerra revolucionaria, popular y prolongada, presupone la dirección del Partido marxista-leninista, la más amplia movilización de masas, el establecimiento de bases de apoyo para el movimiento revolucionario, y la creación del Ejército del pueblo para la derrota del ejército reaccionario y la toma del Poder.

La lucha armada del pueblo en su primera fase adoptará formas irregulares, que no se pueden determinar anticipadamente, hasta el surgimiento de la guerra de guerrillas, que marca un nuevo momento en el desarrollo de la lucha armada.

La concepción de la guerra popular revolucionaria, como la vía fundamental para la toma del Poder, es elemento medular de la línea general del Partido, piedra de toque para su militancia; arma decisiva para la lucha contra las desviaciones de derecha o de izquierda: contra quienes niegan la necesidad de la lucha armada, como lo hace el oportunismo de derecha, y contra quienes plantean la lucha armada al margen del Partido y de las masas, como lo hace el foquismo.

La elaboración teórica del camino de la lucha armada, de una concepción de guerra popular revolucionaria a partir de los principios generales de la guerra y de la guerra popular revolucionaria en particular, implica descubrir las leyes de la guerra popular en el país, concepción en la que se reflejarán las características fundamentales de nuestra realidad. Esta es una tarea de vital importancia que corresponde cumplir al Partido Comunista Marxista-Leninista de Honduras, y sin la cual el propio proceso revolucionario no podrá encontrar el cauce justo y necesario.

La más importante condición para la lucha armada es la existencia del Partido Comunista marxista-leninista.

TAREAS CENTRALES DEL PODER REVOLUCIONARIO

El triunfo de la guerra popular revolucionaria, que destruirá los aparatos de dominación del imperialismo y de la oligarquía, instaurará un gobierno popular revolucionario dirigido por la clase obrera, en estrecha alianza con el campesinado y la pequeña burguesía urbana. Será gobierno patriótico y popular, democrático y de liberación nacional, que se apoyará en las fuerzas organizadas del pueblo, en el frente popular nacional, y que realizará las transformaciones que son necesarias para liberar a nuestra patria de la dominación del imperialismo norteamericano y de los remanentes del feudalismo, como condición para terminar con el atraso económico y social en que hoy se encuentra.

Las tareas centrales del Gobierno Popular Revolucionario que se instaure, serán las siguientes:

Recuperación de todas las riquezas nacionales que estén en poder del imperialismo norteamericano.

El Gobierno Popular Revolucionario nacionalizará todos los recursos y empresas que estén en manos de los monopolios norteamericanos. Respetará a los capitalistas que no se opongan a la revolución. No nacionalizará las empresas de los capitalistas de otros países ni las de los capitalistas nacionales, pero se deberán someter a las leyes de la revolución.

Realización de la transformación agraria.

La transformación del agro cubrirá varias etapas. La dotación de tierra al campesinado se iniciará en el transcurso mismo de la lucha. Con la conquista del Poder, las tierras de los grandes terratenientes serán confiscadas y entregadas, con títulos de propiedad, a los campesinos desposeídos y a los que tengan poca. Se distribuirán las tierras nacionales y ejidales y se les dará asistencia técnica, créditos a largo plazo y a bajo interés, y se anularán las deudas que tengan con los terratenientes y usureros. A los terratenientes se les dará el mínimo de tierra necesaria para que la cultiven y puedan vivir sin explotar a nadie. No serán parceladas las grandes economías agrícolas y el Estado se reservará aquellas tierras que sean indispensables para la organización de empresas agrícolas estatales. Se respetará en todo momento el principio de voluntariedad en el proceso de organización de las economías campesinas y, sobre todo, al fomentar formas de economía y de trabajo colectivos.

Reorganización de la economía.

El Gobierno Popular Revolucionario reorganizará la economía del país en función de los intereses y posibilidades nacionales; promoverá la industrialización mediante la utilización racional de los propios recursos disponibles; nacionalizará la banca extranjera y democratizará la banca nacional. Nacionalizará el comercio exterior. Desarrollará y diversificará la agricultura. Creará un poderoso sector estatal de la economía, así como los organismos necesarios para el estudio y la ejecución de nuevas empresas. Abrirá mercados en el extranjero para la producción nacional. Honduras establecerá relaciones comerciales con todos los países, sobre la base del respeto y de la mutua conveniencia.

Realización de la reforma científica, popular y democrática de la educación.

El Gobierno Popular Revolucionario efectuará a corto plazo la alfabetización de toda la población adulta analfabeta. Ampliará la cobertura del sistema educativo, universalizando la educación primaria y dando facilidades de acceso a la educación media y universitaria a los hijos de los obreros, campesinos y de otros sectores de bajos recursos. Estimulará la formación de los técnicos que los cambios demanden y la formación de una intelectualidad al servicio de la revolución. Promoverá el desarrollo del arte y la literatura como expresiones de la cultura nacional. Combatirá las ideologías reaccionarias y oportunistas que sirven a la contrarrevolución.

Mejoramiento del nivel de vida de las masas trabajadoras.

El Gobierno Popular Revolucionario tomará una serie de medidas orientadas a mejorar el nivel de vida de las masas trabajadoras. Hará efectivo el salario básico para todos los trabajadores de la ciudad y del campo. Asegurará el pleno empleo. Construirá hospitales y centros de salud en todos los lugares del país en donde sean necesarios. Dará asistencia médica gratuita a la población infantil. Emitirá leyes de protección de la infancia y la maternidad. Mejorará y extenderá a todo el país la previsión social. Rebajará los precios de los alquileres y desarrollará planes de construcción de viviendas en gran escala para las familias de bajos ingresos. La electrificación, la apertura de vías de comunicación, etc., darán prioridad a las zonas rurales. Las medicinas, alimentos y demás artículos de primera necesidad serán objeto del control del Estado.

Ejercicio pleno de la soberanía nacional.

El Gobierno Popular Revolucionario realizará una política exterior independiente y de defensa de la soberanía nacional. Denunciará los pactos militares suscritos con los Estados Unidos de Norteamérica y todos los convenios lesivos a los intereses nacionales. Expulsará a los asesores y a las misiones norteamericanas por intervenir en los asuntos internos de la nación. Sostendrá una lucha intransigente contra el imperialismo y cualquier forma de hegemonismo que se pretenda imponer a nuestro país. Mantendrá relaciones de amistad, colaboración y solidaridad con los países socialistas, los países que hayan obtenido la independencia nacional y luchen por consolidarla, y con todos los pueblos del mundo.

Estructuración de un nuevo aparato estatal sobre bases democráticas.

El Gobierno Popular Revolucionario dará al nuevo aparato estatal una estructura y un contenido democráticos, que lo pongan en manos del pueblo, bajo su control y a su servicio. Serán derogadas todas las leyes represivas y se aprobarán las que sean necesarias para ampliar y garantizar los derechos de las masas trabajadoras. Se hará realidad la probidad administrativa y se establecerán mecanismos de control popular sobre los funcionarios. Se fortalecerá por todos los medios el

Poder Popular, principalmente las fuerzas armadas de liberación, como la más segura garantía de la revolución y de las conquistas revolucionarias, de la consolidación de las mismas y de su avance, frente a toda política de intervención que pretenda destruirlas.

Práctica consecuente de una política internacionalista y de apoyo en las propias fuerzas.

El Gobierno Popular Revolucionario practicará una política consecuentemente internacionalista, dando su aporte en la medida de sus posibilidades a la lucha de otros pueblos por la conquista de la independencia nacional; a la vez que se opondrá a toda forma de intervencionismo en los asuntos internos de los mismos por parte de las superpotencias. Hará efectiva en cada una de sus medidas el principio de apoyarse en las propias fuerzas, como el medio más seguro de lograr el desarrollo pleno de las potencialidades de la nación y el pueblo, y de garantizar el ejercicio de la soberanía nacional.

EL FRENTE POPULAR NACIONAL Y LA LUCHA REIVINDICATIVA DE LAS MASAS

La conquista del Poder y la instauración de un Gobierno Popular Revolucionario demanda la acción unitaria y organizada de las masas, de todas las clases y sectores sociales víctimas de la opresión y explotación del imperialismo y de la oligarquía. La acción unitaria y organizada de esas fuerzas, de sus organizaciones políticas y sociales, sólo se puede lograr mediante la política de frente único, que permita agrupar a la mayoría de la población en la lucha por la conquista la independencia nacional, la liquidación del latifundio, el desarrollo del país y el bienestar de las masas.

La dirección del proletariado es condición decisiva para la existencia del frente, la consecuencia de su lucha y la victoria sobre los enemigos. La hegemonía del proletariado, su unidad y acción independiente, son factores que determinan el destino de la revolución. La base del frente la constituye la alianza obrero-campesina.

El frente debe constituirse sobre la base de un programa mínimo, en el que se recojan los puntos que en la lucha contra la dependencia y el latifundismo sean aceptados por las distintas fuerzas, así como las reivindicaciones que se refieren al mejoramiento de las condiciones de vida y de trabajo de las masas, y aquellas que contribuyen a ampliar la participación de las mismas en las luchas sociales.

Nuestro pueblo ha acumulado experiencia en la lucha unitaria. El Frente de Acción Popular (FAP), el Frente de Unidad Popular (FUP), el Frente Amplio de Masas (FAM) y los "frentes amplios" organizados en diferentes momentos de la lucha popular y con objetivos específicos, han permitido lograr conquistas de importancia y acumular una valiosa experiencia.

El Partido Comunista Marxista-Leninista de Honduras, que ha estado en el centro de esas luchas, llama a los distintos destacamentos del pueblo hondureño a trabajar por la constitución de un frente popular nacional que unifique a las corrientes políticas y sociales de signo progresista y revolucionario, a responder a la unidad y actividad reaccionarias de las fuerzas ultraderechistas con la unidad y la lucha de las fuerzas democráticas. La lucha por la unidad es lucha contra las desviaciones de izquierda y de derecha, contra el sectarismo que estorba el proceso creciente de unidad logrado a través de las luchas cotidianas de los trabajadores.

La lucha por la liberación nacional no puede separarse ni debe contraponerse a la lucha reivindicativa de las masas, que adquiere, ligada a la primera, una perspectiva y contenidos nuevos, que contribuyen a ampliarla y profundizarla: Los comunistas marxista-leninistas consideramos, en las actuales circunstancias, que las principales reivindicaciones por las que debemos luchar las distintas fuerzas del pueblo y en torno a las cuales se podrá forjar el Frente Popular Nacional, son las siguientes:

I

Nacionalización de las instalaciones y demás propiedades de las compañías bananeras norteamericanas. Rescate de los recursos naturales en manos de los monopolios extranjeros. Regulación de la inversión extranjera, fijando límites a la ganancia exportable y obligando a la reinversión en el país de un alto porcentaje de la misma. Nacionalización de la banca extranjera y democratización de la banca nacional. Desarrollo económico independiente, al margen de la Comunidad Económica y Social de Centroamérica, de inspiración imperialista. Reforma tributaria que suprima las exoneraciones a las compañías extranjeras y a los grandes oligarcas del país, aumente los impuestos a las clases pudientes y suprima los lesivos a los trabajadores. Rompimiento de todos los tratados que impidan el ejercicio pleno de la soberanía nacional. Expulsión de la misión militar norteamericana, de sus agencias de penetración y de sus agentes disfrazados.

II

Realización de la reforma agraria radical, que liquide el latifundio y dé la tierra al campesino desposeído; anule las deudas de los campesinos con los usureros, especuladores y terratenientes; suprima los arriendos; asegure la asistencia técnica y créditos adecuados; precios justos y facilidades de acceso a los mercados para la producción de los campesinos. Respeto a la independencia de las organizaciones campesinas y al principio de la voluntariedad en la organización de su economía. Participación de las organizaciones campesinas en la implementación de la reforma agraria.

III

Reforma del Código del Trabajo que establezca y garantice amplias conquistas para los obreros: libertad, independencia y democracia sindicales. Jornada de trabajo de 40 horas. Vigencia plena del derecho de huelga. Vigencia efectiva del principio: a trabajo igual, salario igual. Respeto a la libertad de organización del campesinado y al activismo agrario. Ampliación y respeto a los derechos populares y de las libertades democráticas. Derogación de las leyes y decretos represivos. Saneamiento de la administración pública, principalmente de los llamados aparatos de seguridad del Estado. Lucha contra todas las manifestaciones del fascismo.

IV

Redistribución del presupuesto nacional de tal manera que se atiendan de una mejor forma las tareas del desarrollo económico y social. Elevación de los salarios de todos los trabajadores y empleados de acuerdo al encarecimiento de la vida. Establecimiento del salario básico para todos los trabajadores de la ciudad y del campo. Reforma urbana que promueva programas de viviendas populares y abarate los alquileres. Reorientación de los servicios de salud pública. Creación de verdaderos centros de salud, equipados adecuadamente. Control y abaratamiento del precio de las medicinas, así como de los productos de mayor consumo popular.

V

Reforma científica, popular y democrática de la educación. Universalización de la educación primaria. Servicio gratuito de material didáctico en las escuelas e institutos. Creación de colegios oficiales en número suficiente para atender las necesidades básicas de este nivel. Creación de un sistema de becas al servicio de los sectores de bajos ingresos. Defensa de la autonomía universitaria y aumento del presupuesto de la Universidad. Reestructuración de todo el sistema educativo nacional. Participación magisterial, estudiantil y demás sectores populares en la reforma educativa.

EL PARTIDO COMUNISTA MARXISTA-LENINISTA DE HONDURAS

El Partido Comunista Marxista-Leninista de Honduras es el partido político del proletariado hondureño, la forma más avanzada de organización política de la clase obrera, sin cuya existencia no es posible la conquista del Poder, dar solución a los problemas fundamentales de las masas, lograr la liberación del país del yugo imperialista y construir la sociedad socialista en nuestra patria.

El Partido Comunista Marxista-Leninista de Honduras es una necesidad histórica en la lucha de la clase obrera y del pueblo, por acabar con la explotación y opresión social y nacional. La degeneración revisionista de muchos partidos de la clase obrera no invalida, sino que, por el contrario, ratifica el carácter de necesidad histórica que tiene el partido.

El Partido Comunista Marxista-Leninista de Honduras constituye la fuerza política más avanzada de la clase obrera y del pueblo hondureño; aspira a convertirse en la vanguardia de las masas explotadas en la lucha por sus reivindicaciones inmediatas, la liberación nacional y el socialismo.

El Partido Comunista Marxista-Leninista de Honduras es la única organización política capaz de centralizar y unificar las luchas de las masas y de orientarlas hacia un solo objetivo: el derrocamiento de los explotadores y la instauración del Poder de los trabajadores, de los obreros, campesinos y demás sectores sociales interesados en la transformación del país para acabar con la dependencia y el latifundismo.

El Partido Comunista Marxista-Leninista de Honduras es heredero de las tradiciones de lucha de nuestro pueblo y continuador de las mismas en las actuales condiciones históricas. Nuestro Partido no es algo extraño a la nación hondureña, sino que surge de las más profundas entrañas de la misma.

El Partido Comunista Marxista-Leninista de Honduras tiene como objetivo fundamental en la presente etapa histórica, la realización de la revolución antimperialista y agraria, popular y democrática; y como objetivo final, la edificación de la sociedad socialista y comunista en Honduras.

El Marxismo-Leninismo, desarrollado y fortalecido en nuestro tiempo por el Pensamiento Mao Tsetung, constituye la base doctrinaria que sirve de guía al Partido Comunista Marxista-Leninista de Honduras; y el centralismo democrático, el principio rector de su vida interna.

El Partido Comunista Marxista-Leninista de Honduras, en sus relaciones con el movimiento revolucionario del mundo, se guía por el principio del internacionalismo proletario; y para el cumplimiento de sus tareas históricas, en el principio de apoyo en las propias fuerzas.

El Partido Comunista Marxista-Leninista de Honduras es el partido de la lucha armada, que rechaza tanto las concesiones y las prácticas del tránsito pacífico del revisionismo contemporáneo, como las concepciones y las prácticas del foquismo y demás variantes del oportunismo de izquierda.

El Programa del Partido Comunista Marxista-Leninista de Honduras es el programa de la liberación nacional, de la revolución antimperialista y agraria, popular y democrática; es el instrumento para forjar la unidad y organización de nuestro pueblo y hacer efectiva la conquista del Poder por los trabajadores.

LA ÉPOCA ACTUAL Y EL PROCESO REVOLUCIONARIO MUNDIAL CONTEMPORÁNEO

Nuestra época es la época del imperialismo y de las revoluciones proletarias. El imperialismo, fase superior y última del capitalismo, constituye la antesala de la revolución proletaria y el socialismo, por cuanto, al elevar sus contradicciones fundamentales a los extremos de máximo agravamiento, provoca la resistencia del proletariado, de los pueblos y naciones oprimidas, creando así las premisas objetivas para que sus crisis, cada vez más profundas, puedan desembocar en el triunfo de la revolución.

El sistema capitalista en su conjunto atraviesa por una profunda crisis general, a la que no podrá sobrevivir, siendo los Estados Unidos de Norteamérica, principal país imperialista, el más afectado por la crisis. El contenido de la época lo constituye, precisamente por esa circunstancia, el paso a nivel mundial del capitalismo al socialismo.

La tendencia predominante en el desarrollo de la sociedad contemporánea es cada vez más favorable al socialismo y a las fuerzas que luchan por reestructurar sobre bases socialistas el injusto sistema social capitalista; y cada día más desfavorable para el imperialismo, el socialimperialismo y la reacción mundial, empeñados en volver hacia atrás el carro de la Historia. La tendencia fundamental del mundo contemporáneo es la revolución.

La crisis del capitalismo es también crisis del socialimperialismo, surgido como consecuencia de la degeneración de la sociedad socialista en la Unión Soviética, en donde el capitalismo ha sido plenamente restaurado. El socialimperialismo es, en esencia, un sistema de opresión y explotación de los pueblos en nombre del socialismo. La base económica del socialimperialismo la constituye el capital monopolista de Estado, y su sistema político, una dictadura fascista, ejercida por la burguesía burocrático-monopolista. A la dictadura fascista en el interior del país corresponde el hegemonismo en la política internacional.

El socialimperialismo soviético mantiene bajo su control político y explotación económica a varios países de Europa Oriental, a Mongolia y a otros países de otros continentes, y se disputa con el imperialismo norteamericano la hegemonía sobre los distintos pueblos de la tierra, lucha en la que el imperialismo norteamericano está a la defensiva y el socialimperialismo soviético demuestra una mayor agresividad, y en la que los distintos pueblos de la tierra ven la amenaza de una nueva conflagración mundial.

Expresión de la crisis del socialimperialismo soviético son las inversiones masivas de capital europeo, japonés y norteamericano en la Unión Soviética; la militarización de la economía; la crisis crónica de la agricultura; el creciente desempleo; la fascistización del Estado y del Partido; las manifestaciones de protesta de las masas trabajadoras por la explotación de que son objeto por parte de la burguesía de nuevo tipo; la lucha de las minorías nacionales contra la discriminación; la invasión de Checoslovaquia, país que permanece ocupado militarmente por las tropas del Pacto de Varsovia; el surgimiento de una ideología imperialista que se expresa en una serie de "teorías", como la de la "dictadura internacional" y de la "soberanía limitada", etc.

El debilitamiento del imperialismo norteamericano y del socialimperialismo soviético conlleva una modificación substancial de la correlación de fuerzas en la arena internacional en favor de los países en donde el socialismo se construye exitosamente, como la República Popular China, República Popular de Albania, República Popular de Vietnam (en vías de unificación), República Popular de Corea, Cambodia; de los países en que ha triunfado la lucha de los pueblos por su liberación; de las naciones y pueblos oprimidos que en África, Asia y América Latina luchan contra el imperialismo y las pretensiones neocolonialistas del socialimperialismo soviético; y de la clase obrera del mundo por el triunfo de la revolución socialista. No obstante, las disputas de las superpotencias hacen cada vez mayor el peligro de la guerra.

La situación internacional refleja el contenido de la época, su dirección principal y las características del desarrollo de las contradicciones de la sociedad contemporánea. Esas contradicciones son las que se dan: entre las naciones oprimidas, por una parte, y el imperialismo y el socialimperialismo, por la otra; entre el proletariado y la burguesía en los países capitalistas y los países revisionistas; entre los países imperialistas y el socialimperialismo; entre los propios países imperialistas, y entre los países socialistas, por una parte, y el imperialismo y el socialimperialismo, por otra.

La situación internacional, en cuyos marcos se desenvuelve la lucha de nuestro pueblo por su liberación, abunda en acontecimientos en los que el proletariado y las naciones oprimidas del mundo asestan derrotas contundentes al imperialismo norteamericano, al socialimperialismo soviético y al colonialismo. El imperialismo norteamericano fue derrotado en Indochina. Vietnam del Sur, Laos y Cambodia han conquistado su plena independencia y encaminan sus pasos hacia la construcción del socialismo. En Cambodia fue derrotado también el socialimperialismo soviético que apoyó a la camarilla proimperialista de Lon Nol. En Europa, convertida en el escenario principal de la confrontación de las dos superpotencias —los Estados Unidos y la Unión Soviética—, se desarrolla la tendencia hacia la reafirmación de la independencia frente al hegemonismo. En el continente africano, los Estados independientes fortalecen su unidad antimperialista y libran batallas contra los intentos neocolonialistas del socialimperialismo soviético. Y en América Latina, el ascenso del movimiento popular, junto a las tendencias nacional-reformistas, han creado condiciones favorables para el surgimiento de las organizaciones políticas del proletariado, verdaderamente ligadas a las masas y con una clara perspectiva revolucionaria.

El proceso revolucionario mundial contemporáneo tiene, en la lucha de los países verdaderamente socialistas, en la lucha de la clase obrera de los países capitalistas y en la lucha de los pueblos y naciones oprimidos por la liberación nacional, las tres grandes corrientes que lo constituyen. Y en el imperialismo y el socialimperialismo coludidos, los dos grandes obstáculos para la conquista de sus grandiosos objetivos. El Tercer Mundo, formado por los países atrasados y en desarrollo de América Latina, Asia y África, surgido como una poderosa fuerza revolucionaria de nuestro tiempo.

La vanguardia del proceso revolucionario mundial contemporáneo la constituyen los partidos comunistas marxista-leninistas, que, desde las posiciones del Poder o luchando por conquistarlo, se enfrentan al imperialismo y al socialimperialismo, que pretenden convertirse en los administradores del mundo. El Partido Comunista Marxista-Leninista de Honduras es parte de esa gran familia de los partidos marxista-leninistas que luchan contra el imperialismo, la reacción y el revisionismo contemporáneo, que busca desarmar ideológica, moral, política y materialmente al proletariado de todos los países.

El Partido Comunista Marxista-Leninista de Honduras considera la lucha del pueblo hondureño por la liberación nacional y el socialismo ligada estrechamente a la lucha de los demás pueblos centroamericanos por los mismos objetivos. El imperialismo norteamericano, enemigo común de nuestros pueblos, actúa en Centroamérica con una estrategia regional, de unidad contrarrevolucionaria con las oligarquías, razón por la cual —así como por otras circunstancias— la estrategia revolucionaria en cada uno de los países centroamericanos debe tender al establecimiento de la más estrecha solidaridad y colaboración de los distintos destacamentos revolucionarios.

El Partido Comunista Marxista-Leninista de Honduras considera su deber internacionalista apoyar con toda decisión, sin menoscabo de la independencia de las organizaciones revolucionarias, los esfuerzos encaminados hacia la creación y desarrollo de las organizaciones marxista-leninistas en los otros países hermanos.

Nuestro Partido ha hecho suyo el ideal morazanista de unidad centroamericana, el cual podrá ser realidad sólo en las condiciones de regímenes populares y democráticos en los países de Centroamérica, ideal muy diferente y opuesto a la integración que promueven el imperialismo norteamericano y las oligarquías nativas para su propio beneficio, y que rechazamos los comunistas marxista-leninistas de Honduras.

Las condiciones internacionales son favorables para el triunfo de la revolución en nuestro país; para la conquista del Poder por el pueblo, su consolidación, y la realización de las transformaciones que aseguren la independencia nacional y la solución de los problemas de las masas. La amenaza del fascismo en nuestro país, así como en el resto de los países de América Latina, no podrá detener el ascenso del movimiento popular y el vendaval de la revolución.

INFORME SOBRE EL PROGRAMA DEL PARTIDO COMUNISTA MARXISTA-LENINISTA DE HONDURAS

Camaradas:

El Comité Central ha puesto a la consideración del Segundo Congreso Nacional del Partido el Proyecto de un nuevo Programa. La discusión y consiguiente aprobación del mismo, junto a la discusión y aprobación de los nuevos Estatutos, tienen para el movimiento revolucionario del proletariado hondureño la más alta significación histórica, por cuanto vienen a cerrar una etapa decisiva en el proceso de construcción del partido de la clase obrera hondureña, del Partido Comunista Marxista-Leninista de Honduras.

En efecto, a partir de este Congreso, con la aprobación de dichos documentos nuestro Partido adquiere la fisonomía de un verdadero partido marxista-leninista, con una clara comprensión de los problemas fundamentales de la revolución hondureña y de las características esenciales que como partido revolucionario del proletariado debe reunir para ser un instrumento efectivo de la clase obrera y de nuestro pueblo en la lucha por la conquista del Poder, la liberación nacional y la reestructuración socialista de la sociedad hondureña. Así, el cumplimiento de las tareas centrales de este Congreso abrirá una nueva etapa en la vida del Partido.

El Programa y los Estatutos permitirán efectuar de una mejor manera la educación ideológica y política de los miembros y candidatos a miembros, de los amigos y simpatizantes del Partido; llevar su línea a las organizaciones de masas, conduciéndolas en el diario enfrentamiento con el imperialismo y la oligarquía; realizar una lucha consecuente contra todas las desviaciones, de izquierda o de derecha, y en especial contra el revisionismo contemporáneo, sin cuya derrota, a nivel nacional e internacional, no se puede pensar seriamente en el triunfo de la revolución.

El nuevo Programa y los nuevos Estatutos constituirán, sin lugar a dudas, los instrumentos básicos en el proceso de construcción y desarrollo del Partido, del forjamiento de la unidad del movimiento popular hondureño y demás medios necesarios para la toma del Poder y la instauración de un gobierno popular revolucionario, capaz de realizar las transformaciones que el país demanda para acabar con la dependencia y el atraso secular en que se encuentra.

La aprobación del nuevo Programa y de los nuevos Estatutos define el compromiso histórico de nuestro Partido con la revolución hondureña.

NECESIDAD DEL PROGRAMA

El anterior Programa del Partido fue aprobado en el II Pleno del Comité Central, celebrado en el mes de octubre de 1961; ocho años después de reorganizarse el Partido, y fue publicado por la vieja dirección oportunista, sin la necesaria revisión que una comisión de estilo, nombrada para tal propósito, debió haber realizado previamente.

Ese programa recoge las concepciones oportunistas de derecha que se impusieron en el Partido a partir de su reorganización en el mes de abril de 1954, y que reflejan grandes limitaciones en el dominio de la teoría marxista, en el conocimiento de la realidad nacional, de la historia del movimiento revolucionario nacional e internacional, y, fundamentalmente, las concepciones del revisionismo contemporáneo, que a partir del XX Congreso del PCUS se impusieron en el movimiento comunista internacional.

El viejo programa del Partido es, por esas y otras circunstancias, un programa esencialmente revisionista, predominantemente descriptivo, sin planteamientos sólidamente fundamentados y sin perspectiva revolucionaria. Es el programa del tránsito pacífico, de la vía electorera hacia el Poder y del supeditamiento del proletariado a la llamada burguesía nacional, cuya existencia y carácter revolucionario no se cuestionaron en ningún momento ni se cuestionan todavía, por el oportunismo derechista.

El viejo programa no se elaboró a partir de un serio análisis de la formación social, de la dependencia y del latifundismo, de la base y de la superestructura propias de la sociedad hondureña, por eso no dio soluciones correctas a problemas fundamentales de nuestra revolución, como son el del carácter y etapas de la misma; el de las fuerzas motrices y el papel de cada una de las clases; el de la vía fundamental para la toma del Poder; el de la estructuración del Poder revolucionario, etc., así como el de las tareas que de los mismos se desprenden.

El programa se ató al viejo esquema oportunista de "las cuatro clases revolucionarias", en el que se incluye a la burguesía nacional como fuerza motriz de la revolución; rehusó el planteamiento de la lucha armada como vía fundamental de la revolución hondureña, para refugiarse en un hipotético "alzamiento de masas" y hacer toda clase de consideraciones respecto a que en ningún momento se descarta la posibilidad de los medios pacíficos para resolver los problemas del país.

En la estructuración del poder revolucionario, en la participación de las fuerzas nacionales, en el planteamiento de las cámaras de diputados y de frente unitario para asegurar lo táctico. En fin, la concepción del proceso revolucionario era una simple democratización de la vida del país, permitiendo con ello confusión ideológica y una orientación fundamental de un programa que de ninguna manera podía conducir a la vía socialista en Honduras de lucha de todo nuestro pueblo frente al imperialismo norteamericano y la oligarquía patria, y, en particular, era un medio para sentar las bases de la unidad de las organizaciones populares y forjar los demás frentes de la revolución.

El desarrollo de la lucha de clases en los años siguientes a la aprobación del programa, no sólo comprobó su ineficacia para el cumplimiento de la misión y de las tareas cardinales de un partido revolucionario marxista-leninista, sino que, además, llevó a las bases y direcciones a comprender la necesidad de superar en la práctica sus concepciones.

Esta es la situación que se planteó a partir del golpe de Estado del 3 de octubre de 1963 y que alcanzó hasta enero de 1967, cuando el Partido, con la celebración de la Segunda Conferencia Nacional, rompió definitivamente con el oportunismo derechista. De hecho, es a partir de ese momento que se hace evidente la necesidad de un programa que delimitara, a nivel de línea general, los campos entre un partido y el partido revisionista, constituyéndose como organización independiente en el mes de diciembre de 1966, con el llamado IV Pleno del Comité Central, celebrado con toda la fracción oportunista de aquel entonces, que había sido totalmente derrotada en la lucha interna en los años 1965 y 1966.

El Programa, pues, constituye en la vida del Partido una necesidad hondamente sentida. El proceso de construcción del mismo en las distintas zonas del país y en el seno de las distintas clases revolucionarias, principalmente de la clase obrera y del campesinado, así como en los distintos aspectos de su vida, ya no puede seguir impulsándose al ritmo que demandan las necesidades del movimiento revolucionario y de acuerdo a las posibilidades existentes, sin una línea general científicamente elaborada, que recoja las concepciones fundamentales sustentadas por el Partido acerca de la revolución, y que constituyen, precisamente, el contenido esencial del Programa.

El proceso de construcción del partido marxista-leninista como partido de nuevo tipo, bajo las particulares condiciones de la época, en que se ha producido la restauración del capitalismo en la URSS, primer país que construía el socialismo transformado ahora en un país socialimperialista; la maduración creciente de las condiciones objetivas para la revolución, tanto a nivel mundial como en nuestro propio país; el desarrollo impetuoso de la lucha de clases, cada vez más agudo y complejo, en el seno de la sociedad hondureña; la profundización de la crisis estructural de nuestra sociedad; la insurgencia de nuevas fuerzas sociales y políticas que plantean sus propias alternativas de cambio; el surgimiento del reformismo y del nacionalismo como alternativas de determinados sectores de las clases dominantes frente a la revolución; el aparecimiento de nuevas formas de penetración y explotación imperialistas; la lucha a nivel mundial, y consiguientemente en nuestro país, entre el marxismo y el revisionismo; el crecimiento de las tareas del Partido en los diferentes frentes de masas y las necesidades de su propio desarrollo, etc., hicieron de la elaboración de un nuevo programa y de nuevos estatutos, en los que se sintetizan su línea general y los principios básicos de su vida interna, la más importante tarea que era necesario realizar para poder continuar desarrollándose y cumplir con nuestras responsabilidades de dirección del movimiento popular.

EL NUEVO PROGRAMA

El programa debe recoger —según el pensamiento de Lenin— las ideas fundamentales acerca del carácter, los objetivos y las tareas de nuestro movimiento y estar orientado hacia la organización de la lucha de clases del proletariado y a dirigir esa lucha que, en esencia, constituye la justificación histórica del partido comunista marxista-leninista. En la medida de lo posible, hemos procurado que el nuevo programa responda a esa indicación del gran maestro del proletariado.

En la exposición de esas ideas fundamentales, hemos tenido en cuenta, además, que un programa debe tener tesis breves y que la explicación de las mismas no puede formar parte de su contenido, sino dejarse para la labor educativa, para la agitación y la propaganda que deben orientarse a hacer comprensibles esas tesis a las clases y sectores sociales que es necesario ganar para la revolución. Esto es lo que constituye el esfuerzo por divulgar y popularizar el programa, hacer que se convierta en una bandera en manos del pueblo en la lucha contra la dominación del imperialismo y de la oligarquía.

El nuevo Programa sintetiza la experiencia del Partido en el proceso de elaboración teórica de los problemas de la revolución hondureña, de elaboración de su línea general y de las líneas particulares de los diversos frentes de trabajo; refleja la experiencia del Partido en la lucha por la defensa del marxismo, que el revisionismo contemporáneo ha pretendido castrar de su esencia revolucionaria, por la defensa y aplicación creadora de la doctrina de Marx, Engels y Lenin.

Hitos decisivos de ese proceso han sido los Plenos V, VI y VIII del Comité Central del Partido, cuyos documentos se han caracterizado por los contenidos programáticos que recogen. Ellos llenaron el vacío dejado por un programa absoluto; permitieron educar a los nuevos miembros que se incorporaron a la militancia organizada sobre la base de su estudio. En gran medida, los fundamentos del nuevo Programa los encontramos en esos documentos que fueron profundizando y desarrollando la línea del Partido hasta alcanzar la formulación más o menos acabada y coherente que adquieren en el Programa.

LAS TESIS FUNDAMENTALES

El nuevo Programa tiene su punto de partida en la caracterización de la sociedad hondureña como una sociedad de capitalismo dependiente, en la que el peso de las supervivencias feudales es considerable. Esta caracterización discrepa totalmente de la que sustenta el revisionismo criollo, que la caracteriza como una sociedad de economía compleja en la que coexisten diferentes relaciones de producción, y en la que el capitalismo aparece como la perspectiva necesaria de su desarrollo.

El revisionismo soslaya de esa manera, con una verdad de Perogrullo, válida para cualquier sociedad latinoamericana de nuestro tiempo, la esencia del problema: determinar cuáles son las relaciones de producción predominantes en la sociedad hondureña y que le imprimen su sello a la sociedad en su conjunto.

La caracterización de la sociedad hondureña como una sociedad capitalista dependiente, semicolonial y atrasada, con peso considerable de relaciones feudales, permite esclarecer de una mejor forma la tesis del agotamiento de posibilidades históricas del capitalismo que, en el caso de sociedades dependientes como la nuestra, está totalmente incapacitado para ofrecer soluciones a los problemas fundamentales de las masas, superar la dependencia y el atraso.

Permite, además, explicar la insurgencia de nuevos sectores en el seno de las clases dominantes, con posiciones discrepantes frente a la oligarquía tradicional, así como el desarrollo de la clase obrera y el papel creciente de la misma en el proceso político hondureño. Y, sobre todo, rechazar la posición oportunista de atar la suerte del movimiento revolucionario a la perspectiva del desarrollo capitalista del país.

El proceso reformista de los últimos años, cuyo esquema se recoge en el Plan Nacional de Desarrollo, tiende a encauzar el desarrollo del capitalismo que en las últimas dos décadas ha cobrado un fuerte impulso. Se trata, como lo ha sostenido nuestro Partido, de un desarrollo capitalista dentro de los marcos de la dependencia, en connivencia con la dominación extranjera, con el control que sobre nuestra economía y los recursos naturales del país ejercen los grandes monopolios norteamericanos. La reforma agraria de orientación y contenidos capitalistas constituye el elemento medular de ese proceso.

El oportunismo derechista ha saludado alborozado los planes para desarrollar el capitalismo, haciendo suyos los programas de "modernización" y de "actualización histórica" de la sociedad hondureña elaborados por los técnicos de las agencias internacionales, bajo el supuesto de que el desarrollo capitalista, con el consiguiente crecimiento de la clase obrera, ha de crear las condiciones para la revolución. Se trata de la vieja "teoría de las fuerzas productivas" de Carlos Kautsky, principal teórico de la II Internacional y renegado del marxismo, de la que se ha servido el oportunismo derechista para fundamentar "teóricamente" su renuncia a la revolución.

El Programa plantea los problemas de la dependencia y del latifundismo no sólo como factores explicativos del atraso del país y verdaderos obstáculos para el desarrollo, sino que, además, como elementos condicionantes de las características básicas de la formación social hondureña.

La dependencia de nuestro país con respecto al imperialismo norteamericano ha sido una de las más acentuadas del continente, abarcando los aspectos fundamentales de la economía y la política, de la cultura y la educación, etc. El atraso inmenso que nos caracteriza, que nos coloca junto a Haití en el último lugar de América Latina, ha sido el resultado de la situación semicolonial en que nos puso la penetración del capital imperialista.

El latifundismo favoreció aquella penetración y se convirtió en soporte de la misma. Los grandes monopolios bananeros norteamericanos se convirtieron en los más grandes latifundistas del país. Dependencia y latifundismo, en estrecho maridaje, han configurado en gran medida las características esenciales de nuestra sociedad.

En Honduras, las compañías bananeras norteamericanas, la Tela Railroad Company y la Standard Fruit Company, filiales de las transnacionales Castle and Cooke y United Brands, respectivamente, han ampliado a través de radio de operaciones, penetrando a ramas de nuestra economía y creando contacto con el capital nacional para apoderarse de otras ramas y encubrir su control sobre las mismas. Con la derogación de las viejas concesiones y el planteamiento de nuevos esquemas integracionistas, el estudio de las nuevas condiciones bajo las cuales vienen operando tiene una enorme importancia para profundizar la lucha de nuestro pueblo contra la penetración y la dominación del capital imperialista.

El enfoque del problema agrario fundamenta la tesis del papel del campesinado como la fuerza motriz principal de la revolución hondureña: destaca la estrecha relación del problema de la tierra con el problema de la dependencia con respecto al imperialismo norteamericano, así como el peso creciente de las relaciones capitalistas en el agro, pero a la vez advierte la imposibilidad de resolver el problema agrario, en interés del campesinado, sobre la base de la reorganización capitalista de la agricultura.

El débil proceso de reforma agraria, impulsado en medio de grandes contradicciones por las fuerzas armadas, no ha podido modificar sustancialmente el cuadro del predominio del latifundio, nacional y extranjero, en las relaciones agrarias. La experiencia hondureña ha demostrado que cualquier intento de resolver el problema de la tierra, en interés del campesinado y de un verdadero desarrollo nacional, toca necesariamente la cuestión de la dependencia; uno y otro problema están íntimamente entrelazados y no se puede hacer reforma agraria radical, como es la que el país necesita, sin una política consecuentemente nacionalista que aborde con seriedad y decisión la realidad de la dominación del imperialismo norteamericano sobre Honduras.

La posición de nuestro Partido frente al problema agrario tiene como elemento medular el planteamiento de la revolución agraria como única y verdadera solución del mismo; de la revolución agraria como parte del proceso de liberación nacional y como mecanismo de incorporación del campesinado a ese proceso.

El partido revisionista, que concibe el proceso agrario como una evolución hacia formas de economía mercantil para impulsar el desarrollo de las fuerzas productivas y la proletarización del campesinado, considera la reforma agraria de tipo capitalista como la gran solución del problema del agro hondureño. El oportunismo derechista no quiere ver que el capitalismo no puede resolver el problema de la tierra sino para su propio beneficio, y que las luchas campesinas, al quebrar los esquemas reformistas que se les ha pretendido imponer, han rebasado ya los marcos dentro de los cuales el oportunismo y los sectores burgueses conciben resolver el problema de la tierra.

Un planteamiento correcto de la relación entre el problema de la tierra y el de la dependencia sirve de fundamento para una justa comprensión de las contradicciones básicas de la sociedad hondureña y del carácter antimperialista y agrario de nuestra revolución en la presente etapa histórica.

El esquema de la estructura de clase de la sociedad hondureña recogido en los Documentos del VI Pleno del Comité Central ha sido incorporado íntegramente, con pequeñas variantes, al nuevo Programa. El análisis marxista es fundamentalmente análisis de clase y esto debe reflejarse en el enfoque de todos los problemas de la revolución. Esta es la razón para que se incluya aquel esquema que nos permite precisar la posición de cada una de las clases frente a los problemas fundamentales de la sociedad hondureña y de la liberación nacional.

Particular atención merece en este campo el problema de la llamada burguesía nacional, en torno al cual existen muchas confusiones. De la burguesía nacional se habla en los países dependientes, coloniales o semicoloniales, para referirse a un sector de la burguesía nativa con inversiones en la industria y que, precisamente por esa circunstancia, está objetivamente interesado en la ampliación y control del mercado interno, lo que se traduce en actitudes nacionalistas frente al capital extranjero. Nuestro Programa la identifica con la burguesía media y más concretamente con el sector agroindustrial, cuyo desarrollo en los últimos lustros tiende a diferenciarlo como clase en el seno de las clases dominantes. Este sector ha sido la fuerza social más interesada en impulsar el proceso reformista, ahora prácticamente estancado; no obstante, dada su debilidad económica y sus vinculaciones con el capital foráneo, rehúye una confrontación a fondo con los obstáculos reales del progreso: los monopolios yanquis y el latifundismo, proponiendo soluciones que tan solo tienden a modernizar el sistema y al logro de sus particulares y estrechos intereses de clase.

El oportunismo derechista sostiene la tesis de una burguesía nacional debidamente conformada y fuerza motriz de la revolución hondureña. Nuestro Partido plantea el problema en otros términos, señalando sus grandes limitaciones, su carácter inconsecuente y vacilante, pero, al mismo tiempo, sus posibilidades, ligadas a la propia unidad y fortaleza del movimiento popular.

Junto a la estructura de clase de la sociedad hondureña, el Programa incluye la estructura de poder característica de la misma, definiendo los aspectos medulares de la crisis, entre los que se destacan el paso de los partidos tradicionales a un segundo plano como instrumentos de la dominación del imperialismo y de la oligarquía, y la conversión de las fuerzas armadas en el factor real de poder que determina la política, tanto interna como externa del Estado hondureño.

El Programa sostiene la tesis del resquebrajamiento de la vieja estructura del poder oligárquico-imperialista como tendencia predominante en el desarrollo político hondureño y de la modernización de las estructuras de poder como una necesidad imperiosa para las clases explotadoras frente a la alternativa de la revolución. La importancia de estos dos planteamientos es indudable, tanto desde el punto de vista de nuestra lucha por profundizar y aprovechar en interés de la revolución la crisis del sistema, como desde el punto de vista de disponer de un elemento explicativo del proceso reformista a nivel de los factores supraestructurales.

Elemento importante en el nuevo Programa lo constituye el análisis de la crisis estructural de la sociedad hondureña, crisis que las clases dominantes no están en capacidad de resolver. También en este caso nos referimos a un fenómeno propio de los países dependientes, pues no se trata de la crisis de los países de desarrollo clásico del capitalismo. La crisis estructural es la base objetiva de los cambios y, por tanto, de las posibilidades de la revolución. La crisis, sin embargo, no es un resultado mecánico del juego de los factores objetivos ni puede por sí sola producir la quiebra total de la dominación del imperialismo y de la oligarquía. Sólo la lucha de las masas, bajo la dirección correcta y decidida del partido marxista revolucionario, puede hacer que la crisis desemboque en la revolución.

La crisis estructural debe ser estudiada y enfrentada desde el punto de vista de la lucha de clases y de los objetivos estratégicos del movimiento revolucionario; de otra manera no se podrá evitar caer en el espontaneísmo, o en el seguidismo oportunista con respecto a las soluciones que de aquélla propongan cualquiera de las clases dominantes. La crisis estructural sólo podrá ser resuelta por la revolución.

El carácter de la revolución hondureña, según se establece en el Programa, es antimperialista y agrario, popular y democrático, carácter determinado por los problemas que está llamada a resolver: la liquidación de la dependencia y de los remanentes feudales, que tienen en el latifundio improductivo su más importante manifestación. Sin embargo, hay quienes hacen caso omiso de la dependencia y del latifundismo y sostienen que la revolución hondureña tiene desde ya un carácter socialista; quienes así piensan son seguidores conscientes o inconscientes del trotskismo, que ha encontrado algún eco en determinados elementos intelectuales del país.

El oportunismo de derecha, por su parte, en lugar de saltarse la etapa popular y democrática como hacen los trotskistas, se ha inventado una nueva etapa, que antecede a esta última, en la que los militares patriotas son la fuerza de vanguardia que sienta las bases del posterior proceso de liberación nacional. En uno y otro caso, desde las posiciones oportunistas de izquierda o de derecha, se obstruye el proceso revolucionario. En el primero, impidiendo la alianza de las clases democráticas para hacerle frente al imperialismo y a sus aliados internos; y en el segundo, propiciando una alianza que pone el movimiento revolucionario a la cola de la burguesía, sustituyendo la revolución por las reformas, la liberación nacional por el desarrollo del capitalismo.

Nuestro Partido sostiene la tesis del campesinado como fuerza motriz principal de la revolución hondureña, tesis que el oportunismo derechista, deformando conscientemente nuestra línea, ha utilizado para hacernos la acusación de populistas. El oportunismo, dogmático y sectario, no ha podido explicar el papel del campesinado en la revolución; cuando no ha negado la existencia del campesinado como clase, ha convertido la frase de Marx sobre la estupidez campesina y el señalamiento leninista de su reaccionarismo por su condición de pequeño propietario en dogmas que le han impedido ver la condición y potencialidades revolucionarias del campesinado a través de la experiencia concreta de varias revoluciones.

El revisionismo tampoco ha resuelto de manera correcta el papel de cada una de las clases en la revolución, contraponiéndolas de manera metafísica, particularmente en lo que se refiere al papel dirigente de la clase obrera y del campesinado como fuerza motriz principal de la revolución. El revisionismo absolutiza el papel de la clase obrera; cayendo por la pendiente del trotskismo, la aísla del campesinado, su aliado natural, y la pone a la cola de la burguesía, con lo cual se cierra toda posibilidad de forjar la alianza obrero-campesina y, por tanto, se cierra, además, el camino a la revolución.

El Programa resuelve este problema a la luz de nuestra propia realidad de país fundamentalmente agrario, en donde las masas campesinas constituyen la inmensa mayoría de la población y, en especial, a la luz de nuestra propia concepción del camino de la revolución hondureña —que no es otro que el camino de la lucha armada cuya forma, para los países con las características del nuestro, es la guerra revolucionaria, popular y prolongada.

El populismo de fines del siglo pasado y de principios del presente vio en el campesinado la fuerza principal y dirigente de la revolución. No pudo explicarse el papel de la clase obrera como fuerza de vanguardia porque el desarrollo social de la Rusia finisecular y de principios de siglo y la falta de una teoría científica que les permitiera interpretarlo se lo impidieron. Pero en las actuales condiciones históricas, de conjunción de los distintos procesos revolucionarios en un solo torrente que apunta hacia el socialismo, sólo el oportunismo derechista puede negar el papel revolucionario del campesinado, en el caso concreto de Honduras, su papel de fuerza motriz principal de la revolución.

Es evidente que el problema de la lucha armada, como vía fundamental de la revolución hondureña, es el aspecto menos elaborado de nuestra línea general, y que las tesis programáticas no constituyen más que eso: tesis que el Partido debe desarrollar sobre la base de la propia experiencia, del conocimiento de la realidad nacional y del estudio de la teoría militar marxista. El Programa no puede llevar el problema más allá de sus formulaciones básicas y del planteamiento, como una tarea esencial del Partido, de la elaboración teórica del problema de la guerra revolucionaria —de una concepción de la guerra revolucionaria que refleje las particularidades del país y del desarrollo de nuestro movimiento, concepción sin la cual, se deja sentado claramente, el propio proceso revolucionario no podría encontrar su cauce justo y necesario.

Las tareas que el Programa señala para el Poder revolucionario no deben entenderse como un programa de gobierno, sino como lineamientos de la política revolucionaria para una etapa determinada del proceso, como medidas insoslayables para liquidar la dependencia y el latifundio, consolidar el poder de los trabajadores, organizar la economía sobre nuevas bases que permitan iniciar el desarrollo económico independiente y dar solución a los problemas vitales de las masas. El contenido de estos lineamientos generales lo determinará, en última instancia, el propio proceso de la lucha de clases.

La definición del Partido, de sus objetivos y rasgos esenciales, como partido revolucionario del proletariado, es un elemento fundamental del Programa, que, por una parte, apunta contra las concepciones anarquistas, el foquismo y demás variantes del oportunismo de izquierda que niegan la necesidad histórica del Partido como instrumento de la revolución; y, por otra parte, apunta contra las concepciones oportunistas de derecha que niegan en la práctica sus características esenciales de partido revolucionario del proletariado, incapacitándolo para la toma del Poder y el cumplimiento de sus objetivos históricos.

Las tesis sobre el Partido resumen la concepción marxista-leninista del partido comunista de nuevo tipo, heredero de las mejores tradiciones de lucha del proletariado revolucionario y forjado en la lucha consecuente contra el revisionismo contemporáneo.

Especial atención ha merecido en los documentos del Partido, y lo mismo ocurre con el Programa, el enfoque de la situación internacional y de los problemas internacionales, cuya complejidad no deja de provocar confusiones en algunos camaradas. Lo más importante en este sentido está relacionado con el sistema de las contradicciones de la sociedad contemporánea, modificado profundamente a partir de la degeneración del socialismo en la URSS y la transformación de la misma en un país socialimperialista.

El surgimiento del socialimperialismo es un fenómeno nuevo, de elaboración teórica bastante reciente. El socialimperialismo no es simplemente una política de opresión y explotación de los pueblos practicada en nombre del socialismo; es fundamentalmente un sistema de opresión y de explotación de los pueblos, cuya naturaleza y política expoliadora se encubre con el nombre del socialismo. El socialimperialismo es, en esencia, imperialismo, pero un imperialismo de características muy particulares por provenir de la degeneración de un sistema de esencia y estructura avanzadas que degeneraron en su contrario bajo determinadas condiciones históricas.

Los problemas de la política internacional del movimiento comunista internacional, sin embargo, no siempre son examinados tomando en cuenta, tanto en la teoría como en la práctica, esta nueva realidad.

Las tesis programáticas sobre la época y el proceso revolucionario mundial contemporáneo constituyen el fundamento teórico de nuestra posición en el movimiento revolucionario internacional, de nuestras relaciones con las demás organizaciones revolucionarias y, sobre todo, de nuestra posición frente al revisionismo contemporáneo, cuya traición al proletariado no podrá desviar el curso de la historia. La crisis del imperialismo y del socialimperialismo va abriendo el camino a la revolución, que constituye la tendencia principal de nuestro tiempo. Las condiciones internacionales son cada vez más favorables para la revolución.

La unidad y el fortalecimiento del movimiento popular han sido preocupación permanente de nuestro Partido. Los más importantes esfuerzos realizados en este sentido se deben a la política unitaria y a la actividad que hemos desplegado junto a otras organizaciones políticas en aquella dirección. Nuestro pueblo conoció y dio amplio apoyo al Frente de Acción Popular (FAP), al Frente de Unidad Popular (FUP) y al Frente Amplio de Masas (FAM), que surgieron en distintos momentos del acontecer político nacional para canalizar la lucha de los trabajadores hacia objetivos específicos.

El FAP fue el principal abanderado de la lucha popular contra el régimen represivo de López Arellano instaurado a partir del golpe de Estado del 3 de octubre de 1963. El FUP organizó a su alrededor la oposición a los planes reeleccionistas de López Arellano después del conflicto hondureño-salvadoreño. Y el FAM fue, durante cierto tiempo, una fuerza nucleadora de la lucha popular bajo las condiciones del reformismo, tanto frente a la actividad conspirativa de los sectores ultraderechistas como frente al oportunismo de derecha que pretendió poner las organizaciones de masas al servicio de los sectores reformistas.

El Programa sienta las bases de nuestra política de frente único orientada hacia la constitución de un frente popular nacional, con amplio apoyo de masas, que en torno a un programa mínimo, cuyo elemento medular debe ser la lucha por la transformación agraria, unifique a todas las fuerzas interesadas en los cambios que la nación necesita para iniciar el desarrollo independiente y resolver los problemas más apremiantes de las masas.

La lucha reivindicativa de los trabajadores y las tareas de construcción del Partido deben ligarse estrechamente a la lucha por la constitución de un frente popular nacional como el que se plantea en el Programa. Los comunistas marxista-leninistas debemos empeñarnos en la realización de este objetivo.

PROGRAMA DEL PARTIDO COMUNISTA MARXISTA-LENINISTA DE HONDURAS

Camaradas:

El Programa debe ser estudiado y discutido amplia y profundamente por todos los miembros y organizaciones del Partido, de tal manera que se incorpore a la comprensión y aplicación del mismo toda la capacidad y experiencia de su militancia. El Programa debe ser un instrumento de trabajo que nos permita realizar las tareas de construcción del Partido con una mayor conciencia y responsabilidad, con mayor decisión e iniciativa; y, sobre todo, que nos permita dirigir la lucha de las masas por sus reivindicaciones específicas y la liberación nacional.

El Programa del Partido debe ser una bandera en la lucha contra el imperialismo, la reacción y el revisionismo contemporáneo.

ANTECEDENTES HISTORICOS

El desarrollo económico, social, político y cultural de Honduras, desde la conquista española hasta la fecha, ha transcurrido bajo el signo de la dependencia, colonial o semicolonial, que explica su atraso inmenso, las deformaciones estructurales que la caracterizan, la esencia de su presente crisis y las perspectivas de las luchas de nuestro pueblo por el progreso social, las libertades democráticas y los derechos populares, la liberación nacional del yugo imperialista y el socialismo como única forma de organización social capaz de ofrecer una verdadera solución a los problemas fundamentales de las masas, de la dependencia y del atraso, de la opresión y de las distintas formas de explotación del hombre por el hombre.

La sociedad hondureña, como las demás sociedades hispanoamericanas, surgió de la confrontación de dos sociedades de desarrollo desigual y de distinto carácter: la sociedad europea, en la que se desarrollaba el capitalismo mercantil, y la sociedad indígena, que no había alcanzado aún el esclavismo. El desarrollo natural de la sociedad indígena fue interrumpido por la conquista, al imponerse nuevas formas de organización social que aseguraron la más brutal explotación de la población indígena, con cuyo despojo y sometimiento España sentó las bases de su imperio colonial en América y en esta parte del istmo centroamericano.

La proclamación de la independencia rompió con el régimen colonial, pero no produjo cambios en la estructura de la sociedad centroamericana, de la que formaba parte lo que hoy es Honduras. La independencia no significó el paso del Poder de una clase social a otra que representara nuevas relaciones sociales, sino el paso del mismo de una fracción a otra de la oligarquía. Los representantes de ésta, presionados por los acontecimientos de México y el temor de una acción independiente de las masas, proclamaron la separación de España para evitar que la misma condujera a transformaciones sociales que afectaran radicalmente sus intereses de clase.

La proclamación de la independencia está ligada al desarrollo del mercantilismo, pero no condujo al triunfo de una revolución burguesa. La lucha por la transformación de las estructuras heredadas de la Colonia tendrá ese contenido, poco tiempo después, con la insurgencia de los sectores burgueses: comerciantes, pequeños y medianos propietarios, artesanos e intelectuales de la pequeña burguesía. Francisco Morazán, a la cabeza de esos sectores, inició un proceso de cambios en aquel sentido, y aunque no destruyó las bases económicas de la oligarquía terrateniente, modificó en parte las estructuras de Poder imperantes, al golpear el latifundismo clerical, uno de los pilares de la reacción conservadora en Centroamérica.

El llamado período de "los treinta años", durante el cual —con raras excepciones— imperó en las cinco parcelas centroamericanas la más cruda reacción, concluyó con la Reforma Liberal, iniciada en 1876, con Marco Aurelio Soto y Ramón Rosa. La Reforma Liberal, sin embargo, fue un proceso frustrado que no logró sentar las bases de la acumulación de capital y el desarrollo del capitalismo.

Bajo el gobierno de Manuel Bonilla, a principios de siglo, se le abrieron plenamente las puertas del país a la penetración imperialista. Por medio de las concesiones, recientemente derogadas, fueron entregadas las mejores tierras a los monopolios bananeros norteamericanos y con ellas los recursos que pudieron haber servido para impulsar su desarrollo. La competencia entre esos monopolios, su lucha por obtener las concesiones más ventajosas y apoderarse de la riqueza de la nación, fueron a partir de entonces el factor esencial que determinó las luchas intestinas, la anarquía y la guerra civil permanente en que se desangró el país, y durante las cuales los partidos tradicionales perdieron su contenido nacional y se convirtieron en simples instrumentos de aquellos monopolios.

Con el fin de la Segunda Guerra Mundial, un fuerte movimiento democrático, producto de la derrota del fascismo y de las luchas populares, barrió con las dictaduras semifeudales centroamericanas. En Honduras, manifestaciones como la que culminó con la matanza de San Pedro Sula en julio de 1944, y los brotes insurreccionales surgidos en la zona occidental, condujeron a la sustitución de la dictadura de Tiburcio Carías Andino por el gobierno de Juan Manuel Gálvez, su Ministro de Guerra y representante legal de las bananeras.

La gran huelga de los trabajadores bananeros de 1954, resultado de las miserables condiciones de vida y de trabajo impuestas por los monopolios y sus sirvientes gubernamentales, y, sobre todo, del desarrollo político de sus sectores más avanzados, produjo un cambio substancial en el desarrollo social y político de Honduras. A partir de aquella histórica acción del principal destacamento del proletariado hondureño, las clases dominantes y los gobiernos que las representan no han podido hacer nada sin tomar en cuenta a la clase obrera organizada que, a través de sus luchas constantes que arrancan de las décadas del 20 y del 30, con Juan Pablo Wainwright y Manuel Cálix Herrera, ha impuesto su presencia en las luchas sociales de nuestro pueblo.

El ascenso del movimiento popular que se produjo en la segunda posguerra fue capitalizado en gran medida por el liberalismo, cuyas principales banderas de lucha respondían en ese momento a las aspiraciones de las masas: vigencia de las libertades democráticas, legislación social y tierra para el campesinado, razón por la cual, a pesar de la maniobra que condujo a la dictadura de Julio Lozano Díaz y al primer ensayo de un régimen militar, el liberalismo ascendió al gobierno, estableciéndose un régimen de "democracia representativa", que fue derrocado pocos meses antes de cumplir su mandato legal, mediante un golpe de Estado sangriento, antiobrero y anticampesino, que puso a las fuerzas armadas en el control absoluto del aparato estatal, como el nuevo instrumento de la dominación imperialista ante la incapacidad de los partidos tradicionales de cumplir a cabalidad tal cometido.

Los cambios que se han producido en la estructura económica y de clase de la sociedad hondureña, y que han llevado las relaciones capitalistas a nuevas zonas, afectando las formas tradicionales de tenencia de la tierra, el latifundio y el minifundio, han provocado una agudización del problema de la tierra y producido un fortalecimiento considerable del movimiento campesino, que junto a la lucha de otros sectores de nuestro pueblo, principalmente de la clase obrera, han obligado a las clases dominantes a modificar sus tácticas de dominación y explotación de las masas, y las formas de gobierno, de tal manera que se garanticen sus fundamentales intereses. Esta es, precisamente, la base del proceso reformista vivido en los últimos años.

LA FORMACION SOCIAL HONDURENA DEPENDENCIA Y LATIFUNDISMO

I

Los rasgos esenciales que presenta la sociedad hondureña son los de una sociedad capitalista dependiente, semicolonial y atrasada; los de una sociedad fundamentalmente agraria, con peso considerable de remanentes feudales, características que arrancan de la dominación imperialista y de la presencia del latifundio.

En la división internacional del trabajo del capitalismo, la sociedad hondureña participa como productora de materias primas y productos agrícolas para la industria y el mercado norteamericanos, principalmente, y como mercado de los productos manufacturados de las metrópolis imperialistas, en particular de los Estados Unidos de Norteamérica.

Honduras es un país dependiente, y es esta dependencia la que ha determinado en gran medida las características que ha tenido en cada una de las etapas de su desarrollo. Primero fuimos una colonia de España; luego objeto de las agresiones colonialistas de Inglaterra; para después, bajo las condiciones del imperialismo, caer dentro de la esfera de influencia semicolonial de los Estados Unidos de Norteamérica.

La presencia del capital extranjero frustró el proceso de acumulación de capital que se había iniciado en el país a partir de la segunda mitad del siglo pasado, sobre la base de la producción de café y de bananos y, consiguientemente, cercenó toda posibilidad de desarrollo autónomo del capitalismo que diera a la sociedad hondureña otros rasgos distintos a los que le imprimió la dependencia imperialista.

La presencia de los grandes monopolios norteamericanos ha creado en el país una economía dependiente y deformada, descapitalizada y vulnerable, en cuya dinámica los factores externos tienen un peso decisivo.

Los monopolios norteamericanos controlan casi por completo la economía nacional; las mejores tierras por su fertilidad y fácil acceso, las minas, las principales industrias, las más grandes empresas agrícolas, el transporte marítimo, la banca, etc., están bajo el control abierto o enmascarado de los monopolios norteamericanos, al grado de que la economía hondureña no sea sino un apéndice de la economía imperialista norteamericana, a la que está acondicionada.

La explotación imperialista no se realiza solo a través del saqueo de nuestras riquezas naturales, sino que, además, a través del intercambio desigual, cuando nos venden caros sus productos manufacturados y nos compran baratos los productos que exportamos. El monopolio comercial que nos han impuesto, y que hace del mercado hondureño un mercado cautivo; la venta condicionada de tecnología; los préstamos atados que han hipotecado el desarrollo del país, etc., son otras formas de penetración y de control que hacen de los recursos naturales, de las instalaciones productivas, del ahorro nacional, de la fuerza de trabajo hondureña, de nuestras reservas, etc., elementos que enriquecen a los grandes monopolios imperialistas, descapitalizando el país, deformando su economía y consolidando el atraso.

La integración económica centroamericana, ahora en una nueva etapa bajo el supuesto de una Comunidad Económica y Social de Centroamérica, es un instrumento de dominación y explotación imperialistas, que acondiciona el desarrollo de todos y cada uno de los países centroamericanos a los intereses del imperialismo norteamericano. La integración imperialista, sin embargo, no es un proceso irreversible como lo ha sostenido el partido revisionista, sino que, como ya lo demostró la experiencia de los años sesenta, al no resolver los problemas fundamentales de nuestros pueblos ni la crisis estructural de las sociedades centroamericanas, inevitablemente habrá de sucumbir bajo el peso de sus propias contradicciones, cada vez más agudas y profundas, y de los embates de las masas. La integración imperialista es contraria a los intereses del pueblo hondureño.

Las misiones militares norteamericanas y los tratados de asistencia recíproca en materia de defensa; las "asesorías" de distinta clase; las llamadas agencias para el desarrollo; la actividad de diversas sectas religiosas y de los Cuerpos de Paz; el control sobre los medios de comunicación de masas; las injerencias por distintos mecanismos en el sistema educativo nacional; etc., tienden a fortalecer aún más la dependencia.

Honduras es un país fundamentalmente agrario, en el que el latifundio, sobre el que descansa una agricultura atrasada, es la forma de propiedad que predomina en el agro. La mayoría de los hondureños trabaja en la agricultura y es campesina. No obstante que la densidad poblacional es relativamente baja, la concentración de la tierra es mucha. Esto explica la baja producción en el campo, el limitado peso de la producción agrícola en el producto nacional bruto, el carácter consuntivo de la misma en varios departamentos y el bajísimo ingreso per cápita del campesinado.

La distribución injusta de la tierra no solo ha deformado el mercado interno y estancado el desarrollo de las fuerzas productivas, sino que ha sumido a la inmensa mayoría de la población hondureña, constituida por el campesinado, en la mayor de las miserias. El hambre, la enfermedad, el analfabetismo, la falta de viviendas, etc., conforman un cuadro de verdadero atraso social en el que se desenvuelve la vida campesina.

Los más grandes latifundistas han sido y continúan siéndolo las compañías bananeras norteamericanas, la Tela Railroad Company y la Standard Fruit Company, que poseen las mejores tierras de la Costa Norte. Estas empresas, subsidiarias de las transnacionales Castle and

Cooke y United Brands, respectivamente, operan en el país desde principios de siglo, bajo condiciones realmente onerosas, establecidas mediante el sistema concesionario recientemente derogado. El dominio de estos monopolios sobre nuestra economía es causa principal de la descapitalización, del atraso del país y de la miseria en que viven las masas populares. En la actualidad, todavía tienen en la producción bananera uno de los renglones básicos de inversión —el más importante—, sin embargo, la diversificación de la misma es cada vez mayor, controlando nuevos resortes de nuestra economía, haciendo más fuerte la dependencia y más deforme su desarrollo.

El débil y vacilante proceso de reforma agraria que ha vivido el país en los últimos años y las mediatizadas medidas contra las compañías bananeras norteamericanas no han modificado sustancialmente la realidad descrita, y se conserva aún el predominio del latifundio nacional y extranjero en las relaciones agrarias y el estado de dependencia con respecto al imperialismo norteamericano.

De las características básicas de la realidad social hondureña, en la que la dependencia y el latifundio son factores determinantes, se desprende que la contradicción fundamental que preside el desarrollo de la sociedad hondureña es la que se da entre el imperialismo norteamericano, grandes terratenientes y las altas capas de la burguesía, por un lado, y el pueblo hondureño —obreros, campesinos, pequeña burguesía urbana y grupos burgueses medios, por otro—. Esta es la contradicción que debe resolver la revolución hondureña en la presente etapa histórica.

LAS CLASES SOCIALES Y LA ESTRUCTURA DE PODER

I

En Honduras predominan las relaciones de producción capitalistas, pero las supervivencias feudales tienen un peso considerable en la formación social hondureña. Esta circunstancia determina las características de su estructura de clase que, en términos generales, puede esbozarse así:

Los terratenientes tradicionales, ligados estrechamente y por múltiples lazos a los grandes monopolios bananeros norteamericanos, opuestos a la transformación del agro, a la movilización, organización y demás derechos del campesinado. Son poseedores de grandes extensiones de tierra, las que mantienen por lo general improductivas. En los últimos años, en alianza con los elementos ultraconservadores de las fuerzas armadas, han organizado grupos de choque y perpetrado crímenes horrendos como los de La Talanquera, Tosca y Los Horcones.

La gran burguesía importadora, bancaria y burocrática, cuyas altas capas, también ligadas al imperialismo, se oponen a la independencia económica de la nación hondureña, a la industrialización y al fortalecimiento del sector estatal de la economía, así como al rompimiento de las distintas ataduras monopolistas. Son las más interesadas en la incorporación del país al proceso integracionista centroamericano y se oponen a cualquier control de las inversiones extranjeras. Estas clases constituyen la oligarquía burgués-terrateniente y son la base social de la dominación imperialista norteamericana.

La burguesía media, débil y mediatizada por la presencia aplastante de los monopolios norteamericanos, está integrada por capitalistas nacionales con inversiones en el sector industrial de nuestra economía; por comerciantes medianos y algunos grandes del sector interno; por propietarios medianos y grandes de talleres; empresarios medios del transporte, etc. Vacilante (entre pueblo y sus enemigos) por su doble condición de clase explotadora y a la vez con contradicciones, tiende a diferenciarse como clase cada vez más en el seno de las clases dominantes.

La pequeña burguesía urbana, sector social bastante numeroso y en crecimiento, formado por pequeños comerciantes, pequeños industriales, artesanos, capas de la intelectualidad, profesionales y estudiantes, etc., que han alcanzado en los últimos tiempos un cierto grado de organización y de beligerancia política.

La clase obrera, cuyo núcleo fundamental lo constituye el proletariado agrícola, concentrado principalmente en las grandes plantaciones de banano, caña de azúcar, café, algodón, tabaco, aserraderos y haciendas ganaderas, etc., y con un sector industrial relativamente poco numeroso pero en desarrollo.

El campesinado, que constituye la gran masa de la población hondureña, cuyas capas las forman: los campesinos pobres, los campesinos medios y los campesinos ricos. Los campesinos pobres, constituidos por los semiproletarios agrícolas y los minifundistas, son los más numerosos; no poseen tierra o su parcela es tan pequeña que apenas les permite sobrevivir. Por regla general arriendan la tierra que trabajan y venden una parte de su fuerza de trabajo. Los campesinos medios, por lo común, viven de su propio trabajo, aunque, a veces, contratan jornaleros para determinadas épocas del año. Poseen tierras o recursos económicos que les permiten un nivel de vida superior al nivel promedio del campesinado. Los campesinos ricos o burguesía agraria, se caracterizan porque la fuente principal de sus ingresos la constituye la explotación de trabajo asalariado. Cultivan la tierra que poseen en su totalidad y utilizan algunas técnicas modernas.

La conducta política de estas clases está en consonancia con sus fundamentales intereses económicos, con su condición de clases poseedoras o desposeídas, con las relaciones de producción que representan.

En Honduras, el Estado ha sido casi siempre, desde la separación de España, un Estado oligárquico. El Estado hondureño ha servido los intereses del imperialismo, de los terratenientes y de los capitalistas. Los instrumentos de control del Estado por parte de esas clases han sido los partidos tradicionales, Liberal y Nacional, con algunas diferencias, no fundamentales, en su composición de clase y en sus líneas políticas. Ambos perdieron su contenido nacional con la penetración extranjera y son los principales responsables del atraso de la nación hondureña y de la miseria de las masas.

Las fuerzas armadas, como elemento fundamental de la estructura del Estado, sirven los intereses de las clases económicamente dominantes. Constituidas profesionalmente con el asesoramiento y la asistencia militar de los Estados Unidos de Norteamérica a través de las misiones militares, han sido preparadas para defender los intereses del imperialismo, de los terratenientes y los capitalistas. La incapacidad de los partidos tradicionales para garantizarle a los monopolios norteamericanos y a sus aliados oligárquicos la explotación de nuestro pueblo, ha hecho de las Fuerzas Armadas el poder real que, a partir del golpe de Estado del 3 de octubre de 1963, decide la política del Estado hondureño en sus aspectos esenciales.

Bajo nuevas condiciones históricas, caracterizadas por el agudizamiento de la crisis estructural, el resquebrajamiento de la vieja estructura de la dominación oligárquico-imperialista, la caducidad histórica y la crisis de los partidos tradicionales, el desarrollo de la conciencia política y organizativa de las masas, más la insurgencia de nuevas fuerzas políticas y sociales, un sector de la oligarquía fue parcialmente desplazado del poder mediante el golpe de Estado del 4 de diciembre de 1972. Estas condiciones, unidas al proceso de diferenciación interna en el seno de las fuerzas armadas, explican el cambio de política de las mismas, dentro de una ambigua servidumbre al imperialismo y a la oligarquía, por una parte, y, por otra, a la burguesía agroindustrial, con la que se han identificado, económica y políticamente, elementos de la alta oficialidad de las fuerzas armadas.

La tendencia predominante es la del resquebrajamiento de la vieja estructura del poder oligárquico-imperialista, tendencia que obliga a las clases dominantes a modificar sus formas de gobernar, las formas de sus relaciones con las masas y a dar, en alguna medida y particularmente a los sectores de la burguesía media y capas altas de la pequeña burguesía, una mayor participación en el juego político del que han estado en gran medida marginados por los viejos partidos oligárquicos. La caducidad histórica de éstos, que los ha sumido en una profunda crisis y en el más completo desprestigio ante las masas, ha abierto el camino a nuevas fuerzas políticas (P.D.C., PINU, etc.) que, con programas y prácticas más avanzadas en relación a los de aquéllos, expresan la presencia de nuevas fuerzas sociales en la vida política del país.

La modernización de la estructura de poder se ha convertido en una necesidad imperiosa para las clases dominantes, ante la alternativa de la revolución y el peligro que conlleva para la dominación oligárquico-imperialista y la supervivencia del sistema.

LA CRISIS DE ESTRUCTURA Y LA PERSPECTIVA DE LA REVOLUCION

La sociedad hondureña está sumida en una profunda crisis que exige medidas radicales para ser superada. La presencia de los grandes monopolios norteamericanos y del latifundio —obstáculos principales para que la nación pueda iniciar el desarrollo independiente— la han sumido y mantienen en el mayor de los atrasos.

La crisis de la sociedad hondureña es una crisis de estructura. Es la crisis de la dependencia imperialista y de las relaciones feudales —que predominan en el agro—; crisis que se manifiesta en el lentísimo desarrollo de la economía, las limitadas inversiones públicas, los déficits crónicos en la balanza de pagos, el permanente endeudamiento externo, los bajos salarios, el considerable número de desocupados, el alza inmoderada de los precios. Manifestaciones de esa crisis son también los reagrupamientos que se producen en el seno de las clases dominantes y el permanente descontento y la lucha de las masas.

La guerra honduro-salvadoreña —producto de las contradicciones intermonopolistas e interoligárquicas—, vino a hacer más evidente y más grave dicha crisis, y, en consecuencia, a debilitar el sistema de la dominación imperialista y oligárquica, y a resaltar la necesidad de cambios en las viejas estructuras económicas y en las formas tradicionales de gobierno.

El movimiento popular, que en los últimos siete años ha experimentado un impulso poderoso, ha sido un factor decisivo en el ahondamiento de la crisis estructural, y, en particular, de la crisis de Poder.

Las luchas campesinas por la tierra, cada vez más amplias y mejor organizadas, han cuestionado en la práctica las formas de la dominación predominantes en el agro y los arcaicos basamentos en que se asientan. Las recuperaciones de tierras realizadas por el campesinado han golpeado duramente el latifundio y socavado las bases del poder de los terratenientes.

La lucha de la clase obrera, y en especial del proletariado agrícola de la Costa Norte, por mejorar sus condiciones de vida y de trabajo, y por el rescate de los recursos naturales en poder de los monopolios bananeros norteamericanos, ha ido configurando, junto a otros sectores de nuestro pueblo, un movimiento antimperialista cada vez más amplio y definido, que reclama enfrentar con decisión el problema de la dependencia con respecto al imperialismo norteamericano, como condición insoslayable para iniciar el desarrollo independiente y resolver los problemas de las masas.

El desarrollo de la lucha de clases ha alcanzado un alto grado de agudizamiento, particularmente en el campo, y ha impuesto como una necesidad para la sobrevivencia del sistema afectar en alguna medida a aquel sector de la oligarquía, los latifundistas, que por representar las relaciones de producción más atrasadas y por haberse convertido en el blanco principal de la lucha de las masas, constituye el eslabón más débil de la dominación oligárquica. El proceso de reforma agraria es el principal resultado de esas luchas.

La crisis estructural es la base objetiva que plantea la necesidad de cambios. La gravedad de la misma ha puesto a las clases explotadoras ante la disyuntiva de salvar el sistema en su conjunto, mediante cambios que afecten a uno de sus sectores, o exponerse al peligro de perderlo todo.

El pueblo hondureño comprende que las viejas estructuras económicas, sociales y políticas del país, sobre las que descansan la dominación imperialista y oligárquica, deben ser transformadas totalmente, removidas en sus cimientos para superar el atraso secular y acabar con la miseria de las masas.

El atraso del país sólo podrá ser superado si se rescatan los recursos naturales y la economía del control extranjero y se acaba con el latifundio improductivo. La crisis estructural no podrá ser liquidada sino mediante transformaciones radicales y profundas de las estructuras productivas que ninguno de los gobiernos de las clases dominantes está en capacidad de realizar. En otras palabras, sólo podrá ser superada por la revolución; por la revolución popular y democrática que desplace del Poder a las clases reaccionarias e instaure el gobierno de los obreros, campesinos, pequeña burguesía urbana y demás sectores interesados en acabar con la dependencia y la prepotencia del latifundio históricamente desahuciado.

CARÁCTER Y FUERZAS MOTRICES DE LA REVOLUCIÓN

Por las condiciones económico-sociales del país y las tareas inmediatas que tiene que resolver, el carácter de la revolución hondureña en la presente etapa histórica es antimperialista y agrario, popular y democrático. La revolución hondureña dirige sus golpes principales en una doble dirección: por una parte, contra el imperialismo norteamericano; por otra, contra los latifundistas y la alta burguesía, aliados principales de aquél.

La revolución hondureña en la presente etapa histórica es una revolución nacional liberadora, parte de la revolución proletaria mundial por el socialismo. El socialismo es la dirección en la que es necesario y posible hacer marchar el proceso de liberación nacional, y este debe crear las condiciones para el paso futuro al socialismo.

La revolución antimperialista y agraria, popular y democrática, tendrá en Honduras características nuevas que la diferenciarán de otras revoluciones del mismo tipo de otros países. Las condiciones internas y las particularidades de la situación internacional provocarán, sin lugar a dudas, una extraordinaria aproximación de la etapa democrática a la etapa socialista, así como otras características que reflejarán las condiciones específicas del proceso revolucionario hondureño.

El capitalismo, bajo cualesquiera de sus formas, no constituye una solución para los problemas de las masas. El capitalismo históricamente agotó sus posibilidades y cualquier política de desarrollo del mismo, como practican los revisionistas, no encaja en la estrategia revolucionaria orientada a la conquista del Poder y de la plena independencia y a crear las premisas para la reestructuración de la sociedad hondureña sobre bases socialistas.

De acuerdo con la realidad económica, social y política del país, la contradicción principal y el carácter de la revolución hondureña, las fuerzas motrices de la misma las constituyen la clase obrera, el campesinado y la pequeña burguesía urbana.

El esquema tradicional de las fuerzas motrices de la revolución, sustentado por el partido revisionista, no tiene fundamento. La burguesía hondureña como clase no es revolucionaria y no es, por tanto, una fuerza motriz de la revolución; pero hay en su seno sectores, grupos o elementos que pueden ser neutralizados e incluso ganados para la revolución, dentro de circunstancias favorables en la correlación de fuerzas y entre el pueblo y sus enemigos. Las fuerzas capaces de llevar hasta sus últimas consecuencias la revolución nacional liberadora son: la clase obrera, el campesinado y la pequeña burguesía urbana.

La clase obrera está llamada a jugar el papel de vanguardia de la revolución. Está ligada a los aspectos más avanzados de la producción, encarna un nuevo tipo de relaciones sociales, está concentrada en los centros de explotación capitalista, es inicuamente explotada y disciplinada por las propias exigencias de la producción, es la única clase con una teoría científica del desarrollo social y que lo único que tiene que perder son sus cadenas. Por esas y otras circunstancias, la clase obrera es la clase más consecuentemente revolucionaria y la única capaz de unir a las demás clases explotadas y oprimidas de la sociedad y liberarlas, liberándose a sí misma, de todas las formas de explotación y de opresión de clase.

Particularmente importante y decisivo para la revolución es el papel del campesinado. Es la clase social más numerosa, la más explotada y oprimida por los capitalistas, terratenientes, usureros y especuladores; la que sufre más directamente y mayor saña la represión política; la que vive en las peores condiciones de miseria, ignorancia e insalubridad, y privada de los derechos más elementales. El campesinado en su conjunto está interesado en la liquidación del latifundismo y constituye una fuerza social revolucionaria. El campesinado está llamado a ser la fuerza motriz principal de la revolución. Son varios los factores que así lo determinan: la fisonomía social del país, en la que el problema agrario es uno de los fundamentales; el carácter de la revolución hondureña, que plantea la revolución agraria, en cuyo centro está el campesinado, como su más inmediata e importante tarea; la situación social del campesinado, que la hace ser la clase social más explotada y oprimida del país; las características del Poder reaccionario asentado fundamentalmente en las ciudades y relativamente débil en el campo, escenario principal de la lucha armada y en donde vive la masa campesina; la perspectiva de la guerra popular revolucionaria que presupone la participación de las masas campesinas como actoras principales de la misma.

Las diferentes capas de la pequeña burguesía urbana están también llamadas a jugar un papel de importancia en la revolución nacional liberadora. Son afectadas por la penetración imperialista y las restricciones a la soberanía nacional, las limitaciones a las libertades democráticas y a los derechos populares, la crisis económica y el desempleo que precipitan a sus estratos inferiores hacia la proletarización. Ese papel dependerá, sin embargo, de su capacidad para aceptar la dirección política de la clase obrera y su partido; de su capacidad para luchar al lado de los obreros y campesinos.

La revolución antimperialista y agraria, popular y democrática, concebida como fase condicionante de la revolución socialista, sólo puede ser llevada hasta sus últimas consecuencias bajo la dirección de la clase obrera a través del partido marxista-leninista. Pero la clase obrera por sí sola no puede realizar la revolución popular y democrática; debe establecer una sólida alianza con el campesinado y arrastrar tras de la misma a la pequeña burguesía urbana e, incluso, a sectores, grupos o elementos de la burguesía. La alianza obrero-campesina es la fuerza vital de la revolución. El campesinado es el aliado natural de la clase obrera, y ésta la clase llamada a darle dirección política y a ganarlo para la revolución.

LA VÍA DE LA REVOLUCIÓN HONDUREÑA

Los comunistas marxista-leninistas sostenemos la tesis de la lucha armada como la vía fundamental de acceso al Poder para un movimiento revolucionario que, bajo la dirección del Partido de la clase obrera, se plantee realizar consecuentemente las tareas de la revolución antimperialista y agraria, popular y democrática, capaz de crear las condiciones para la futura transformación socialista de la sociedad hondureña.

La estrategia revolucionaria en un país de fisonomía y condiciones económicas, sociales y políticas como el nuestro, es una estrategia de lucha armada revolucionaria, popular y prolongada. La lucha por el Poder no se plantea para el pueblo hondureño por ninguna de las modalidades del tránsito pacífico pregonadas por el revisionismo contemporáneo, ni a través de la acción aislada de pequeños grupos armados, al margen de las masas y del Partido marxista revolucionario, como sostiene la corriente foquista en varios países del continente y algunos elementos revolucionarios de nuestro país.

La guerra popular revolucionaria tiene carácter prolongado que lo determina la desventaja en la correlación de fuerzas para el pueblo en el inicio de la lucha. El pueblo se enfrenta a un enemigo poderoso, el imperialismo y la oligarquía cuyas fuerzas económicas y militares son inmensamente superiores. Igualar esas fuerzas y superarlas después, requiere un largo proceso de fortalecimiento de las fuerzas revolucionarias. De aquí se desprende el carácter prolongado de la guerra popular.

La guerra revolucionaria, popular y prolongada, presupone la dirección del Partido marxista-leninista, la más amplia movilización de masas, el establecimiento de bases de apoyo para el movimiento revolucionario, y la creación del Ejército del pueblo para la derrota del ejército reaccionario y la toma del Poder.

La lucha armada del pueblo en su primera fase adoptará formas irregulares, que no se pueden determinar anticipadamente, hasta el surgimiento de la guerra de guerrillas, que marca un nuevo momento en el desarrollo de la lucha armada.

La concepción de la guerra popular revolucionaria, como la vía fundamental para la toma del Poder, es elemento medular de la línea general del Partido, piedra de toque para su militancia; arma decisiva para la lucha contra las desviaciones de derecha o de izquierda: contra quienes niegan la necesidad de la lucha armada, como lo hace el oportunismo de derecha, y contra quienes plantean la lucha armada al margen del Partido y de las masas, como lo hace el foquismo.

La elaboración teórica del camino de la lucha armada, de una concepción de guerra popular revolucionaria a partir de los principios generales de la guerra y de la guerra popular revolucionaria en particular, implica descubrir las leyes de la guerra popular en el país, concepción en la que se reflejarán las características fundamentales de nuestra realidad. Esta es una tarea de vital importancia que corresponde cumplir al Partido Comunista Marxista-Leninista de Honduras, y sin la cual el propio proceso revolucionario no podrá encontrar el cauce justo y necesario.

La más importante condición para la lucha armada es la existencia del partido comunista marxista-leninista.

TAREAS CENTRALES DEL PODEP REVOLUCIONARIO

El triunfo de la guerra popular revolucionaria, que destruirá los aparatos de dominación del imperialismo y de la oligarquía, instaurará un gobierno popular revolucionario dirigido por la clase obrera, en estrecha alianza con el campesinado y la pequeña burguesía urbana. Será un gobierno patriótico y popular, democrático y de liberación nacional, que se apoyará en las fuerzas organizadas del pueblo, en el frente popular nacional, y que realizará las transformaciones que son necesarias para liberar a nuestra patria de la dominación del imperialismo norteamericano y de los remanentes del feudalismo, como condición para terminar con el atraso económico y social en que hoy se encuentra.

Las tareas centrales del Gobierno Popular Revolucionario que se instaure, serán las siguientes:

1. Recuperación de todas las riquezas nacionales que estén en poder del imperialismo norteamericano.

El Gobierno Popular Revolucionario nacionalizará todos los recursos y empresas que estén en manos de los monopolios norteamericanos. Respetará a los capitalistas que no se opongan a la revolución. No nacionalizará las empresas de los capitalistas de otros países ni las de los capitalistas nacionales, pero se deberán someter a las leyes de la revolución.

2. Realización de la transformación agraria.

La transformación del agro cubrirá varias etapas. La dotación de tierra al campesinado se iniciará en el transcurso mismo de la lucha. Con la conquista del Poder, las tierras de los grandes terratenientes serán confiscadas y entregadas, con títulos de propiedad a los campesinos desposeídos y a los que tengan poca. Se distribuirán las tierras nacionales y ejidales y se les dará asistencia técnica, créditos a largo plazo y a bajo interés, y se anularán las deudas que tengan con los terratenientes y usureros. A los terratenientes se les dará el mínimo de tierra necesaria para que la cultiven y puedan vivir sin explotar a nadie. No serán parceladas las grandes economías agrícolas y el Estado se reservará aquellas tierras que sean indispensables para la organización de empresas agrícolas estatales. Se respetará en todo momento el principio de voluntariedad en el proceso de organización de las economías campesinas, y, sobre todo, al fomentar formas de economía y de trabajo colectivos.

3. Reorganización de la economía.

El Gobierno Popular Revolucionario reorganizará la economía del país en función de los intereses y posibilidades nacionales; promoverá la industrialización mediante la utilización racional de los propios recursos disponibles; nacionalizará la banca extranjera y democratizará la banca nacional. Nacionalizará el comercio exterior. Desarrollará y diversificará la agricultura. Creará un poderoso sector estatal de la economía, así como los organismos necesarios para el estudio y la ejecución de nuevas empresas. Abrirá mercados en el extranjero para la producción nacional. Honduras establecerá relaciones comerciales con todos los países, sobre la base del respeto y de la mutua conveniencia.

4. Realización de la reforma científica, popular y democrática de la educación.

El Gobierno Popular Revolucionario efectuará a corto plazo la alfabetización de toda la población adulta analfabeta. Ampliará la cobertura del sistema educativo, universalizando la educación primaria y dando facilidades de acceso a la educación media y universitaria a los hijos de los obreros, campesinos y de otros sectores de bajos recursos. Estimulará la formación de los técnicos que los cambios demanden y la formación de una intelectualidad al servicio de la revolución. Promoverá el desarrollo del arte y la literatura como expresiones de la cultura nacional. Combatirá las ideologías reaccionarias y oportunistas que sirven a la contrarrevolución.

5. Mejoramiento del nivel de vida de las masas trabajadoras.

El Gobierno Popular Revolucionario tomará una serie de medidas orientadas a mejorar el nivel de vida de las masas trabajadoras. Hará efectivo el salario básico para todos los trabajadores de la ciudad y del campo. Asegurará el pleno empleo. Construirá hospitales y centros de salud en todos los lugares del país en donde sean necesarios. Dará asistencia médica gratuita a la población infantil. Emitirá leyes de protección de la infancia y la maternidad. Mejorará y extenderá a todo el país la previsión social. Rebajará los precios de los alquileres y desarrollará planes de construcción de viviendas en gran escala para las familias de bajos ingresos. La electrificación, la apertura de vías de comunicación, etc., darán prioridad a las zonas rurales. Las medicinas, alimentos y demás artículos de primera necesidad serán objeto del control del Estado.

6. Ejercicio pleno de la soberanía nacional.

El Gobierno Popular Revolucionario realizará una política exterior independiente y de defensa de la soberanía nacional. Denunciará los pactos militares suscritos con los Estados Unidos de Norteamérica y todos los convenios lesivos a los intereses nacionales. Expulsará a los asesores y a las misiones norteamericanas por intervenir en los asuntos internos de la nación. Sostendrá una lucha intransigente contra el imperialismo y cualquier forma de hegemonismo que se pretenda imponer a nuestro país. Mantendrá relaciones de amistad, colaboración y solidaridad con los países socialistas, los países que hayan obtenido la independencia nacional y luchen por consolidarla, y con todos los pueblos del mundo.

7. Estructuración de un nuevo aparato estatal sobre bases democráticas.

El Gobierno Popular Revolucionario dará al nuevo aparato estatal una estructura y un contenido democráticos, que lo pongan en manos del pueblo, bajo su control y a su servicio. Serán derogadas todas las leyes represivas y se aprobarán las que sean necesarias para ampliar y garantizar los derechos de las masas trabajadoras. Se hará realidad la probidad administrativa y se establecerán mecanismos de control popular sobre los funcionarios. Se fortalecerá por todos los medios el Poder Popular, principalmente las fuerzas armadas de liberación, como la más segura garantía de la revolución y de las conquistas revolucionarias, de la consolidación de las mismas y de su avance, frente a toda política de intervención que pretenda destruirlas.

8. Práctica consecuente de una política internacionalista y de apoyo en las propias fuerzas.

El Gobierno Popular Revolucionario practicará una política consecuentemente internacionalista, dando su aporte en la medida de sus posibilidades a la lucha de otros pueblos por la conquista de la independencia nacional; a la vez que se opondrá a toda forma de intervencionismo en los asuntos internos de los mismos por parte de las superpotencias. Hará efectiva en cada una de sus medidas el principio de apoyarse en las propias fuerzas, como el medio más seguro de lograr el desarrollo pleno de las potencialidades de la nación y el pueblo, y de garantizar el ejercicio de la soberanía nacional.

EL FRENTE POPULAR NACIONAL Y LA LUCHA REIVINDICATIVA DE LAS MASAS

La conquista del Poder y la instauración de un Gobierno Popular Revolucionario demanda la acción unitaria y organizada de las masas, de todas las clases y sectores sociales víctimas de la opresión y explotación del imperialismo y de la oligarquía. La acción unitaria y organizada de esas fuerzas, de sus organizaciones políticas y sociales, sólo se puede lograr mediante la política de frente único, que permita agrupar a la mayoría de la población en la lucha por la conquista de la independencia nacional, la liquidación del latifundio, el desarrollo del país y el bienestar de las masas.

La dirección del proletariado es condición decisiva para la existencia del frente, la consecuencia de su lucha y la victoria sobre los enemigos. La hegemonía del proletariado, su unidad y acción independiente, son factores que determinan el destino de la revolución. La base del frente la constituye la alianza obrero-campesina.

El frente debe constituirse sobre la base de un programa mínimo, en el que se recojan los puntos que en la lucha contra la dependencia y el latifundismo sean aceptados por las distintas fuerzas, así como las reivindicaciones que se refieren al mejoramiento de las condiciones de vida y de trabajo de las masas, y aquellas que contribuyen a ampliar la participación de las mismas en las luchas sociales.

Nuestro pueblo ha acumulado experiencia en la lucha unitaria. El Frente de Acción Popular (FAP), el Frente de Unidad Popular (FUP), el Frente Amplio de Masas (FAM) y los "frentes amplios" organizados en diferentes momentos de la lucha popular y con objetivos específicos, han permitido lograr conquistas de importancia y acumular una valiosa experiencia.

El Partido Comunista Marxista-Leninista de Honduras, que ha estado en el centro de esas luchas, llama a los distintos destacamentos del pueblo hondureño a trabajar por la constitución de un frente popular nacional que unifique a las corrientes políticas y sociales de signo progresista y revolucionario, a responder a la unidad y actividad reaccionarias de las fuerzas ultraderechistas con la unidad y la lucha de las fuerzas democráticas. La lucha por la unidad es lucha contra las desviaciones de izquierda y de derecha, contra el sectarismo que estorba el proceso creciente de unidad logrado a través de las luchas cotidianas de los trabajadores.

La lucha por la liberación nacional no puede separarse ni debe contraponerse a la lucha reivindicativa de las masas, que adquiere, ligada a la primera, una perspectiva y contenidos nuevos, que contribuyen a ampliarla y profundizarla. Los comunistas marxista-leninistas consideramos, en las actuales circunstancias, que las principales reivindicaciones por las que debemos luchar las distintas fuerzas del pueblo y en torno a las cuales se podrá forjar el Frente Popular Nacional, son las siguientes:

I

Nacionalización de las instalaciones y demás propiedades de las compañías bananeras norteamericanas. Rescate de los recursos naturales en manos de los monopolios extranjeros. Regulación de la inversión extranjera, fijando límites a la ganancia exportable y obligando a la reinversión en el país de un alto porcentaje de la misma. Nacionalización de la banca extranjera y democratización de la banca nacional. Desarrollo económico independiente, al margen de la Comunidad Económica y Social de Centro América, de inspiración imperialista. Reforma tributaria que suprima las exoneraciones a las compañías extranjeras y a los grandes oligarcas del país, aumente los impuestos a las clases pudientes y suprima los lesivos a los trabajadores. Rompimiento de todos los tratados que impidan el ejercicio pleno de la soberanía nacional. Expulsión de la misión militar norteamericana, de sus agencias de penetración y de sus agentes disfrazados.

II

Realización de la reforma agraria radical, que liquide el latifundio y dé la tierra al campesino desposeído; anule las deudas de los campesinos con los usureros, especuladores y terratenientes; suprima los arrendos; asegure la asistencia técnica y créditos adecuados; precios justos y facilidades de acceso a los mercados para la producción de los campesinos. Respeto a la independencia de las organizaciones campesinas y al principio de la voluntariedad en la organización de su economía. Participación de las organizaciones campesinas en la implementación de la reforma agraria.

III

Reforma del Código del Trabajo que establezca y garantice amplias conquistas para los obreros: libertad, independencia y democracia sindicales. Jornada de trabajo de 40 horas. Vigencia plena del derecho de huelga. Vigencia efectiva del principio: a trabajo igual, salario igual. Respeto a la libertad de organización del campesinado y al activismo agrario. Ampliación y respeto a los derechos populares y de las libertades democráticas. Derogación de las leyes y decretos represivos. Saneamiento de la administración pública, principalmente de los llamados aparatos de seguridad del Estado. Lucha contra todas las manifestaciones del fascismo.

IV

Redistribución del presupuesto nacional de tal manera que se atiendan de una mejor forma las tareas del desarrollo económico y social. Elevación de los salarios de todos los trabajadores y empleados de acuerdo al encarecimiento de la vida. Establecimiento del salario básico para todos los trabajadores de la ciudad y del campo. Reforma urbana que promueva programas de viviendas populares y abarate los alquileres. Reorientación de los servicios de salud pública. Creación de verdaderos centros de salud, equipados adecuadamente. Control y abaratamiento del precio de las medicinas, así como de los productos de mayor consumo popular.

V

Reforma científica, popular y democrática de la educación. Universalización de la educación primaria. Servicio gratuito de material didáctico en las escuelas e institutos. Creación de colegios oficiales en número suficiente para atender las necesidades básicas de este nivel. Creación de un sistema de becas al servicio de los sectores de bajos ingresos. Defensa de la autonomía universitaria y aumento del presupuesto de la Universidad. Reestructuración de todo el sistema educativo nacional. Participacion magisterial, estudiantil y demás sectores populares en la reforma educativa.